丝路经济与文化文库

中国（西安）丝绸之路研究院专项课题（2019YA02）

“一带一路”国际经贸合作高质量发展报告

于璐瑶　高洋　武俞辰　著

中国经济出版社
CHINA ECONOMIC PUBLISHING HOUSE
·北京·

图书在版编目（CIP）数据

“一带一路”国际经贸合作高质量发展报告 / 于璐瑶，高洋，武俞辰著 . -- 北京 ：中国经济出版社，2024. 10. -- ISBN 978-7-5136-7915-2

Ⅰ. F74

中国国家版本馆 CIP 数据核字第 2024AG9792 号

责任编辑　郭国玺
责任印制　马小宾
封面设计　华子设计

出版发行　中国经济出版社
印 刷 者　北京艾普海德印刷有限公司
经 销 者　各地新华书店
开　　本　710mm×1000mm　1/16
印　　张　16. 5
字　　数　254 千字
版　　次　2024 年 10 月第 1 版
印　　次　2024 年 10 月第 1 次
定　　价　98. 00 元
广告经营许可证　京西工商广字第 8179 号

中国经济出版社 **网址** http：//epc. sinopec. com **社址** 北京市东城区安定门外大街 58 号 **邮编** 100011

本版图书如存在印装质量问题，请与本社销售中心联系调换（联系电话：010-57512564）

目　录

第一章　开放合作

（张慧捷　邵　容　罗晗蓉　王昊辰　丁一凡）

自“一带一路”倡议提出以来，经历了渐进的发展过程，从中国单方面的倡议一步步成为世界合作的国际实践，从最初的理念构想逐步转化为实际行动，从远大的愿景逐渐转变为现实成果，成为百年变局之下，中国推进国际合作，促进各国共同发展的新平台，成为中国向世界提供的有利公共产品。当前，全球经济紧密相连，各国之间的经济依赖程度不断加深。“一带一路”倡议体现了中国与世界互联互通、协同发展的共同需求。通过“一带一路”建设，中国致力于推动共建国家的经济发展、文化交流、人文合作等多方面的合作，实现互利共赢、共同发展。

第一节　“一带一路”国际合作机制

“一带一路”倡议是中国提出的全球性经济合作与发展构想，旨在借古代丝绸之路的历史符号，加强与世界各国的经济合作与文化交流，体现了深远的全球视野和战略意义。通过这一倡议，中国希望与合作伙伴共同打造政治互信、经济融合、文化包容的利益共同体、命运共同体和责任共同体，推动全球经济的繁荣与发展。通过全面贯彻新发展理念、坚持开放合作、创新驱动、绿色发展和民生优先等原则，中国将与各国共同打造政治互信、经济融合、文化包容的利益共同体、命运共同体和责任共同体，推动全球经济的繁荣与发展。

一、"一带一路"多边合作平台建设

自2013年提出"一带一路"倡议以来，已经走过了十年的辉煌历程。在这十年中，该倡议不断深化和发展，已经从最初的构想逐步转化为一个点、线、面相结合的立体式、多层次全球发展合作平台。通过深化合作内容、拓展合作领域、秉持开放态度与积极行动，中国为推动全球化进程和构建人类命运共同体作出了积极贡献。

（一）文化领域合作

文化是制度的本体，两千年前的古丝绸之路既是一条通商互信之路、经济合作之路，也是一条文化交流之路、文明对话之路。"一带一路"倡议的提出和推进，体现了深厚的文化精神和价值观念。这一宏大的构想，不仅旨在推动经济合作的深入发展，更在于通过文化的交流与互鉴，增进不同文明之间的理解和尊重，共同构建人类命运共同体。中国作为"一带一路"的首创国和主导方，在规划制定"一带一路"愿景与行动纲领时，注入了中国价值和中国精神。这种精神不仅体现在互利共赢、开放包容的合作原则上，更体现在对和谐世界、天下大同的文化追求上。中华优秀传统文化的核心价值观，如"和合"思想、"天下为公"的情怀等，都为重构新全球化时代的国际交往理性和世界精神提供了重要借鉴。

1. 政策性文件覆盖面广且效果好

中国与多数"一带一路"共建国家签署政府间文化交流合作协定，涵盖了哈萨克斯坦、巴基斯坦、老挝、俄罗斯、塞尔维亚、波兰、巴西、津巴布韦、基里巴斯等亚洲、欧洲、美洲、大洋洲国家，这些协定的覆盖范围广泛，涉及旅游、教育、体育、电影、媒体、智库和文化遗产等多个领域。在教育领域，中国通过持续实施"丝绸之路奖学金计划"，为共建国家的学生提供了宝贵的奖学金支持，推动了中国和这些国家在教育领域的交流与合作。北京航空航天大学提供的"丝绸之路"中国政府奖学金项目，就是一个典型的例子，这个项目为国际学生提供了全额奖学金支持，帮助他们在中国接受优质的高等教育。此外，中国还与有关国家成立了"一带一路"新闻合作联盟，发起了国际传播"丝路奖"，这些举措进一步加强了媒体间的合作与交流，共同报道了“一带一路”建设的进展和成果。这不仅有助于增进各国人民对“一带一路”倡议的了解和认同，也有助于推动构建人类命运共同体。

2. 文化交流机制丰富且持续性强

中国在“一带一路”倡议下的文化合作确实取得了显著成果，这些合作形式不仅促进了中国与共建国家的文化交流与理解，也为“一带一路”建设提供了有力的文化支撑。首先，通过建立各类联盟，如丝绸之路国际剧院、博物馆、图书馆、美术馆、艺术节、旅游城市联盟等，为共建国家的文化交流提供了平台。这些联盟促进了文化资源的共享，加深了各国对彼此文化的了解，有助于形成文化认同。其次，孔子学院和孔子课堂作为推广汉语和传播中国文化的重要平台，在“一带一路”共建国家中发挥了重要作用。截至2018年，“一带一路”65个国家中已有53国建立137所孔子学院和130个孔子课堂，约占全球孔子学院总数的1/4。① 这些机构不仅培养了大量的语言人才，还通过举办各类文化活动，促进了民间交往和相互理解。孔子学院和孔子课堂已成为推动“一带一路”建设的重要力量。在会议活动方面，通过组织高级别文化磋商，如上海合作组织成员国文化部长会晤、中国—东盟文化论坛、中国—中东欧国家文化部长会议等，加强了各国在文化领域的政策沟通和合作。这些会议不仅为各国提供了交流思想、分享经验的机会，还推动了文化领域的务实合作。此外，举办研修班、论坛、博览会、文化节等活动，为各国提供了展示本国文化、学习他国文化的机会。这些活动不仅丰富了共建国家的文化生活，还促进了各国之间的文化交流和合作。例如，“丝绸之路经济带相关国家媒体负责人研修班”和“青年汉学家研修计划”等活动，为各国媒体和文化界人士提供了学习和交流的平台，有助于推动媒体和文化领域的合作。

3. 文化活动便利且充满机遇

中国与“一带一路”共建国家的文化贸易联系日益紧密，这不仅体现在文化产品的进出口数量上，更体现在文化交流的深度和质量上。中国与“一带一路”共建国家的文化旅游合作体系完备，为双方的文化交流提供了坚实

① 周明阳．“一带一路”沿线已有53国建立137所孔子学院［EB/OL］．中国一带一路网，2018-09-11. https：//www. yidaiyilu. gov. cn/p/65816. html.

的保障。国际合作文件的签署，不仅为双方的文化旅游合作提供了明确的指导，也为合作的深入开展奠定了坚实的基础。目前，中国已与100多个“一带一路”共建国家和30多个国际组织签署了上百份双边文化、旅游合作文件。中国文化和旅游部发布的《“一带一路”文化发展行动计划（2016—2020年）》《“十四五”“一带一路”文化和旅游发展行动计划》等文件，为“一带一路”文化旅游的发展提供了明确的战略方向和具体举措。通过建立一系列双边、多边文化旅游合作机制，如中国—东盟、中俄蒙、世界旅游联盟等，强化了“一带一路”旅游合作的机制保障。通过“一带一路”倡议下的文化贸易和文化旅游合作，不同文明之间的交流互鉴得以加强，人类命运共同体的理念得以通过普通人的实践落地生根。这不仅有助于增进不同国家、不同民族之间的理解和尊重，也有助于推动构建人类命运共同体、实现共同繁荣和进步。

（二）媒体领域合作

丝路跨山海，媒体连心声。媒体联结中外、沟通世界，是促进共建“一带一路”国家交流合作的重要纽带，肩负着信息传播、增进互信、凝聚共识的使命。媒体是信息的传播者，它通过新闻报道、专题报道、访谈等多种形式，向国内外传递“一带一路”倡议的理念、目标、进展和成果。媒体作为文化交流的桥梁，能够促进不同文明之间的对话与理解。

1. 担当传播使命，传递“一带一路”内涵和外延

作为国家传播平台的引领者和核心力量，国家级媒体在“一带一路”倡议的推广和传播中起到了至关重要的作用。中央电视台、中国国际广播电台以及中央人民广播电台等国家级媒体，积极履行社会责任，通过一系列创新报道，深入剖析和解读“一带一路”倡议，有效提高了这一倡议在国内外的影响力。以《行走“一带一路”》主题报道为例，中央电视台通过实地采访和报道，展示了“一带一路”共建国家的风土人情、产业发展和合作成果，让观众直观感受到“一带一路”倡议为各国带来的实际利益。同时，《丝路上的我们》语音广播节目则通过声音的力量，讲述了“一带一路”沿线人民的故事，增进了不同文化之间的理解和交流。在“一带一路”倡议的推动下，地方媒体平台积极响应，开展了丰富多彩的专题报道，为“一带一路”倡议

的传播提供了有力支持。这些报道不仅从多个角度、多个层面展示了“一带一路”倡议在地方层面的实践成果和积极影响，更成为文化丝路的最强辅助网络。

2. 抓住发展新机遇，以新技术推动传播创新

在当今世界，科技的飞速发展正以前所未有的速度重塑着我们的生活方式和工作方式。新一轮的信息技术革命，特别是5G（第五代移动通信技术）与超高清产业的结合，为媒体行业带来了前所未有的发展机遇。5G与4K/8K超高清视频的结合，预示着影视媒体与视频产业链的各个环节都将经历深刻的变革。这一变革不仅限于技术层面，更将影响媒体内容的创作、分发和消费模式。5G+4K/8K正逐渐成为各国传媒业发展的新引擎，推动着媒体行业的创新与变革。

为了抓住这一发展机遇，媒体行业需要加快全媒体传播和智能化转型升级的步伐。通过引入先进技术，媒体可以实现更加高效、精准的内容生产和分发。同时，媒体还需要加强传播创新，运用新技术、新应用来创新传播理念、内容、方式、方法和手段。这包括利用AI（人工智能）、VR（虚拟现实）等多元化传播方式，打造新媒体、新平台，以赢得传播新优势，开辟传播新空间。

3. 凝聚共同体力量，共建“一带一路”合作共赢平台

“一带一路”倡议自提出以来，在文化交流与合作领域取得了显著成果。其中，由中央广播电视总台所属的中国国际电视总公司联合共建国家媒体机构于2016年8月发起的“丝路电视国际合作共同体”成为一个重要的文化交流平台。成功在英国、葡萄牙、南非、阿联酋、俄罗斯、缅甸、日本等12个国家以商业化模式开办本土化译制的中国节目时段、频道及新媒体专区。共同体成员从成立之初的29个国家和地区的41家机构，发展到现在的52个国家和地区的112家机构，形成了一个庞大的“朋友圈”。通过多样化的合作项目，如节目联播、节目交易、国际合拍、频道经营、信息共享等，加强了“一带一路”共建国家之间的文化交流与理解，促进了民心相通。在共同体合作框架下，一系列高水准国际合作项目已制作完成，如《孔子》《改变世界的战争》等，并实现多国平台播出。“丝路电视国际合作共同体”自成立以来，在加强“一带一路”共建国家之间的文化交流与合作方面取得了显著成效。

通过多样化的合作项目与模式，不仅加强了国家间的文化理解与沟通，还为“一带一路”倡议的深入实施提供了有力的支持。

（三）绿色发展领域合作

绿色是生命之色，是活力之色，也是人与自然和谐共生之色。习近平总书记强调，让绿色切实成为共建“一带一路”的底色。“一带一路”绿色发展以生态文明与绿色发展理念为指导，坚持资源节约和环境友好原则，将生态治理融入共建“一带一路”的全方面、全过程、全链条，旨在让绿色发展成果惠及沿线各国人民，共建清洁美丽世界。共建“一带一路”倡议从提出之初就将绿色发展理念融入顶层设计。从“加强生态环境、生物多样性和应对气候变化合作，共建绿色丝绸之路”，到“设立生态环保大数据服务平台，倡议建立‘一带一路’绿色发展国际联盟”，再到“加快低碳转型，推动实现更加强劲、绿色、健康的全球发展”，10 年来，共建“一带一路”绿色发展的科学内涵、建设目标和实践路径更加明确，共建生态文明、实现人与自然和谐共生的目标更加和谐一致，绿色丝绸之路建设在新征程上越发行稳致远。

1.“一带一路”绿色发展国际联盟

“一带一路”绿色发展国际联盟是在绿色“一带一路”的框架下，由全球生态环境与可持续发展相关领域的非政府组织、研究机构、企业等共同发起成立的国际性环保社会组织。联盟的主要目标是推动共建国家绿色低碳转型，携手实现联合国 2030 年可持续发展议程，并共建人与自然生命共同体。为了实现这些目标，联盟搭建了一个机制性的、国际性的多边合作平台，以促进各方在绿色发展领域的交流与合作。联盟的成员包括来自不同国家和地区的非政府组织、研究机构、企业等，它们共同致力于推动绿色“一带一路”建设，促进全球生态环境与可持续发展。通过合作与交流，联盟可以为各方提供有关绿色发展的信息、技术和经验，促进各方在绿色发展领域的合作与创新。

目前，中国已与 39 个发展中国家签署了 46 份气候变化合作文件，也与一些国家合作建设了低碳示范区，如与老挝、柬埔寨、塞舌尔、巴布亚新几内亚等国家进行的合作。这些示范区将成为展示绿色发展和应对气候变化成效的窗口，为其他国家提供可借鉴的经验和模式。中国将继续为全球气候治理贡献自己的力量，推动全球绿色低碳转型和可持续发展。

2. “一带一路”绿色发展伙伴关系倡议

在2021年6月23日召开的“一带一路”亚太区域国际合作高级别会议期间，阿富汗、孟加拉国、文莱、柬埔寨、智利、中国、哥伦比亚、斐济、印度尼西亚、哈萨克斯坦、吉尔吉斯斯坦、老挝、马来西亚、马尔代夫、蒙古国、缅甸、尼泊尔、巴基斯坦、菲律宾、沙特阿拉伯、新加坡、所罗门群岛、斯里兰卡、塔吉克斯坦、泰国、土库曼斯坦、阿联酋、乌兹别克斯坦和越南等29个国家和地区的代表共同发起了“一带一路”绿色发展伙伴关系倡议。

倡议回顾了联合国2030年可持续发展议程、《联合国气候变化框架公约》及《巴黎协定》，强调人类只有一个地球，保护生态环境是各国的共同责任。重申气候变化是当今最大挑战之一，所有国家特别是发展中国家都受到气候变化的不利影响。呼吁开展国际合作，以实现绿色和可持续经济复苏，促进疫情后的低碳、有韧性和包容性经济增长。

倡导“一带一路”合作伙伴采取统筹兼顾的方式，从经济、社会和环境三个维度继续努力实现2030年可持续发展目标。支持绿色低碳发展，深化环境合作，加大生态和水资源保护力度，促进人与自然和谐共生。在尊重各国国情和法律及监管政策的基础上，就绿色发展加强政策沟通与协调，相互借鉴有益经验和良好实践。建设环境友好和抗风险的基础设施，加强项目的气候和环境风险评估，保护当地生态环境。推进清洁能源开发利用，加强可再生能源国际合作，确保发展中国家获得可负担、经济上可持续的能源。

（四）减灾领域合作

“一带一路”沿线地区面临着世界上最为复杂和严重的自然灾害挑战，随着全球气候变暖的加剧，“一带一路”沿线极端气候事件发生的频率和强度都有所提升。这可能导致自然灾害的风险进一步加重，对当地公众的生命和财产安全构成严重威胁。“一带一路”建设是促进共建国家经济发展的重要途径。通过综合防灾减灾，减少自然灾害对经济发展的制约，提高当地社会的参与能力和响应能力。

1.“一带一路”自然灾害防治和应急管理国际合作机制

习近平主席在第三届“一带一路”国际合作高峰论坛宣布的中国政府支持高质量共建“一带一路”的八项行动，特别强调了加强减灾等领域多边合作平台建设的重要性，为合作机制的发展提供了新指引、新动能、新方向。中方推出了应急技能提升、救援实战、科普宣传、交流互鉴等4大类14项合作举措，各方积极参与。共建合作机制越来越多地被写入中国与有关国家和国际、区域组织的双边合作文件。各国代表纷纷表示赞赏和支持中方建立合作机制，愿通过积极参与共建，共同提升应急管理能力。

2021年11月，应急管理部举办了首届“一带一路”自然灾害防治和应急管理国际合作部长论坛，提出了各方共建合作机制的愿景，以期共同提升自然灾害防治和应急管理能力。举办灾害管理、应急救援、地震监测等援外培训班10余期，培训各类应急管理和救援人才600余人次。这些举措助力提升了“一带一路”合作伙伴的应急管理能力，切实维护了共建国家人民的生命财产安全和经济社会可持续发展。

2.《“一带一路”国家灾害评估报告》（以下简称《报告》）

《报告》以公开的全球灾害数据、社会经济数据和最新研究成果为基础，全面、综合、系统分析灾种的变化趋势和对不同经济体的影响差异，并辨识主要灾种的风险特征和发展趋势。《报告》还关注气候变化背景下不同区域风险的差异性和未来不同气候变化情景下的极端天气气候事件分布情况，解析共建国家和地区投资所面临的潜在气候风险，旨在为“一带一路”自然灾害防治和应急管理国际合作提供灾害风险认知的关键信息。

《报告》显示，共建“一带一路”国家和地区是全球灾害损失最严重的区域之一。共建国家中，不同经济体之间在受自然灾害影响方面存在较大差异。在频次和损失量上，发展中国家的灾害发生频次、灾害导致的死亡人数和受灾害影响的人口规模均高于发达国家。在损失率上，发达国家受影响人口比率及经济损失率均显著低于发展中国家。

《报告》称，灾害风险是所有国家和地区共同面临的问题，更是共建国家和地区需要长期应对的挑战。各国需要继续深化多双边交流合作，拓展科技创新，共同提高应对自然灾害的能力，减轻灾害风险，减少灾害损失，促进可持续发展，为造福共建国家和地区人民、推动构建人类命运共同体作出积极贡献。

二、“一带一路”国际合作高峰论坛

“一带一路”国际合作高峰论坛是一个高规格、高层级的国际活动，旨在推动“一带一路”倡议下的国际合作与交流。这一平台不仅为中国，也为共建国家及国际社会提供了一个共商、共建“一带一路”，共享互利合作成果的重要场所。

（一）“一带一路”国际合作高峰论坛概述

习近平主席在2013年提出的共建“一带一路”合作倡议，是一项具有深远意义的国际合作计划。这一倡议旨在通过加强国际合作，对接各国发展战略，实现优势互补，共同促进世界和平与发展。自倡议提出以来，得到了国际社会的广泛响应和积极参与。联合国大会、安理会、联合国亚太经社会、亚太经合组织、亚欧会议、大湄公河次区域经济合作等多个国际组织和多边机制的相关决议或文件都纳入了“一带一路”建设内容，体现了国际社会对这一倡议的认可和支持。“一带一路”倡议的核心理念是开放、包容、合作、共赢。它强调不同国家、不同文化、不同制度之间的平等对话和互利合作，致力于推动建设相互尊重、公平正义、合作共赢的新型国际关系。通过加强基础设施建设、促进贸易和投资便利化、深化人文交流等方式，“一带一路”建设为共建国家带来了实实在在的利益，促进了区域经济一体化和全球经济的繁荣。

（二）“一带一路”国际合作高峰论坛历程

2017年5月14日至15日，首届“一带一路”国际合作高峰论坛在北京成功举行，这一盛事标志着“一带一路”倡议在国际合作领域迈出了坚实的一步。论坛以“加强国际合作，共建‘一带一路’，实现共赢发展”为主题，凸显了“一带一路”倡议的核心目标，即通过加强国际合作，促进共同发展。国家主席习近平出席高峰论坛开幕式、欢迎晚宴，并全程主持领导人圆桌峰会。在开幕式上，他作了题为《携手推进“一带一路”建设》的主旨演讲，为“一带一路”建设指明了方向，并呼吁各国加强合作，共同推动构建人类命运共同体。首届高峰论坛取得了丰硕的成果，明确了未来“一带一路”合作的方向，规划了具体的建设路线图，并确定了一批重点项目。

2019 年 4 月 25 日至 27 日，第二届“一带一路”国际合作高峰论坛在北京隆重举行，论坛以“共建‘一带一路’、开创美好未来”为主题。习近平主席出席开幕式、欢迎晚宴并全程主持领导人圆桌峰会。在开幕式上发表题为《齐心开创共建“一带一路”美好未来》的主旨演讲，强调了共建“一带一路”的重要性和未来方向。与会各方达成高质量共建“一带一路”、构建全球互联互通伙伴关系的重要共识，形成一系列务实合作成果，包括多个合作项目、合作协议的签署和合作机制的建立。第二届“一带一路”国际合作高峰论坛的成功举办，标志着共建“一带一路”进入新阶段。它进一步推动了“一带一路”倡议的国际合作，为全球经济增长和区域发展注入了新的动力。同时，也展示了中国作为“一带一路”倡议的发起国和推动者的责任和担当。

2023 年 10 月 17 日至 18 日，第三届“一带一路”国际合作高峰论坛在北京成功举行。论坛以“高质量共建‘一带一路’，携手实现共同发展繁荣”为主题，强调了在“一带一路”框架下，各国应共同推动高质量的合作与发展。习近平主席出席开幕式和欢迎宴会，并在开幕式上发表题为《建设开放包容、互联互通、共同发展的世界》的主旨演讲，他宣布了支持高质量共建“一带一路”的八项行动，为未来的合作指明了方向。论坛发表了主席声明，并形成了 458 项成果，包括一份多边合作成果文件清单和一份务实合作项目清单，在当前变乱交织的百年变局中，第三届“一带一路”国际合作高峰论坛释放出团结合作、开放共赢的重要信号，为全球经济发展和国际合作注入了新的动力。

（三）“一带一路”国际合作高峰论坛目标

通过主办高峰论坛，主要实现以下目标：首先，全面总结“一带一路”建设的积极进展，展现重要早期收获成果，进一步凝聚合作共识，巩固良好的合作态势。其次，共商下一阶段重要合作举措，进一步推动各方加强发展战略对接，深化伙伴关系，实现联动发展。最后，在推进中国经济社会发展和结构调整的同时，推动国际合作，实现合作共赢。

（四）“一带一路”国际合作高峰论坛成果

高峰论坛主题设定为“加强国际合作，共建‘一带一路’，实现共赢发展”，以更好地凝聚共识，推进合作，议题总体以“五通”（政策沟通、设施联通、贸易畅通、资金融通和民心相通）为主线。圆桌峰会由各国领导人参加，一直是高峰论坛的重点，主要讨论两个议题：加强政策和发展战略对接，深化伙伴关系和推进互联互通务实合作，实现联动发展。在圆桌峰会上，各国领导人将围绕这两个议题展开深入讨论，共同探索合作的新领域、新方式、新路径，为“一带一路”建设注入新的动力和活力。同时，各国也将通过此次论坛加强沟通和理解，增进信任和友谊，为未来的合作奠定更加坚实的基础。

第三届“一带一路”国际合作高峰论坛形成458项成果，主要包括89项多边合作成果文件清单和369项务实合作项目清单。其中，高级别论坛成果7项，包括深化互联互通合作北京倡议等；专题论坛及企业家大会成果10项，包括数字经济和绿色发展国际经贸合作框架倡议等；政府间合作平台成果18项，包括绿色金融支持“一带一路”能源转型倡议等；非政府合作平台成果14项，包括“凝聚发展合力共建美丽丝路”倡议等；于2023—2024年举办的国际会议共计40个；[①] 合作项目清单包括中国政府与阿根廷、毛里塔尼亚、格鲁吉亚、塞尔维亚、埃及等国政府签署关于共建“一带一路”的合作规划或行动计划，中国政府与世界知识产权组织续签关于加强“一带一路”知识产权合作协议及其延期补充协议，建立“一带一路”企业廉洁合规评价体系，中国国家开发银行、中国进出口银行将各设立3500亿元融资窗口，丝路基金新增资金800亿元人民币，市场化、商业化方式支持共建“一带一路”项目；统筹推进标志性工程和“小而美”民生项目等。

第二节　推进“一带一路”开放合作举措

一、“一带一路”工程项目

中国提出的“一带一路”倡议自2013年启动至今，已与150多个国家和

---

① 第三届“一带一路”国际合作高峰论坛多边合作成果文件清单［EB/OL］. 第三届“一带一路”国际合作高峰论坛官方网站，（2023-10-18）［2024-06-29］. http：//www.beltandroadforum.org/n101/2023/1018/c134-1211.html.

30多个国际组织签署合作文件，举办3届高峰论坛，成立20多个多边合作平台。倡议推动了基础设施、文化交流、经贸合作、绿色发展和科技创新等领域的务实合作，如中老铁路、中欧班列等标志性工程，以及“欢乐春节”等文化交流活动。中国还积极参与国际经贸规则制定，推动绿色基建、联合实验室建设等。这些举措不仅促进了共建国家经济社会发展，也为构建人类命运共同体作出了积极贡献。

（一）“一带一路”标志性工程

“一带一路”标志性工程指的是在“一带一路”倡议框架下，由中国及共建国家共同参与建设的具有代表性的重点项目。这些项目不仅对于推动当地经济发展具有重要意义，同时也象征着“一带一路”合作精神的实体体现。

1. 瓜达尔港①

瓜达尔港（图1-1）坐落于巴基斯坦的俾路支省瓜达尔市，其地理位置独特，港口南侧直接面向广袤的印度洋阿拉伯海。作为巴基斯坦的重要港口之一，瓜达尔港在贸易中扮演着举足轻重的角色，不仅是巴基斯坦的第三大港口，更是东亚国家进行转口贸易以及中亚内陆国家出海的重要通道。瓜达尔港临近全球石油运输主要通道霍尔木兹海峡，处于中亚、南亚、西亚、东非和中东地区的中心地带，是连接欧亚非三个大陆和东西方两个世界最短的黄金通道，也是中东石油向东亚地区输送的最便捷、最安全的海上通道。

在中巴经济走廊的框架下，瓜达尔港不仅成为巴基斯坦的关键节点，也成为“丝绸之路经济带”和“21世纪海上丝绸之路”的交汇之处，自2013年启动以来，重点发展了港口、能源、基础设施建设和产业合作，形成了“1+4”的合作布局。十年间，瓜达尔港已经具备全作业能力，其3个5万吨级泊位的多用途码头和自由区第一阶段的完成，象征着“中巴经济走廊”的璀璨明珠正在迅速崛起，正朝着成为物流枢纽和产业基地的战略目标稳步前行。中巴两国的贸易互补性强，近年来双边贸易增速保持在10%以上。目前，中国已成为巴基斯坦第二大贸易伙伴。同时，瓜达尔港具有十分重要的战略意义。它不仅是中巴经济走廊的龙头项目，也是中国通往印度洋最便捷、最安

① 贺斌．瓜达尔港建“巴基斯坦的深圳”地区人口20年将翻10倍［EB/OL］. 中国一带一路网，（2017-10-13）［2024-06-29］. https：//www. yidaiyilu. gov. cn/p/30376. html.

全的出海通道，有望成为中国能源新战略的重要支撑点。该港口的建设对于加强中巴两国的经贸合作、促进地区互联互通和推动区域经济发展具有重要意义。

瓜达尔港作为“中巴经济走廊”在巴基斯坦的起点，以及“丝绸之路经济带”和“21 世纪海上丝绸之路”的交汇枢纽，不仅关乎“一带一路”倡议的全局推进，也承载着当地人民对发展的深切期盼。瓜达尔港的建设不仅为中国和巴基斯坦的未来发展铺设了宽广的道路，更开启了无数新的机遇与可能性。

图 1-1 瓜达尔港

2. 蒙内铁路①

在“一带一路”倡议的指引下，中国路桥公司成功建成的肯尼亚蒙巴萨至内罗毕标准轨距铁路（蒙内铁路）（图 1-2）于 2017 年盛夏开始运营。这条铁路连接蒙巴萨西站与内罗毕南站，全长 480 千米，其东侧连接赖茨港站（原蒙巴萨港站），西侧则与内马铁路在内罗毕南站相接。全线共设 33 个车站，包括 9 个客货站、22 个会让站和 2 个编组站。该铁路以 120 千米/小时的设计速度运行，且全部采用中国的标准、技术和装备进行建设。该铁路既是肯尼亚自独立以来所建设的首条铁路，成为连接区域、促进互联互通的重要

① 闫韫明．蒙内铁路开通运营五周年——助力互联互通惠及当地民生（新时代中非合作）［N］．人民日报，2022-07-14（03）．

通道；也是肯尼亚自独立以来最大的基础设施建设项目，是肯尼亚实现 2030 年国家发展愿景的“旗舰工程”。

蒙内铁路的建成通车极大地改变了肯尼亚的物流和交通状况。过去，蒙巴萨与内罗毕之间仅有一条窄轨铁路相连，其平均时速仅为 22 千米，完成全程需要长达 21 小时，运输能力严重不足。蒙内铁路的建成标志着肯尼亚迈向了现代化交通的新纪元，这一里程碑式的项目实现了肯尼亚人民长久以来的梦想与期待，它日均开行 17 列货车，每列货车的运载能力相当于 30 辆卡车，且运输时间仅为 10 小时，极大地提高了物流效率。截至 2022 年 6 月 30 日，蒙内铁路的货运量持续增长，累计运输的集装箱数量达到了 181.7 万个标准箱，货物总量更是高达 2029.3 万吨。蒙内铁路不仅扩大了肯尼亚商品的出口（如花卉和茶叶），还提高了物流效率，节约了成本，避免了公路运输造成的时间延误。现已成为民众出行的优选之一，旅客列车的日均开行数量从原先的 4 列增加至 6 列。蒙内铁路累计为超过 778.5 万名旅客提供了便捷的出行服务。

图 1-2　蒙内铁路

蒙内铁路作为共建“一带一路”的标志性项目，是东非铁路网的第一段，也是连接非洲沿海与内陆的重要交通线路。它将共建国家串联起来，不仅缓解了当地交通运输紧张的状况，客运和货运为共建国家的人民带来了更多实实在在的利益。不仅符合国家力推的“走出去”战略，契合“一带一路”建设；还符合供给侧结构性改革战略，对产业结构转型升级具有战略性的实际意义。

（二）“一带一路”“小而美”民生项目

十年来，我们实施了一系列“小而美”且“惠而实”的民生工程和民心工程，有效解决了当地民众的迫切需求，显著提升了他们的生活质量。这些项目不仅增强了共建“一带一路”国家的民生福祉，更为各国人民带来了实实在在的获得感、幸福感和安全感，产生了广泛而深远的影响。犹如“中国草”般虽小却美，能在世界各地开出“幸福花”，为共建国家的人民带去温馨与希望。

1. “小而美”民生项目案例

（1）发力“小而美”成效显著

20 世纪 50—60 年代，我国长江中下游地区是血吸虫病的高发区，后经持续有效的防治，血吸虫病在我国曾经的流行区已基本消除。而遥远的非洲，至今仍是血吸虫病的重度流行区之一。为了帮助民众摆脱血吸虫病带来的痛苦，非洲当地政府将希望投向了中国，并很快得到了回应。在 2012 年举行的第五次中非合作论坛上，中国政府承诺扩大与非洲包括公共卫生和疾病控制在内的合作领域。2014 年 5 月 21 日，中国与世界卫生组织（WHO）以及桑给巴尔共同签署了关于在桑给巴尔开展血吸虫病防治合作的谅解备忘录。根据这一备忘录，中国政府将提供资金和技术支持，以推动桑给巴尔地区血吸虫病的防治工作，这也是中国第一个援外公共卫生服务项目。

得益于多层次、多角度综合性的防控举措，中国援桑血防项目很快初战告捷，数据显示，项目示范区的人群发病率已经从 3 年前的 8.92%下降至目前的 0.64%，疫区人群血吸虫病知晓率在 90%以上。2019 年 5 月，中国援桑血防项目接受了世卫组织等第三方专家组的评估，评估组认为，中国专家组取得很大成功，项目试点地区全面实现既定目标。值得一提的是，援桑期间，专家组还将工作半径辐射至农业、水利建设、教育科普、科学研究等多个领域，极大巩固并丰富了中非血防合作内容，得到了桑给巴尔政府的积极响应与配合，成为中国援非公共卫生的新样板。“小而美”项目着重解决减贫、教育、医疗和公共卫生等民生问题，旨在助力“一带一路”沿线发展中国家提升当地发展条件和环境。①

（2）涉及粮食安全的项目“影响大、范围广、收益丰”②

2023 年，是中国攻克杂交水稻难关 50 周年。值此重要时刻，马达加斯加农业部原秘书长拉库托松·菲力贝尔，特别向中国科技馆寄来亲笔信，深情回忆了以袁隆平院士团队为代表的中国科学家为解决马达加斯加粮食安全问题所作的贡献。2023 年 6 月，拉库托松·菲力贝尔在袁隆平院士的墓前献上了一碗杂交水稻稻米，向“杂交水稻之父”袁隆平院士表达敬意。

马达加斯加，作为非洲第一大岛和世界第四大岛，坐落于非洲大陆东侧、印度洋的西部，拥有得天独厚的自然资源和大规模发展水稻种植业的潜力。岛上超过 15 个大型生产盆地的土地极为肥沃，加之适宜的气候条件，为热带和温带粮食及经济作物的生长提供了理想环境。尽管如此，马达加斯加仍然是全球最不发达的国家之一，其经济高度依赖农业，农业人口占到了全国总人口的 80%以上，而且出口收入的 70%源自农业，尤其是水稻种植占据了耕地的 2/3 以上。然而，受限于缺乏优质水稻种子和先进的种植技术，马达加斯加的水稻产量多年停滞在 2.5~3.5 吨/公顷，未能自给自足。为解决这一问题，自 2007 年起，中国与马达加斯加展开合作，引入了杂交水稻技术，从根本上提高水稻产量，助力当地农业发展和经济改善。这种合作方式体现了中国在国际合作中的负责任态度和对共同发展目标的承诺。通过合作，马达加斯加有望实现农业现代化，增强其农业产业的国际竞争力，同时也为全球粮食安全作出贡献。2021 年，马达加斯加的水稻产量从援助前的 2.5~3.5 吨/公顷，提升到了 11.86 吨/公顷的极高产量。而且来自中国的杂交水稻在经过科学家的培育之后，不仅产量高，而且非常稳定。中国专家帮助马达加斯加人民解决了水稻增产问题，这样“小而美”的合作正使越来越多的马达加斯加人从中受益，也让应对粮食危机和解决温饱问题越来越有保障。

---

① 张淼，施建国．中国和世卫组织将帮助桑给巴尔防治血吸虫病［EB/OL］．中央政府网，（2024-05-22）［2024-06-29］．https://www.gov.cn/xinwen/2014-05/22/content_2684359.htm.

② 黄梓翀．拉库托松·菲力贝尔：没有袁隆平，马达加斯加就没有杂交水稻［EB/OL］．澎湃新闻，（2023-09-20）［2024-06-29］．https://www.thepaper.cn/newsDetail_forward_24679251.

（3）“小而美”项目落地落实，传承中华手艺

当今，古丝绸之路焕发新生，“一带一路”合作已逐渐从宏观规划转向具体实施阶段，众多具有里程碑意义的项目和贴近民生的“小而美”项目如雨后春笋般涌现，其中“鲁班工坊”尤为引人注目。

“鲁班工坊”这一以中国古代著名工匠鲁班命名的国际合作项目，正跨越千山万水，成为“一带一路”沿线的技术交流平台。它将中国职业教育的成功经验和创新方案分享至亚洲、非洲和欧洲等地区，成为中国职业教育“走出去”战略的重要载体和亮丽名片。自2018年以来，习近平主席在多个国际场合提及“鲁班工坊”，2023年10月，在第三届“一带一路”国际合作高峰论坛开幕式的主旨演讲中，习近平主席再次强调其重要性。

在“一带一路”倡议下，我国已在全球范围内，特别是亚非欧三大洲的25个国家，成功建立了27所“鲁班工坊”，作为技术交流与合作的重要平台。这些工坊涵盖了自动化、云计算、电子信息、动车组检修、工业机器人、城市热能应用等70多个专业领域，为不同国家提供了广泛的技术培训服务。截至2023年底，已累计招收的学历生超过6100人，非学历生则达到31000余人次，并为外方培训了4000余名专业教师，这一举措极大地增强了中国职业教育在国际舞台上的影响力。从“一带一路”共建国家来看，“鲁班工坊”的建设对于推动当地经济发展和社会进步具有重要意义。例如，在非洲地区，多个“鲁班工坊”的建成不仅填补了当地某些专业领域的空白，还提升了当地职业院校的专业水平。这些工坊不仅提供中等职业教育，还包括了高职和本科层次的教育和培训，形成了完整的职业教育输出体系。此外，“鲁班工坊”还注重实践和创新能力的培养。通过引入先进的生产技术和管理模式，结合中国传统工艺和现代制造技术，为共建国家培养了既具备实践能力又拥有创新精神的技术人才。这不仅有助于提升当地的产业发展水平，也为推动“一带一路”建设提供了有力的人才保障。

2.“小而美”民生项目的意义

（1）合民愿

“一带一路”倡议之所以深得民心，是因为它不仅仅是一个经济合作框架，更是一个促进共建国家共同发展、增进人民福祉的伟大构想。首先，从经济发展的角度看，“一带一路”倡议为共建国家带来了新的发展机遇。通过

加强基础设施建设、推动贸易便利化、优化投资环境等措施，助力各国释放发展潜力，实现经济持续健康增长。这既符合共建国家人民的利益诉求，也符合全球经济发展的客观规律。其次，从人文交流的角度看。“一带一路”倡议鼓励各国人民开展文化交流、教育合作、旅游互访等活动，增进了彼此的了解和友谊。通过文化搭台、经济唱戏的方式，让各国人民在共享经济发展成果的同时，享受文化交流的乐趣。再次，“一带一路”倡议秉持共商共建共享的原则，强调平等、开放、包容的合作理念。它尊重各国主权和领土完整，照顾各方舒适度和参与性，让共建国家能够平等参与、共同受益。这种合作模式不仅符合国际社会的普遍期待，也符合共建国家人民的共同心愿。最后，“一带一路”倡议还注重与共建国家的民生改善相结合。它通过提供就业机会、改善基础设施、提高公共服务水平等措施，让当地民众直接受益。这种以人为本的合作方式，使得“一带一路”倡议赢得了共建国家人民的广泛支持和赞誉。

（2）惠民生

标志性工程与“小而美”项目作为“一带一路”倡议的重要组成部分，通过改善民生、促进民心相通、推动可持续发展等，为共建“一带一路”走深走实发挥了重要作用，对推动构建人类命运共同体具有重要意义。首先，在基础设施建设方面，“一带一路”倡议推动了一系列大型交通、能源、通信等项目的建设，这些项目不仅加强了共建国家的互联互通，更为当地民众带来了实实在在的便利。比如，新的铁路、公路和港口使得出行更为便捷，能源项目的建设保障了电力供应，而通信设施的完善让信息流通更为迅速。其次，在民生项目方面，“一带一路”倡议聚焦减贫、卫生、教育等关键领域。例如，通过提供医疗援助、建设学校和医院，以及推广现代农业技术等方式，帮助民众提升生活质量和健康水平。特别是在贫困地区，这些项目的实施往往能迅速改变当地的面貌，让民众享受到发展的红利。最后，值得一提的是，“一带一路”倡议在推动经济发展的同时，注重生态环境的保护。通过推广清洁能源、实施绿色工程等方式，致力于实现经济发展与环境保护的双赢。这种可持续的发展理念，不仅有利于当前的民生改善，也为子孙后代留下了宝贵的生态财富。

(3) 聚民心

标志性工程与“小而美”项目通过改善当地民众的基本生活条件，如供水、供电、交通等，增强民众的获得感和幸福感增进了中国与共建国家人民之间的友谊和信任。首先，“一带一路”倡议搭建了一个促进民心相通的桥梁。通过推动共建国家的文化交流、教育合作、旅游互访等活动，让各国人民有机会更加深入地了解彼此的历史、文化和价值观。这种交流不仅增进了相互之间的了解和友谊，更为各国之间的合作奠定了坚实的民意基础。其次，“一带一路”倡议还通过促进经济发展为沿线各国民众带来了更多机遇。它加强了共建国家的互联互通，推动了贸易和投资便利化，为各国经济的快速增长创造了有利条件。不仅提升了共建国家的整体实力，也为民众提供了更多的就业机会和收入来源，进一步增强了他们对“一带一路”倡议的信心和期待。最后，“一带一路”倡议强调合作共赢的理念。它秉承共商共建共享的原则，充分尊重各国的主权和领土完整，同时注重各方参与的舒适度和参与性。这种合作模式让各国能够平等参与、共同受益，从而增强了各国人民对“一带一路”倡议的认同感和归属感。

二、“一带一路”安全保障

在全球化的大背景下，随着“一带一路”倡议的深入实施，越来越多的国家和地区参与到这一宏大的国际合作框架中。然而，随之而来的安全挑战也日益凸显，包括项目安全、人员安全以及跨国合作中的各种安全风险。为了保障“一带一路”建设的顺利进行，确保参与国家和企业的共同利益，加强项目和人员的安全保障显得尤为关键。

(一)“一带一路”安全保障的主要方式

1. 市场化方式

随着我国“一带一路”倡议的不断发展，安全保障领域中市场化方式的作用日益凸显。所谓市场化方式，主要是依靠安保行业的相关企业和专业人士来提供全方位的安全保障服务。这些企业包括安保公司、咨询公司、保险公司及救援公司等，它们凭借丰富的行业经验和专业技能，为“一带一路”沿线的项目提供坚实的安全保障。

特别是私营安保公司，作为市场化安全保障的领军力量，它们的服务范围涵盖了风险评估、安全咨询与设计、专业培训、现场保护等多个层面。在过去的十年里，随着“一带一路”项目的不断增多，这些安保公司的服务也日益精细化和专业化。它们不仅能够进行前期的风险评估和咨询，还能在项目执行过程中提供实时的现场保护，甚至在紧急情况下提供及时的撤退和医疗服务。这种全方位、多层次的市场化安全保障模式，为我国“一带一路”倡议的稳步推进提供了有力支撑。①

2. 东道国方式

东道国方式在“一带一路”安全保障中占据重要地位。所谓东道国方式，即由项目所在国负责安全保障，其核心力量多源自国防部门、警察及情报机构，共同构筑起项目安全的主要屏障。

在过去的十年里，随着我国“一带一路”倡议的逐步实施，与共建国家的合作日益密切，东道国方式的安全保障也显得越发关键。东道国对于在其境内开展的海外项目具有天然的政治优势和组织优势，能够更加快速地响应和处理各种安全问题。然而，这种方式的有效实施也依赖于一些前提条件，尤其是东道国必须具备充分的政治意愿和强大的安全能力。只有满足这些条件，东道国才能充分发挥其地域和政治优势，为“一带一路”项目提供坚实的安全后盾。

3. 工作组方式

所谓工作组方式，即项目相关国家的政府之间，通过这种形式来协同处理安全保障事务。在过去的十年里，随着“一带一路”倡议的推进，工作组方式得到了广泛应用。其主要通过定期会晤和工作磋商，深入交流与合作，解决双方共同关心的安全保障问题。这种方式的参与方通常涵盖多个政府部门，如外交、国防、内政等，从而能够全面、多角度地协调处理各种安全保障事务。这种跨部门、跨领域的合作模式，不仅有助于双方就广泛的安全议题达成共识，还能推动一些关键性、焦点问题的集中解决。

以中巴经济走廊为例，中巴双方通过设立联合工作组，就走廊沿线的安全保障问题进行了深入讨论与合作。工作组不仅涉及两国的外交和安全部门，

① 刘乐．“一带一路”的安全保障［J］. 国际经济评论，2021（2）：7，107-128.

还包括了交通、能源等相关领域的专家。通过这样的合作机制，中巴双方成功解决了一系列关于走廊沿线的安全问题，为走廊的顺利推进提供了坚实的安全保障。

4. 其他方式

在过去的十年里，“一带一路”倡议已经从初步构想到落地实施，形成了市场化、东道国和工作组等三种主流的安全保障方式。然而，随着项目的深入和全球化进程的加速，我们对海外利益的安全保障需求也日益多元化。

“一带一路”的安全保障不应仅限于上述三种方式，更应广泛借鉴、灵活吸收并巧妙运用其他已经成熟的保障方式。具体来说，母国行动方式便是一种强有力的选择，即由国家直接出动安全力量，为海外项目和人员提供坚实的后盾。此外，国际协作方式也展示了跨国合作的广阔空间，无论是为第三国提供协助还是从中获得帮助，都体现了国际社会的团结与互助。而国际组织方式利用其独特的资源和影响力，为“一带一路”项目提供更为专业和全面的安全保障。这些可选方式不仅丰富了我们的安全策略，更为“一带一路”的长远发展注入了新的活力。

（二）构建“一带一路”安全体系①

随着“一带一路”倡议的不断推进，其涉及的国家和地区日益增多，合作领域不断拓展，安全挑战也日益复杂。为了确保这一跨国合作框架的长期稳定与可持续发展，构建一个全面、高效的安全体系显得尤为迫切。

1. 打造顺应经济全球化潮流的国际合作平台

当前，“一带一路”倡议已成为全球范围内规模最大的国际合作平台，并被誉为最受欢迎的公共产品。这一宏伟构想不仅促进了共建国家的经济增长，还加强了各国之间的文化交流和人员往来。截至 2018 年底，已有 123 个国家及 29 个国际组织积极签署共建“一带一路”合作文件，展现了对“一带一路”倡议的坚定信任与支持。仅 2018 年，就有超过 60 个国家和国际组织与中国达成了“一带一路”相关合作文件，可见其影响力和吸引力之大。

在涉及“一带一路”建设项目时，若项目的参与成员较为集中、所面临

① 杨达，邓羽．完善共建“一带一路”安全保障体系［N］．光明日报，2019-04-01（16）．

的威胁相对独立且主要集中于某一国家境内，那么，相较其他安保策略，双边安保合作无疑是更为恰当和有效的选择。这种合作模式能够确保双方国家在安全问题上保持紧密沟通与协作，有效应对各种潜在威胁，保障项目的顺利进行。对于那些参与成员众多、面临威胁复杂多变且跨越国界和地区的“一带一路”建设项目，多边安保合作则显示出其独特的优势。通过多边合作，各国可以共同应对区域性的安全挑战，形成合力，确保项目的整体安全。

因此，我们有必要在“一带一路”共建国家之间积极构建一张广泛而高效的安全保障合作网络。这张网络将根据不同项目的特点和需求，灵活采用双边或多边合作形式，为“一带一路”倡议的深入实施提供坚实的安全保障。通过加强共建国家之间的科技创新合作，建立产业循环机制，提高产业链供应链的安全韧性，有助于减少外部技术依赖，增强自我保障能力。通过这样的合作网络，我们不仅能够及时应对各种安全挑战，还能够进一步促进共建国家之间的信任与合作，共同推动“一带一路”倡议走向更加美好的未来。

2. 做好重大项目评估论证

在全力推进“一带一路”伟大倡议的进程中，我们必须高度重视并做好每一项重大项目的评估论证工作。这一环节至关重要，它直接关系到项目的成败与效益，更关乎参与企业与国家的长远利益。因此，我们要深入挖掘和分析项目所在国的政治发展趋势，准确把握其经济政策的演变方向，细致研究当地的技术水平和资源禀赋。这些细致入微的前期工作，不仅能够帮助我们精准评估潜在的风险点，更能及时发出风险预警，为项目的平稳运行提供有力保障。

首先，对于项目潜在影响的评估。在确定项目之前，我们需要先进行一系列有关环境、历史、文化、社会等方面的研究，以确保该项目在未来的推进过程中，不会对当地的经济、环境、社会等方面造成负面影响。其次，在近期的项目开展中，监测和检测各项指标，及时发现问题，并应对处理，以控制项目本身的风险，并对项目建设的可行性进行评估。最后，涉及建设领域的项目（如铁路、港口、矿业等），需要进行科学的可行性分析，包括技术方面、投资方面、市场方面等。只有项目的可行性得到证明，才有可能成为一项可持续并充满商业前景的投资项目。

在评估的过程中，我们还需要注重与当地利益相关者的沟通。了解当地的诉求，将包括当地利益相关方在内的各方人士的意见纳入评估流程中，以确保项目的完整性和可持续性。

（三）国际合作和挑战应对机制建设

1. 加快构建“一带一路”安全发展机制

安全发展机制，即把安全与发展作为推进“一带一路”建设的两项战略任务，构建安全和发展相互支撑促进的双螺旋，形成以安全稳定保障高质量发展、以高质量发展促进安全稳定的良性发展闭环。只有维护和促进“一带一路”共建国家的安全稳定，才能保障“一带一路”合作项目、合作行动顺利开展，才能保障当地经济社会健康发展，也才能做到当地民众的收入增加并安居乐业。

构建“一带一路”安全发展机制，有三个方面需要重点推进。一是强化“一带一路”科技创新合作，构建“一带一路”科技创新共同体，建立“一带一路”产业循环机制，提高“一带一路”共建国家产业链供应链的安全韧性。二是建立“一带一路”金融风险协同防控机制，主动防控区域性、全球性金融危机，为国际经济可持续发展作出贡献。三是开展“一带一路”廉政风险防控合作，构建“一带一路”安全发展机制是一项系统性工程，需要各方共同努力和长期坚持。通过在科技创新、金融风险防控和廉政风险防控等方面采取有力措施，我们有信心将“一带一路”建成一个安全、稳定、繁荣的国际合作平台，为促进全球经济的可持续发展作出积极贡献。

2. 加快构建“一带一路”共同安全机制

“一带一路”可望成为建设人类命运共同体的先行先试样板，即“一带一路”共同体，而其中至关重要的是建设“一带一路”安全共同体。在“一带一路”共同体的共商共建共享原则中，一个重要的方面是安全稳定的共商共建共享，即共商和平与安全合作，共建安全与稳定环境，共享安全与发展成果。在当前“一带一路”部分国家政治局势震荡、地域冲突加剧、传染病疫情严重、自然灾害频发的情况下，由中国主导并参与的“一带一路”安全合作可望成为“一带一路”共建国家和平与安全的稳定器，进而助力共建国家的共同安全与共同发展。

目前，“一带一路”地震和气象灾害领域的合作成效显著，“一带一路”

防灾减灾合作框架基本形成。在海上航行安全、海上搜救、海上执法等“一带一路”海洋安全合作方面也取得了一些突破。特别是近年来，“一带一路”安全共同体的建设不断推进并已初见成效。例如，中国与东盟之间在人道主义救援减灾、维和、扫雷等领域的合作成效显著，在产业安全、反网络诈骗、港口安全等方面的合作已经启动，有关数据安全、环境健康等方面的合作事宜也在洽谈之中。因此，中国和东盟国家可望率先建成“一带一路”中的局域安全共同体样板。

3. 加快构建“一带一路”安全风险协同防控机制

在全球化和区域一体化的大潮中，“一带一路”倡议作为促进国际合作与发展的重要平台，其安全体系的构建对于保障项目顺利进行、维护参与国家共同利益具有重大意义。目前，中国与“一带一路”国家的安全合作主要集中在一些传统安全领域。然而，随着全球化的深入发展，非传统安全领域的合作需求日益凸显，包括金融安全、网络安全、知识产权安全、生态安全等方面。

近十年来，单项的、双边的“一带一路”安全合作较多，未来应拓展到一揽子的、多边的、深度的合作。要构建“一带一路”安全风险协同防控机制和安全联防联控体系，实现安全领域的数据实时共享、预案共同制定、行动协商部署、力量相互调剂、过程相互接力、多方联合演习、双向交流挂职等。可以探索组建“一带一路”安全理事会，作为实现“一带一路”安全风险协同防控机制的组织支撑。

4. 加快构建“一带一路”冲突治理机制

国际合作中容易发生冲突，在语言和文化差异的影响下，冲突很容易转化为骚乱和危机，因此，将危机化解于冲突、争端甚至误解阶段，对降低“一带一路”合作中的社会安全风险尤为重要。目前，“一带一路”国家之间在这方面开展的主要工作局限于投资与贸易争端的解决方面，其中，设立商事法庭就是一种初步尝试。可以商务冲突为突破口，建立“一带一路”冲突调解与仲裁机制，包括仲裁法庭、调解机构、法律咨询、法律援助、法律风险评估等方面。

“一带一路”合作中的冲突种类繁多、形式复杂、安全变数大，需要从治理机制上进行整体设计。例如，可通过多边磋商达成争端与冲突解决的纲领性共识，然后在各个领域，包括法律政策冲突、文化冲突、知识产权冲突、供应链冲突等领域形成谅解备忘录。对于具体的事件、案件，可在共识和备忘录的指引下形成判例或案例，作为以后解决类似争端或冲突的参照。在当前形势下，建议在“一带一路”共建国家范围内达成应对“长臂管辖”及关联制裁的原则性处理建议。应组织建立并推进建设“一带一路”行业性协会或联盟，例如建立“一带一路”建筑业协会、“一带一路”港口协会、“一带一路”保险联合会，强化“一带一路”高等教育联盟、“一带一路”创新联盟等的作用，通过这些非政府组织来对冲突或争端开展前期化解、中期斡旋和后期补救工作，尽量消弭冲突，消除危机隐患。

第三节　构建“一带一路”国际运输通道

在第三届“一带一路”国际合作高峰论坛的开幕式上，习近平主席明确表示，中方将加快推进中欧班列高质量发展，参与跨里海国际运输走廊建设，办好中欧班列国际合作论坛，会同各方搭建以铁路、公路直达运输为支撑的亚欧大陆物流新通道。综合以上“一带一路”的相关任务，需要对构建国际运输通道进行细致讨论，本节将分别从陆上、海上、空中及将三者高效联结的多式联运四个方面进行研究。

一、陆上丝绸之路

陆上丝绸之路，是古代横贯亚洲连接欧亚大陆的商贸要道，在漫长的中外交往史上发挥了巨大作用。作为丝绸之路最早的交通干线，陆上丝绸之路在文明不断交流的同时也确保了经济贸易得以互通往来，最终广泛又深刻地推动了共建国家生产进步乃至社会变革。

（一）陆上丝绸之路概述

陆上丝绸之路起源于西汉，汉武帝派张骞出使西域，开辟了一条以长安（今西安）为起点的陆路通道，途经甘肃、新疆，到中亚、西亚，连接地中海各国。已有观点认为，丝绸之路按照历史时期可以划分为以下几个阶段（见表1-1）。

表 1-1　陆上丝绸之路的发展状况

时期		历史沿革
先秦时期		中国的经济发展已较为成熟，为之后出口丝绸等商品提供了丰富的货源。与此同时，中国与周边地区及国家有了一定的贸易往来[1]，主要通过边境的集市或使节团等方式进行物物交换，推动了商品的流通。在该时期，丝绸之路虽未形成明确的贸易路线和概念，但为后来丝绸之路的开通奠定了重要基础
汉唐时期	汉朝时期	汉武帝派遣张骞出使西域，张骞的出使路线穿越河西走廊，经过敦煌，最终到达中亚和西亚地区。西汉王朝设立西域都护府以加大对西域的经营力度，标志着汉朝对西域地区的正式管辖，为丝绸之路的畅通提供了政治保障
	唐朝时期	唐朝国力强盛，丝绸之路的路线在唐代得到进一步的拓展和完善，东西方之间的贸易往来达到空前的规模。之后海上丝绸之路逐渐兴起和发展，陆上丝绸之路的地位开始受到挑战
宋元时期	宋朝时期	宋朝的经济繁荣为丝绸之路的贸易提供了有力支撑，丝绸之路的贸易规模有所扩大。宋朝采取了一系列的贸易和外交政策，大力鼓励民间商业，拓展和改善交通运输，使得丝绸之路的贸易往来更加频繁和活跃
	元朝时期	元代陆上丝绸之路延续了前代的传统线路，并在此基础上进行了拓展和整合。元朝通过设立驿站和通信网络，大大改善了陆上丝绸之路的交通状况，元代丝绸之路的贸易规模得到空前扩大
明清时期	明朝时期	明代的绿洲丝绸之路大体以汉唐丝路为基础，但重心有所转移。明朝使臣的足迹遍及西域，加深了明朝与西域世界的互信，二者的交流在这一时期得到加强，为明朝绿洲丝绸的繁荣奠定了基础
	清朝时期	随着航海和船舶技术的显著进步，以及东西方新航线的成功开辟，海运的安全性和效率得到了极大提升，促使东西方之间的交通贸易逐渐转向以海运为主导的模式，清朝的陆上丝绸之路在贸易和文化交流方面逐渐失去其主导地位

注：孙占鳌．先秦：丝绸之路的雏形（一）［EB/OL］．（2016-05-18）［2024-06-29］．搜狐网，https：//www. sohu. com/a/75947962_ 119798。

丝绸之路经济带，是在古丝绸之路概念基础上形成的一个新的经济发展区域。2013 年，这个概念由中国国家主席习近平在哈萨克斯坦纳扎尔巴耶夫大学演讲时提出。复兴丝绸之路有助于提升西部地区经济实力，推动区域间的基础设施互联及多样化合作，为提高区域合作的整体效能奠定了坚实基础。丝绸之路经济带的发展状况如表 1-2 所示。

表 1-2　丝绸之路经济带的发展状况

时间	历史沿革	主要建设内容
2013 年 5 月	中巴经济走廊	中巴经济走廊建设倡议是时任国务院总理李克强于 2013 年 5 月访问巴基斯坦时提出的，该经济走廊协同衔接长江经济带，在区域协调发展格局中具有重要战略地位，被称为“一带一路”的旗舰项目
2013 年 9 月 7 日	共同建设“丝绸之路经济带”	该倡议为推进欧亚各国经济联系更加紧密、推动各国合作更加深入、促进各国发展空间更加广阔，通过创新的合作模式，共同推进“丝绸之路经济带”建设
2014 年 6 月 5 日	中国—中亚—西亚经济走廊	中国—中亚—西亚经济走廊是“丝绸之路经济带”的重要组成部分。从中国与中亚国家的政策沟通来看，依托常态化的高层互访和政府间合作机制，推动中国—中亚—西亚经济走廊建设
2016 年 9 月 13 日	《建设中蒙俄经济走廊规划纲要》	该文件进一步完善了三方合作工作机制，中国与俄罗斯、蒙古国实现国际通信陆缆连接，中俄、中蒙边界互联互通项目取得积极进展，中国连续多年成为俄罗斯和蒙古国的第一大贸易伙伴
2020 年 4 月	境外经贸合作区	作为共建“一带一路”的重要平台，境外经贸合作区产业链条完整，基础设施完善，政策覆盖效果明显，管理便捷高效，在产业集聚、带动辐射示范等方面发挥着不可替代的作用
2022 年底	成立自由贸易试验区	各自贸试验区在投资与贸易领域进行积极的探索，有力推动了新产业、新业态、新模式的迅速发展，初步建成了一批具备高度竞争力的产业集群，有效推动了国家重大战略的实施
2023 年 10 月 17 日	第三届“一带一路”国际合作高峰论坛	本次论坛的主题聚焦于“高质量共建‘一带一路’，携手实现共同发展繁荣”，论坛上习近平主席宣布中国支持高质量共建“一带一路”的八项行动，包括构建“一带一路”立体互联互通网络、支持建设开放型世界经济、完善“一带一路”国际合作机制等
2023 年 11 月 16 日	第七届丝绸之路国际博览会	本届丝博会继续将开幕式与丝绸之路经济带国际合作论坛同期举办，会上全面展示五国在多个领域的独特优势和高品质产品，提升了中亚五国的整体形象，有效促进了陕西与中亚五国在经贸、文化等领域的专业交流与合作

（二）陆上丝路重点项目案例——中欧班列

中欧班列（CHINA RAILWAY Express，CR Express），是往来于中国与欧洲及“一带一路”沿线各国的集装箱国际铁路联运班列，深化了我国与共建国家的经贸合作，也推动了“一带一路”倡议的实施。根据《中欧班列建设发展规划（2016—2020 年）》，中欧班列规划了西中东 3 条通道（中欧班列运行线）：

1. 西通道

一是由新疆阿拉山口（霍尔果斯）口岸出境，经哈萨克斯坦与俄罗斯西伯利亚铁路相连，途经白俄罗斯、波兰、德国等，通达欧洲其他各国。二是由霍尔果斯（阿拉山口）口岸出境，途经哈萨克斯坦、土库曼斯坦、伊朗、土耳其等国，通达欧洲各国；或途经哈萨克斯坦跨里海，进入阿塞拜疆、格鲁吉亚、保加利亚等国，通达欧洲各国。三是由吐尔尕特（伊尔克什坦）口岸出境，与规划中的中吉乌铁路等连接，通向吉尔吉斯斯坦、乌兹别克斯坦、土库曼斯坦、伊朗、土耳其等国，通达欧洲各国。经陇海、兰新等铁路干线运输，主要货源吸引区为西北、西南、华中、华南等地区。

2. 中通道

由内蒙古二连浩特口岸出境，途经蒙古国与俄罗斯西伯利亚铁路相连，通达欧洲各国。经由京广、集二等铁路干线运输，主要货源吸引区为华北、华中、华南等地区。

3. 东通道

由内蒙古满洲里（黑龙江绥芬河）口岸出境，接入俄罗斯西伯利亚铁路，通达欧洲各国。经由京沪、哈大等铁路干线运输，主要货源吸引区为东北、华东、华中等地区。

其项目进程如表 1-3 所示。

表 1-3　中欧班列项目进程

时间	项目进程
2011 年	从重庆到杜伊斯堡，名为“渝新欧”的首列中欧班列成功开行[1]
2014 年	从义乌到马德里，名为“义新欧”的中欧班列正式开通
2017 年	赣州国际陆港开行中欧班列，充分展现出“国家物流新通道”优势
2018 年	以武汉为起点，开通首列中欧班列柑橘专列，三峡柑橘出口实现“一列直达”。从西安驶出的 X8001 次中欧班列成为概念陕西开行的第 100 列中欧班列
2019 年	中欧班列首次抵达绥芬河口岸，标志着中欧班列（郑州）继阿拉山口、二连浩特、霍尔果斯、凭祥之后的另一条重要出入境通道开通
2020 年	该年内中欧班列的开行数量首次突破 1 万列，且每月开行数量均稳定保持在 1000 列以上，国内开通中欧班列并累计超过百列的城市数量增加至 29 个，中欧班列的开行范围持续扩大，通达欧洲城市的中欧班列增至 90 多个，覆盖 20 余个国家

续表

时间	项目进程
2021 年	中欧班列的运行总数量已突破 4 万列次，累计货物价值超过 2000 亿美元，形成 73 条稳定的运输线路，直接连接欧洲 22 个国家的 160 余座城市
2022 年	截至 6 月底成渝中欧班列累计开行量突破 2 万列。中欧班列在通达城市的数量上取得了显著突破，成功地将服务延伸至更多欧洲国家的城市，与此同时，原有路线的列车数量也得到了进一步增加
2023 年	中欧班列 X8489 次长安号新年班列暨首列“粤陕”（广州—西安—欧洲）国际班列是西安国际港站 2023 年开行的首趟中欧班列
2024 年 4 月	2024 年第一季度中欧班列的开行量达到 4541 列，运送货物共计 49.3 万标箱，相较上年同期分别实现了 9%和 10%的稳健增长，再次印证中欧班列在促进国际贸易和物流方面的显著作用

注：推进“一带一路”建设工作领导小组办公室，中国国家铁路集团有限公司．中欧班列发展报告（2021）［M］.北京：中国铁道出版社，2022。

中欧班列作为“丝绸之路经济带”的重要组成部分，显著促进了中国与欧洲之间的贸易往来。数据显示，截至 2024 年 4 月，中欧班列累计开行已超 8.5 万列，通达欧洲 25 个国家 219 个城市。

目前，中欧班列已形成以“三大通道、四大口岸、五个方向、六大线路”为特点的基本格局，清晰的运营模式和稳定的运营格局促进了中国与欧洲之间的物流连接，辐射带动效应显著，机制化建设取得显著进展，中欧班列已成为深化国家间经贸合作的重要载体，推动了丝绸之路共建国家的共同发展。

（三）陆上丝路发展规划

推进“一带一路”建设工作领导小组办公室于 2023 年 11 月 24 日正式发布了《坚定不移推进共建“一带一路”高质量发展走深走实的愿景行动——共建“一带一路”未来十年发展展望》（以下简称《未来十年发展展望》），描绘了未来十年内共建“一带一路”的发展蓝图，提出其发展思路、原则理念、发展目标以及重点领域和方向等。①

丝绸之路经济带建设积极配合共建“一带一路”的发展路径，其发展趋

① 推进“一带一路”建设工作领导小组办公室．坚定不移推进共建“一带一路”高质量发展走深走实的愿景与行动——共建“一带一路”未来十年发展展望［Z］.北京：中华人民共和国中央人民政府，2023-11-24.

势将呈现以下特征：

统筹打造品牌亮点，构建高水平立体互联互通网络。设施联通是合作发展的基础，也是构建高水平立体互联互通网络的前提条件。统筹打造丝绸之路经济带沿线标志性工程，持续推进铁路、港口、机场等基础设施及中欧班列项目的高质量发展，坚定提升"小而美"项目的品质与影响力，与共建国家持续深化规划对接、标准衔接，为重大基础设施建设互联互通提供支撑。

统筹强化风险防控，建立完善系统性安全保障体系。中国将在习近平总书记的总体国家安全观指导下，从制度建设、平台建设、机制协同等方面织密风险防控网络，加快形成系统完备的反腐败涉外法律法规体系，全面强化风险防控。

统筹完善机制平台，深化拓展多双边务实合作。中国将积极有序拓展多元化的国际合作新领域，聚焦于医疗健康、绿色可持续发展、数字化技术及创新等关键领域，培育并稳固合作新增长点。

统筹提升政策服务，增强全方位支撑保障。深化政治互信，发挥政策沟通的引领和催化作用，探索建立更多合作对接机制，从互联互通布局、基础设施项目合作、贸易畅通、资金融通、人文交流等方面共建丝绸之路经济带支撑保障体系，与共建国家共同推进丝绸之路经济带的高质量发展和绿色健康发展。

统筹深化互利合作，携手构建人类命运共同体。全面推动三条经济走廊建设步入高质量发展新阶段，充分发挥丝绸之路核心区建设的区位优势，加强中方与丝绸之路经济带共建国家的经贸、能源、交通、文化合作，共同打造政治互信、经济融合、文化包容的利益共同体、命运共同体和责任共同体。

二、海上丝绸之路

随着历史的不断演进，丝绸之路的路线也不断发生着变化，伴随着海上贸易的兴起，海上丝绸之路逐渐崛起，与陆上丝绸之路共同构成了世界贸易的重要通道。

（一）海上丝绸之路概述

海上丝路起于秦汉时期，兴于隋唐时期，盛于宋元时期，明朝初期达到顶峰，明朝中叶因海禁而衰落。公元前 2 世纪，汉武帝派遣远洋船队驶往印度洋，为南海至印度洋的航线奠定了基础，象征着海上丝绸之路的萌芽，直至明代的郑和下西洋将该通道的贸易活动推向了顶峰。汉代海上丝绸之路在中国对外贸易中的地位逐渐凸显，并占据主导地位，在该时期促进了中国与周边地区的经济交流，也推动了沿线多个港口城市的发展与崛起。

按照时期来划分，海上丝绸之路的历史沿革可以分为以下几个阶段（见表 1-4）。

表 1-4　海上丝绸之路的历史沿革

<table>
<tr><th colspan="2">阶段</th><th>历史沿革</th></tr>
<tr><td rowspan="3">开辟期</td><td>先秦时期</td><td>据考证，最迟至商代，中国先民的航海活动就已延伸到海外。西周时期，东南沿海地区统称“百越”，百越人以善于造船著称</td></tr>
<tr><td>秦朝时期</td><td>秦统一中国后，沿海交通全线畅通，开辟海上丝绸之路的交通条件趋向成熟</td></tr>
<tr><td>汉朝时期</td><td>汉初统治者实施“轻徭薄赋”政策让社会经济逐渐恢复并走向繁荣，开辟丝绸之路的物质条件趋向成熟。西汉时期，张骞出使西域，为开拓海上丝绸之路创造了前提条件。汉武帝派远洋船队出使印度洋，由此开辟南海—印度洋航线</td></tr>
<tr><td rowspan="2">发展期</td><td>魏晋南北朝时期</td><td>统治者对舶来品的追捧、政府扩大政治威望的诉求和传统贸易道路在北方的受阻，推动了海上丝绸之路的发展。林邑（今越南中南部）、扶南（今柬埔寨）、马来半岛、马来群岛的一些国家与中国往来关系密切，贸易进入常态化</td></tr>
<tr><td>唐朝时期</td><td>在税收方面，禁止重征外商，保护外商财产。造船业和航海业得到空前发展，为海上交通贸易奠定必要基础。随着海上丝绸之路贸易的发展，唐朝设立市舶使管理海路贸易，设立蕃坊统一管理外商，使海上丝绸之路贸易管理走向制度化</td></tr>
<tr><td rowspan="2">繁荣期</td><td>宋朝时期</td><td>宋代是中国古代科学技术发展的第二个黄金时期，宋代的造船业也处于中国古代造船史的第二个高峰期，宋代后期指南针广泛应用于航海，有力地推动了古代中国甚至世界航海业的发展</td></tr>
<tr><td>元朝时期</td><td>元代大力推行官商贸易，以国家政权力量组织海路贸易，客观上推动了元代海路贸易和海上丝绸之路的发展。官方贸易、私商贸易、使臣贸易、斡脱贸易和官本船贸易等贸易方式丰富了海上丝绸之路的贸易内容，也使海上丝绸之路得到更广泛的传播</td></tr>
</table>

续表

阶段		历史沿革
衰退期	明朝时期	明代初期商品经济水平十分低下，为抵御来自东南沿海敌对势力的威胁，明朝实行海禁政策，深刻影响其海外政策和海上丝绸之路的发展。郑和七下西洋将中国古代的官方贸易——朝贡贸易推向顶峰。隆庆元年（1567年），明朝宣布开放海禁，允许民间贸易，但仅限于漳州月港，海上丝绸之路进一步衰落
	清朝时期	清政府多次颁布禁海令和迁海令，严重影响了对外贸易的连续性。海外贸易活动还受到行商制度和海关制度的严格控制。由于政府实行海禁政策，广州成为中国海上丝绸之路唯一对外开放的贸易大港，这在清代的外贸史上也是重要的转折点，自此海上丝绸之路由盛转衰

"二十一世纪海上丝绸之路"也被称为现代"海上丝绸之路"，是指在古代海上丝绸之路的基础上利用现代先进的运输工具和技术，构建的一条连接全球的海上货物通道。"二十一世纪海上丝绸之路"通过加强海上互联互通、深化港口及其所在城市的合作机制，进一步推动沿海地区经济的繁荣与发展，形成更为紧密的海洋经济合作网络，涵盖各国（地区）间互利共赢的海洋经济关系。

按照时间划分，海上丝绸之路的发展状况如表1-5所示。

表1-5 海上丝绸之路的发展状况

时间	历史沿革	建设成果
2013年10月3日	共同建设二十一世纪"海上丝绸之路"	在印度尼西亚国会的演讲中，习近平主席首次提出"共同建设二十一世纪'海上丝绸之路'"的倡议，并倡议筹建亚洲基础设施投资银行
2014年11月4日	《加快推进丝绸之路经济带和二十一世纪海上丝绸之路建设》	该战略部署充分响应了时代发展的需要，为各国构建了一个包容性巨大的发展平台，将中国增长的经济与共建国家的利益相融合，实现双方的共同繁荣和互利共赢
2015年3月	《推动共建丝绸之路经济带和二十一世纪海上丝绸之路的愿景与行动》	该文件提出充分利用长三角、珠三角、海峡西岸、环渤海等经济区开放程度高、经济实力强辐射带动作用大的优势，加快推进上海自贸试验区的建设，支持福建建设21世纪海上丝绸之路核心区
2017年6月19日	《"一带一路"建设海上合作设想》	加强与共建国家的战略对接与共同行动，推动建立全方位、多层次、宽领域的蓝色伙伴关系，该倡议提出构建三大蓝色经济通道的战略构想。这是中国首次提出推进"一带一路"海上合作的中国方案，同时也是首届"一带一路"国际合作高峰论坛所取得的领导人成果之一

续表

时间	历史沿革	建设成果
2023 年 9 月 16 日	中国—东盟博览会	各国代表围绕“中国—东盟绿色低碳和数字经济合作”的会议主题，交流本国在相关领域的最新投资环境和投资政策，本次博览会的核心宗旨在于深化中国—东盟自由贸易区的建设，共同把握并分享合作与发展的崭新机遇

海上丝绸之路通过海运大幅提升了贸易规模和范围。海运具有更大的运载能力和更低的成本，商品和资源的流通更为便捷和高效。中国的丝绸、瓷器、茶叶等特色商品通过海上丝绸之路被广泛运往世界各地，满足了国际市场的需求，为中国带来巨大的经济利益。

海上丝绸之路的建设促进了沿线港口城市的繁荣。广州、泉州、扬州等城市作为海上丝绸之路的重要港口，吸引了大量商人和货物的聚集。港口城市的繁荣不仅推动了当地产业结构的优化和升级，还带动了就业增长和人口集聚，为城市的经济社会发展注入了强劲动力。

海上丝绸之路的建设促进了中外经济的深度融合。通过海运这一桥梁和纽带，中国与世界各国的经济联系更加紧密。双方在贸易、投资、技术等方面的合作不断深化，共同推动了世界经济的繁荣和发展。

（二）海上丝路重点项目案例——珠江三角洲港口群

中国现有沿海港口 150 余个（含长江南京及以下港口），基于各地区的经济繁荣程度及其独特性等方面，全国沿海港口被细分为五个港口集群，即环渤海港口群、长江三角洲港口群、东南沿海港口群、珠江三角洲港口群和西南沿海港口群。其中，珠江三角洲港口群又可以分为泛珠三角港口群和大珠三角港口群。

1. 泛珠三角港口群

泛珠三角又称“9+2”，包括沿珠江流域的广东、福建、江西、广西、海南、湖南、四川、云南、贵州 9 个省（区），以及香港和澳门两个特别行政区。泛珠三角港口群的发展状况如表 1-6 所示。

表 1-6 泛珠三角港口群的发展状况

时间	阶段	历史沿革
1970 年之前	前集装箱化阶段	全国港口系统确立了“集中统一、层级分明、政企协同”的现代水运管理体制。国家以战略规划为导向，有重点、有计划地推进港口的建设与运营，为中国港口行业的现代化发展奠定了坚实基础
1970—1978 年	集装箱港口初步发展阶段	中国积极投入新码头的建设，致力于显著增强港口的处理能力。1978 年，港口新增的处理能力和吞吐量分别实现至少 1 亿吨及接近 3 亿吨的显著成果
1979—1994 年	港口扩散、稳固和集聚阶段	改革开放政策推动国民经济的高速增长，在该阶段泛珠三角地区港口发展迅速，催生了我国港口建设的第二次热潮。香港港口发展较为成熟，迅速成为世界航运中心，并且是中国连接世界的唯一中心枢纽港
1995—2004 年	大型深水直挂港加速成长阶段	我国于 2001 年正式加入世界贸易组织（WTO），新一轮港口管理体系改革由此启动。2003 年《中华人民共和国港口法》（已于 2015 年、2017 年、2018 年修正）的颁布实施，对泛珠三角地区的港口快速发展起到了重要作用
2005 年至今	多门户港口格局形成阶段	2008 年，广州港集装箱与香港港和深圳港同时跻身世界十大集装箱港口行列，珠三角地区多门户港口格局形成

泛珠三角港口群现已成为中国乃至世界最大的港口体系之一，对世界港口与物流体系的贡献极大，是未来港口物流增长极。

2. 大珠三角港口群

大珠三角是指广东的珠江三角洲加上香港、澳门两个特区。具体包括广州、深圳、珠海、佛山、江门、东莞、中山、惠州、肇庆 9 市以及香港、澳门，由 2 个特别行政区、2 个经济特区、1 个省会城市和 6 个地级市组成，共有广州港、深圳港、珠海港、佛山港、江门港、虎门港、中山港、惠州港、肇庆港、香港港及澳门港 11 个港口。大珠三角港口群的发展状况如表 1-7 所示。

表 1-7 大珠三角港口群的发展状况

时间/时期	历史沿革
秦代	中国商船自广州启航，穿越马六甲海峡，横跨孟加拉湾、波斯湾，直至红海，再转运至地中海，形成一条贸易航线

续表

时间/时期	历史沿革
唐代	广州港逐渐崛起为全国最大的港口，并在此设立了我国最早的市舶司
北宋时期	随着海运的日益兴盛，广州港的航线不断拓展，远达东非和亚洲各地
明代—清代中期	广州港曾是我国唯一的贸易口岸，受到当时经济相对滞后、战乱频繁及香港成为英国自由港等外部因素的冲击，广州港的发展进程受到了明显的制约
民国时期	1936 年粤汉铁路开通，推动了广州港的发展，但抗日战争期间广州港遭到严重破坏
中华人民共和国成立后至改革开放前	受对华禁运政策影响，广东的海上运输以省内沿海运输为主，仅维持了少量的与社会主义国家间的国际贸易和对外援助的运输服务
改革开放后	珠三角港口体系发展迅速，尽管少数港口在吞吐量上仍占据主导地位，但多数港口的发展速度显著加快，整个体系呈现出多元化的发展趋势
集装箱投入远洋运输之后	集装箱运输在港口运营中的核心地位日益显现，集装箱的运输量已成为评估港口重要性的关键指标。目前，珠三角港口已成为全球港口体系中集装箱处理量增长最为迅猛的地区之一
2000 年后	大珠三角集装箱港口体系的构成展现了多点并进的发展态势。香港港继续稳固其作为地区集装箱转运枢纽的地位，其他港口在集装箱吞吐和直航业务上也实现了稳步增长

大珠三角港口群的区位优势明显，在世界港口与物流体系中的地位不断提高，大珠三角港口群现已成为世界港口与物流体系的区域中心。

（三）海上丝路发展规划

2013 年，习近平总书记提出共建 21 世纪“海上丝绸之路”的重大倡议。为深化与共建国家的战略合作与协同努力，促进全方位、多层次、宽领域的蓝色伙伴关系的构建，国家发展改革委与国家海洋局联合制定并发布《“一带一路”建设海上合作设想》。海上丝绸之路建设积极配合共建“一带一路”的发展路径，其发展趋势将呈现以下特征①：

1. 共走绿色发展之路

海洋是地球上最大的生态系统，是实现可持续发展的宝贵资源，更是人类的宝贵财富，绿色复苏已成为后疫情时期全球治理的重点议题，维护海洋

① “一带一路”建设海上合作设想［EB/OL］. 中国政府网，（2017-06-20）［2024-06-29］. https：//www. gov. cn/xinwen/2017-06/20/content_ 5203985. htm.

健康是最普惠的民生福祉。深化政治互信，发挥政策沟通的引领作用，构建海洋生态绿色保护网，从保护海洋生态环境健康和多样性、推动区域海洋环境保护、加强海洋领域应对气候变化合作及加强蓝碳国际合作等方面共走绿色发展之路。

2. 共创依海繁荣之路

“一带一路”共建国家经济发展潜力巨大，发挥各国比较优势，推进海洋资源的开发利用合作，与共建国家联合开展海洋资源调查与评估活动，科学开发利用海洋资源，促进蓝色经济发展。促进海上互联互通建设，加强国际海运合作，提升海运便利化水平，根据“一带一路”走向，以重点港口为节点，共同建设通畅安全高效的运输大通道，推进二十一世纪海上丝绸之路繁荣发展。

3. 共筑安全保障之路

维护海上安全是发展蓝色经济的重要保障。为深化二十一世纪海上丝绸之路共建国家的合作，中国政府倡议发起二十一世纪海上丝绸之路海洋公共服务共建共享计划，共同开展打击海上犯罪等非传统安全领域活动，研发海洋灾害预警报产品，推动与沿线国共建海洋防灾减灾合作机制。

4. 共建智慧创新之路

创新是推动海洋可持续发展的重要引擎。深化海洋科学研究与技术领域的合作，加强海洋技术标准体系的对接和技术转让合作。推动科技创新的落地实施，与共建国家共同打造科技资源共享平台，合作建设海洋科技合作园区。建立海洋数据中心间的合作机制与网络，推动国家间海洋数据和信息产品的共享，加强各国信息交流与合作，构建更广阔的学术交流平台，共同推进涉海文化传播。

5. 共谋合作治理之路

构建坚实的蓝色伙伴关系是强化海上协作的关键途径。与沿线国建立多层次、多渠道的沟通磋商与对话机制，设立全球蓝色经济合作论坛，加强产业间的协同与资源整合，有效推广蓝色经济的前沿理念和实践。推动建立可包容各利益相关方的国际海洋空间规划交流平台，加强与多边机制的合作，推动共建国家智库之间的对话交流，为共建 21 世纪海上丝绸之路提供坚实的智力支撑。

三、空中丝绸之路

“一带一路”倡议如同一条强大的纽带，连接中亚、南亚、东南亚以及西亚等地域，成为当今世界上地域覆盖最广且蕴含巨大发展潜力的国际合作地带。而空中交通作为现代交通体系的关键一环，对于实现全球化连接至关重要。因此，在已经存在的海上与陆地两条丝绸之路之外，进一步构建一条“空中丝绸之路”与“一带一路”倡议协同并进是顺应时代之举。

（一）空中丝绸之路概述

所谓“空中丝绸之路”，是指通过跨境电子商务网络平台和跨境电子商务产业交易链的建设，实现各国的跨境自由贸易。“陆海空”三位一体的新丝绸之路发展战略，更加贴合现代社会贸易活动的发展趋势和要求，有助于推动区域经济一体化进程，为中国乃至整个“一带一路”共建国家的经济发展注入了强大动力。

空中丝绸之路的发展状况如表 1-8 所示。

表 1-8　空中丝绸之路的发展状况

时间	历史沿革	主要建设内容
2017 年 6 月 14 日	习近平总书记首次提出支持建设郑州—卢森堡“空中丝绸之路”	建设“空中丝绸之路”，旨在推动各国航空产业的深度融合与互联互通，与此同时，借助贸易往来、投资合作、建立合资公司等形式，搭建起开放包容的空中交通网络和畅通无阻的贸易通道，为世界各国的经济增长和社会福祉提供一套全面而系统的航空产业解决方案
2019 年 5 月 31 日	首届“空中丝绸之路”国际合作峰会举办	本次峰会主题是“构建新时代‘空中丝路’、打造经济发展新引擎”。 会议期间，北京与白俄罗斯首都明斯克、赞比亚首都卢萨卡等“一带一路”共建国家节点城市的航空城市（临空经济区）签署战略合作协议、国产通用飞机批量外销订单签署、发布了《中国临空经济发展指数报告（2019）》、“空中丝绸之路”国际合作联盟（ASRICA）启动等一批航空业国际合作项目和科研成果。 “空中丝绸之路”国际合作联盟引领国内临空优势产能参与国际合作，实现国内国际双循环相互促进的新发展格局，推动“空中丝绸之路”的高质量建设和发展

续表

时间	历史沿革	主要建设内容
2020 年 9 月 8 日	第二届“空中丝绸之路”国际合作峰会	本次会议主题为“聚合空中丝路临空大产业、共建航空经济合作新平台”； 峰会期间，《中国临空经济发展指数 2020》、航空服务贸易领域多项国际合作重大项目重磅发布，《“一带一路”高质量发展——河南“空中丝绸之路”的生动实践》一书也在会上正式发布
2021 年 3 月	《中华人民共和国国民经济和社会发展第十四个五年规划和 2035 年远景目标纲要》	通过构建“空中丝绸之路”，旨在提升国际航空运输能力和服务质量，加强国际航线网络布局，推动航空及相关产业的国际交流与合作，进一步拓宽和深化我国与共建国家在经贸、文化、旅游等多领域的互联互通，为实现更高层次的开放型经济发展贡献力量
2021 年 9 月 5 日	第三届“空中丝绸之路”国际合作峰会	峰会主题聚焦“空中丝路引领临空经济高水平开放”； 峰会期间，《中国临空经济发展指数 2021》与《中国航空物流枢纽发展指数 2021》发布。此外，多个项目集中签约、发布，北京临空经济核心区管委会与中华职业教育社签订协议，共同建设“空中丝路·国门工匠”人才培养示范基地；“空中丝绸之路”国际合作联盟与成都简阳市政府签署协议共建“空中丝路”（西南）产业基地、福建省首个飞行驿站项目落户龙岩古田
2022 年 5 月	中国民用航空局、国家发展改革委联合印发《“十四五”时期推进“空中丝绸之路”建设高质量发展实施方案》	《实施方案》阐明了“十四五”时期推进“空中丝绸之路”建设的指导思想、基本原则、主要目标和重点任务
2022 年 9 月 4 日	第四届“空中丝绸之路”国际合作峰会	以“数字赋能、低碳发展——‘空中丝路’产业升级新动能”为主题； 峰会期间，《中国临空经济发展指数 2022》、《中国航空物流枢纽发展指数 2022》、《空中丝绸之路研究 2022》、“空中丝绸之路”低空创新服务平台以及“空中丝绸之路”建设优秀服务示范案例等多个项目、成果将落地和发布
2022 年 11 月 15 日	郑州—卢森堡“空中丝绸之路”国际合作论坛	以“做大做强中卢货运航线‘空中丝路’”为主题，围绕“空中丝绸之路”枢纽建设、贸易合作、产业发展、物流服务、人文交流等举办主论坛、分论坛及配套活动，打造高层次国际交流平台，推动“空中丝绸之路”高质量发展； 论坛期间，31 个合作项目公布，涉及“双枢纽”合作、物流服务、航空产业、供应链金融、文化交流等方面

续表

时间	历史沿革	主要建设内容
2023年9月5日	第五届“空中丝绸之路”国际合作峰会	以“高质量建设空中丝绸之路、高能级服务中国式现代化”为主题； 峰会期间，《中国临空经济发展指数2023》《中国航空物流枢纽发展指数2023》《“空中丝绸之路”优秀服务示范案例2023》、“零碳机场和园区”项目试点等多项新技术、新产品及相关成果发布专项活动

截至2024年5月，“一带一路”国家航线客运航班量已达每周4053班，我国已与104个“一带一路”共建国家签署双边航空运输协定，并与64个国家保持定期客货运通航，其中，共建“一带一路”国家48个，占比75%，构建起新时代“空中丝绸之路”。①

经验证明，推进“空中丝绸之路”不仅有力地推动了中国的社会经济发展和更高层次的对外开放格局，同时也为全球民航事业的成长创造了更为广阔的发展天地和更多的国际合作机会。这条空中走廊不仅连接起地域间的物理距离，还通过强化贸易、投资、技术转移以及人员交往，促进了全球经济的联动与共赢，真正意义上实现了共建共享、互联互通的美好愿景。

（二）空中丝路重点项目案例——郑州—卢森堡航线

在习近平总书记提出共建“一带一路”重大倡议的背景下，河南省委省政府在全面考量本省实际情况后，提出了以航空物流为先导，实行“货物先行，带动客运”的特色发展模式，旨在克服地处内陆的传统地理局限。最终在河南航投和卢森堡货航的合作下，郑州—卢森堡航线由此诞生。

郑州—卢森堡的航线旨在建立一个“双枢纽、多节点、多线路、广覆盖”的立体发展空间。其中，“双枢纽”致力于强化郑州与卢森堡两座城市的航空枢纽地位，升级货物集结与分散的能力；“多节点”策略关注在全球关键枢纽城市中的布局，借此莫斯科、莱比锡、芝加哥、悉尼及亚的斯亚贝巴等地成为稳固网络结构中的重要支点；“多线路”则是基于双核心与诸多节点，密集开通航线、增加航班频次；“广覆盖”则是借助公、铁、空等多种运输方式的

① 崔国强．国际客运航班稳步恢复［EB/OL］．中国一带一路网，（2024-03-15）［2024-06-29］．https：//www．yidaiyilu．gov．cn/p/0ATKCISB．html．

联合作用，放大枢纽与节点的外延影响，打造出一个同时实现地面与空中运输无缝衔接、快速中转的高效物流网络。

作为横贯中欧的货运“空中丝绸之路”，郑州—卢森堡航线主要分为以下五大方向。

一是欧洲方向：重点开通至莱比锡、科隆、华沙、马斯特里赫特等航线；

二是美洲方向：重点开通至达拉斯、迈阿密、哈利法克斯、亚特兰大、洛杉矶、辛辛那提、圣地亚哥等航线；

三是亚洲方向：重点开通至曼谷、东京、河内、阿布扎比等航线；

四是大洋洲方向：重点开通至悉尼、墨尔本等航线；

五是非洲方向：重点开通至吉布提、内罗毕、约翰内斯堡、亚的斯亚贝巴等航线。

在国家和政府的高度重视下，郑州—卢森堡航线正加速完善，其主要项目进程如表 1-9 所示。

表 1-9　郑州—卢森堡航线项目进程

时间	项目进程
2013 年初	卢森堡政府向全球出售卢森堡货航 35%股权，河南民航发展投资集团有限公司获悉后立即启动收购项目
2014 年 6 月	开通首条郑州至卢森堡货运航线
2017 年 6 月 14 日	国家主席习近平在会见卢森堡首相贝泰尔时提出，支持建设郑州—卢森堡“空中丝绸之路”
2020 年	网络框架基本形成，重点领域合作实现突破，中卢双方合作机制日趋完善
2023 年 6 月 14 日	郑州—卢森堡“空中丝路”货运量突破 100 万吨，中方投资收益超过 100 亿元
2023 年 12 月 21 日	郑州—卢森堡首个客运航班起飞，中卢之间首条直飞客运航线正式开通

如今，郑州—卢森堡航线作为“一带一路”倡议中的璀璨亮点，其货物运输网络已经延伸到了欧洲 24 个国家的超过 200 个城市，并且对中国境内的 90 多个城市产生了辐射效应，成为“一带一路”框架内引人注目的合作典范。① 这一空中运输线路将美国、中国及欧洲这三个全球最大的经济体紧密相

① 冯芸，马涛：郑州—卢森堡“空中丝绸之路”国际合作论坛开幕［EB/OL］. 中国一带一路网，（2022-11-16）［2024-06-29］. https：//www. yidaiyilu. gov. cn/p/290767. html.

连，构建了一条跨越大洋、横贯东西的空中经济走廊。

（三）空中丝路发展规划

构建“空中丝绸之路”是“一带一路”倡议中的关键一环，它对于完善融合陆地、海洋、天空与互联网的“四位一体”全球互联互通网络至关重要，同时也是迈向民航强国的关键步骤。目前，在国际航线航班方面，2024 年夏秋航季，民航局已批复 164 家国内外航空公司的每周 17257 班客货运航班计划申请，共通航 70 个境外国家，包括 51 个共建“一带一路”国家。①

为了切实落实习近平总书记关于加速“空中丝绸之路”构建的重要指导思想，并确保在“十四五”规划期间“空中丝绸之路”建设能够实现高质量推进，民航局会同国家发展改革委共同印发了《“十四五”时期推进“空中丝绸之路”建设高质量发展实施方案》（以下简称《实施方案》）。

《实施方案》确立了指导“空中丝路”建设工作的四大基本原则。一是坚持统筹谋划，合理布局，携手共建国家建设质量、效益、规模、安全相统一的“空中丝绸之路”；二是坚持生态优先，绿色发展，携手共建国家建设绿色、低碳、循环的“空中丝绸之路”；三是坚持深化合作，互利共赢，携手共建国家打造合作共赢、开放文明的“空中丝绸之路”；四是坚持内外协作，确保安全，携手共建国家打造更高水平的平安“空中丝绸之路”。

《实施方案》确立了推进“空中丝路”建设工作的三个主要目标。一是着眼于硬件设施建设与优化的同时，强化与其他国家和地区在基础设施建设上的标准对接和政策协调，加快“软联通”实现新突破。二是要建立和完善多层次、宽领域的对话平台，增进各国人民之间的相互理解和友谊。同时，提升安全管理和应急响应能力，为可持续发展保驾护航。三是注重“空中丝绸之路”品牌的国际化推广，通过高质量的服务、成功的合作案例和积极的国际传播策略，吸引更多国家和地区加入这一合作框架中。

《实施方案》确立了推进“空中丝路”建设工作的八个重点任务：一是深化国内航空枢纽开放发展，二是深化航线网络互联互通，三是深化民航基础设施领域合作，四是深化科技创新合作，五是深化规则标准联通，六是深

① 王聿昊．全国民航今起执行夏秋航季航班计划［EB/OL］．中国政府网（2024-03-31）［2024-06-29］．https：//www.gov.cn/lianbo/bumen/202403/content_6942691.htm.

化人文交流合作，七是深化国际贸易合作，八是深化合作平台建设。

四、多式联运与空间立体统筹

新格局催生新变革，新时代下，物流运输结构优化进程已经开启，在与新格局的对话中，多式联运成为关键词。多式联运指将两种及以上不同运输方式进行联运的运输组织形式，能综合发挥各种运输方式的优势，运用海铁、公铁、陆空等多种联运模式，实现 1+1>2，对于我国与国际联通的运输通道实现空间立体统筹来说具有重要作用。

（一）多式联运

多式联运是指将两种或更多不同类型的交通工具紧密配合，通过转运衔接，共同协作完成货物从起点到终点的整个运输流程。多式联运作为一种综合运输模式，具备以下特点：

1. 合同主导

多式联运活动严格基于一份合同展开，该合同涵盖了整个运输过程，其间至少会采用两种不同的运输方式且各方式间无缝衔接，形成连续的运输链。

2. 以集装箱为主

多式联运通常将标准化的集装箱作为主要载体，充分利用了集装箱运输的便利性和安全性。

3. 一票结算

发货人只需与多式联运经营人签订一份合同，一次性支付全程运费，并办理一次保险。

4. 一体化责任主体

多式联运经营人对货物运输全程承担统一责任。

5. 优势互补，效能最大化

每种单一运输方式均有其独特优势，多式联运正是巧妙地根据不同货物特性和运输需求，定制最优组合方案，实现运输效能的最大化和社会化大生产大交通的高效整合。

根据联运组织方式的不同，多式联运可进一步划分为协作式多式联运和衔接式多式联运两类。

1. 协作式多式联运

协作式多式联运是指至少由两个不同的运输服务提供商，依据共同遵循的规章制度或事先协商好的合作协议，共同完成货物从起始接收到最终交付的全过程运输。此模式在国内货物联运实践中占据主导地位，广泛应用于各类物流场景中。根据开展联运方式的不同，协作式多式联运可进一步细分为法定（多式）联运和协议（多式）联运两种。

2. 衔接式多式联运

衔接式多式联运是指由一个多式联运企业（以下称多式联运经营人）负责统一指挥和整合两种或更多类型运输方式（如公路、铁路、水运及航空）的服务提供商，确保货物从最初的接收到最终目的地的完整递送过程。多式联运经营人专注于全局的规划与协调，包括但不限于客户需求分析、路线规划、单证管理及整体供应链的优化设计，确保货物运输的无缝衔接与高效运行。

（二）“一带一路”多式联运重点项目

多式联运让各种运输方式轻松衔接、标准统一，打通了运输过程中的断点堵点，能够实现一货畅送到底，推动铁路、水运、公路、空运货畅其流，从而降低物流成本。目前主要的多式联运项目有：

1. 大陆桥运输

中国的大陆桥运输体系展现出了无可比拟的独特优势，得益于其得天独厚的外部条件，尤其是通过新亚欧大陆桥这一关键纽带。在我国境内，核心运输角色的大陆桥线路总计有三条。

（1）东亚/东南亚线路

该线路将东亚和东南亚的货物通过海运送抵中国东南沿海城市，如厦门和宁波。货物随后通过铁路，穿越幅员辽阔的中国东北大地，直至满洲里等关键陆路口岸。在这里，货物再次转换形式，登上横贯俄罗斯、直达中东及欧洲腹地的国际铁路。

（2）二连浩特线路

该线路将国际集装箱由海路送至中国海岸，再经由二连浩特的陆路口岸，穿越蒙古国，直通俄罗斯，进而辐射至更广阔的欧洲国家。

（3）阿拉山口线路

国际货物通过新疆的阿拉山口，与哈萨克斯坦的铁路系统无缝对接，进而通达中亚诸国乃至更远的欧洲。

除此之外，南方还有一条途经云南、贵州的铁路线路，它为中国与越南、老挝等东南亚邻国之间的贸易交流提供了便捷通道。

2. 海铁联运

海铁联运凭借其高效、环保和成本优化的优势，在国际物流领域扮演着至关重要的角色。目前，我国已经构建起初步规模的海铁联运通道体系，包括以下四条主要通道。

（1）东部沿海通道

依托上海、宁波、厦门等大型沿海港口，连接长江经济带、京津冀、东北地区以及通过满洲里、二连浩特等口岸对接俄罗斯、欧洲的海铁联运线路。

（2）中部内陆通道

以青岛、天津、连云港等港口为起点，通过陇海兰新线、京广线等铁路干线深入中原、西北地区，并进一步延伸至中亚、欧洲。

（3）西部陆海新通道

以广西北部湾港为海陆交汇点，通过南向通道辐射云贵川、重庆、陕西、甘肃等西部省份，经凭祥、磨憨等边境口岸连通东盟各国，并与中欧班列网络衔接。

（4）东北亚走廊

利用大连、营口等东北港口，通过哈大、滨洲等铁路线深入东北腹地，并通过绥芬河、珲春等口岸连通俄罗斯远东及东北亚其他国家。

3. 海空联运

海空联运，又称空桥联运，是一种巧妙融合海洋运输低成本优势与航空运输高速度特点的创新型物流解决方案，放眼国际海空联运市场，有以下三条核心航线。

（1）远东—欧洲线

航线连接了亚洲东部地区与欧洲各大经济体，如德国、荷兰、英国等。货物从远东港口出发，通过海运抵达特定中转港，随后快速转为空运，跨越欧亚大陆，直达欧洲各大国际机场及周边物流中心。

（2）远东—中南美线

针对拉丁美洲市场日益增长的贸易需求，远东与中南美之间的海空联运线路应运而生。货物同样经历海运至指定中转点，再通过航空运输迅速送达中南美各大城市。

（3）远东—中近东、非洲、大洋洲线

此航线覆盖了中东、非洲大陆及大洋洲的主要国家和地区。货物从远东启程，经过海运阶段后在合适的中转港口如迪拜、新加坡等地进行空运接驳。

4. 陆空联运

陆空联运体系涵盖多种组合模式，如陆空陆联运（TAT）与陆空联运（TA），这些模式均巧妙地整合了铁路、公路与航空运输资源，以实现货物在不同地理区域间的高效流转。为了进一步提升陆空联运的服务效能，我国已在多个关键节点城市布局航空港综合物流园区，这些园区不仅是陆空联运的重要枢纽，更是强化地面与空中运输衔接、优化物流流程、提升整体运转效能的关键载体。

（三）多式联运“一单制”

在“一带一路”倡议的框架内，交通运输被视作支撑整个战略的基础，而国际多式联运是连接不同国家和地区、促进贸易流通的关键环节。不过，国际多式联运在实际操作过程中面临一系列挑战，尤其是联运单证方面的问题，这些问题共同构成了国际多式联运发展道路上的障碍，降低了“一带一路”共建国家参与多式联运的积极性，影响了“一带一路”倡议下供应链的整体效率和经济合作的深化。

1. 多式联运“一单制”概念及含义

“一单制”要求在一次托运过程中，货主只需与一家多式联运经营人签订合同，支付一次费用，获得一张单证即可完成货物从起点到终点的全链条运输，其间涉及的所有运输环节、费用结算、保险责任及信息服务均得到统一管理与跟踪。

2015 年，“十三五”规划明确提出了“一单制”的概念，后续在 2023 年交通运输部、商务部、海关总署等部门联合发布的《关于加快推进多式联运“一单制”“一箱制”发展的意见》，都进一步彰显了国家层面对多式联运现代化、标准化、国际化改革的重视和决心。“一单制”的推动标志着中国在提升多式联运效率、优化物流环境方面迈出了实质性的步伐。这一改革不仅简化了运输程序，降低了物流成本，还通过建立统一的国际物流和结算规则，增强了中国在全球物流体系中的竞争力和规则制定权，对于推动“一带一路”倡议下国际物流合作的深化具有重要意义。

2. 多式联运“一单制”主要任务

（1）推进国际多式联运单证应用创新

首先要加快国际多式联运提单推广应用。积极推动国际多式联运提单的广泛应用，旨在显著增强物流服务的整体效率与协同性。其次要推动国际多式联运电子提单发展。规范国际多式联运电子提单的各项操作规程，包括签发、背书、转让及交货等环节，旨在确立清晰的责任归属框架，确保提单在全链条中流转的合法合规性。最后要积极探索区块链技术在多式联运领域更广泛的应用场景，利用其分布式账本、加密验证及不可篡改等特性，大幅提升“一单制”运作的数字化效率。

（2）拓展多式联运“一单制”服务功能

拓展多式联运“一单制”服务功能的策略，主要是优化多式联运“一单制”通关监管。优化监管环境，促进信息共享是提升多式联运效率的关键。这包括加强跨部门（如交通运输、商务、海关等部门）的信息互通和数据共享，利用国家政务数据共享框架，提高通关效率和透明度。同时，加强与“一带一路”共建国家的合作，共同推进智慧海关和智能化边境管理，实现信息系统的互联互通，打造安全、高效的跨境物流通道，促进区域经济一体化和协同发展。

（3）完善多式联运标准规则

首先要健全多式联运“一单制”标准。系统化完善多式联运单证在格式规范、服务标准、业务流程及数据交互等技术层面的规定，加快对现行多式联运纸质运单与电子运单标准的修订工作。其次要推进多式联运服务规则衔接。致力构建与多式联运业态深度契合的规则协调与互认机制，着重开展针对各类运输方式下货物分类、危险品界定等关键因素的衔接性研究，旨在编制一套全面、一致的互认目录清单，确保各类货物在不同运输模式间的顺畅流转。

（四）构建“一带一路”立体互联互通发展模式

基础设施互联互通是“一带一路”建设的优先领域。习近平总书记提出“一带一路”倡议的10余年来，我国致力构建以经济走廊为引领，以大通道和信息高速公路为骨架，以铁路、公路、机场、港口、管网为依托，涵盖陆、海、天、网的全球互联互通网络，有效促进了各国商品、资金、技术、人员的大流通，推动绵亘千年的古丝绸之路在新时代焕发新活力。如今，共建“一带一路”进入高质量发展的新阶段，我们将如何推动“硬联通”提质升级，进一步建设高质量、可持续、有韧性、海陆空一体化的全球基础设施立体互联互通网络呢？

一是深化网络联通的系统性和立体性。在确保尊重国家主权和安全的前提下，不断完善“六廊六路多国多港”的空间布局，推动陆、海、天、网“四位一体”的丝绸之路建设。这意味着要加大对高质量基础设施的投资力度，包括道路、铁路、港口、机场和信息网络，确保这些设施既符合国际标准又能够抵御风险，同时价格合理且惠及广大民众。

二是加速陆上通道的建设和优化。加强与共建国家的政策沟通和技术标准对接，集中力量解决交通网络中的“最后一公里”问题，提升边境口岸的现代化水平和通关效率。通过建设高效、便捷的铁路、公路网络，以及加强与主要港口的连接，完善多式联运体系，实现货物运输的无缝衔接。

三是拓展海上互联互通。通过友好港协议和区域航运中心的共建，增大海上航线密度，提升国际海运网络的覆盖率和服务质量。促进信息共享，推广成功的临港经济模式，帮助共建国家发展港口经济，提升其在全球供应链中的地位。

四是提升空中丝绸之路的质量和开放度。加强与共建国家在航空安全、绿色与智慧技术方面的合作，逐步扩大航空运输的市场准入，加密航线网络，提高航空服务的质量和效率。通过多边航空协定的签订，推动航空领域的深层次合作，释放区域航空市场的潜力。

第二章　开放经济

（张海亚　全林玉　王新然）

在全球化的浪潮中，“一带一路”倡议以其开放经济的理念，重塑了全球贸易的格局。首先，“一带一路”贸易规则的创新与发展，不仅继承了现有体系，更拓宽了国际贸易的边界，促进了区域内外的贸易往来。其次，“一带一路”贸易平台现状显示，中国正通过自由贸易协定等手段，构建起一个高标准的全球贸易网络。最后，“一带一路”与世界市场的互动，不仅推动了基础设施建设，还关注了发展中国家的民生福祉，为缩小全球贫富差距，构建公正、平等的世界经济秩序贡献力量。

第一节　“一带一路”贸易规则

在“十四五”规划中，中国制定了提高对外开放水平、推进贸易和投资自由化便利化的宏伟蓝图，① 彰显了向世界敞开大门的决心。中国的“一带一路”构想为全球贸易规则体系的优化与进步提供了独到的见解和策略。特别是“一带一路”倡议的推行，加深了与参与国家的经济协作与文化交流，中国在推动建立更加公平合理的国际贸易新秩序中的影响力与日俱增。

一、世界与各国国际贸易规则

本节从国际贸易规则的基本概念与作用开始，延伸至代表性的国际经贸

① 中华人民共和国国民经济和社会发展第十四个五年规划和 2035 年远景目标纲要 [EB/OL]. 中国政府网，https：//www. gov. cn/xinwen/2021-03/13/content_ 5592681. htm.

规则的概述。国际贸易规则的概念与作用将为我们提供理论框架，了解规则在全球经济中的功能与影响。深入了解代表性的国际经贸规则的概述，将帮助我们把握主要规则内容和趋势，为分析“一带一路”经贸规则的现状与发展提供理论依据和参照。

（一）国际贸易规则概念与作用

近年来，全球贸易治理规则在全球经济治理规则中的地位越来越重要，对全球治理体系各个方面都产生了影响。随着国际贸易涉及的领域不断延伸，各国之间贸易交往更加频密复杂，客观上也要求各方共同制定一套新的国际贸易规则，以此来对新时代国际经济环境下的国际贸易发展进行指导。

国际规则体系是由全球各国共同遵循的法律、规章和政策构成的，它广泛覆盖了包括政治、经济、安全在内的众多国际领域，并且作为指导国际商业活动的法规基石，扮演着至关重要的角色。一方面，国际贸易规则作为国际贸易的基础性规则之一，具有重要作用。国际贸易规则旨在规范和引导各国之间的贸易行为，促进贸易自由化、公平竞争，保障贸易的顺利进行。国际贸易规则涉及贸易商品、服务、投资等多个方面，还包括知识产权、贸易争端解决等内容。另一方面，国际贸易规则为全球贸易提供了一个公平、开放、透明的环境，规范和引导着国际贸易活动的进行。通过建立起一套统一的贸易规则体系，各国能够在平等的基础上进行贸易活动，有效地化解由于贸易不平衡而产生的摩擦和矛盾，实现利益的最大化。

国际贸易规则与国际贸易活动相互影响、相互制约。国际贸易规则对国际贸易活动主要通过规范、引导和调节平衡三种机制发挥作用。首先，国际贸易规则的规范作用体现在对国际贸易活动的内容、形式和管理规则进行清晰化、明确化、一致化。国际贸易规则通过明确规定贸易形态和管理规则，使国际贸易的进行更加规范化，降低了贸易的难度，推动了国际贸易自由化的进程。其次，国际贸易规则扮演着领航者的角色，它引导了国际贸易的发展方向。通过共同制定的国际贸易规则，国际贸易的发展方向更加清晰，各国在贸易活动中的行为更加稳定和可预期。最后，国际贸易规则通过对各国在贸易活动中的行为进行调节和平衡，维护了国际贸易的总体稳定和公平，避免了一些国家不当获益、一些国家利益受损等情况的发生。国际贸易规则的调节平衡作用在对发展中国家给予特殊差别待遇和规定贸易救济措施等方面表现得尤为突出。

（二）代表性国际经贸规则概述

现在国际贸易规则已处于第三阶段（高标准国际经贸规则），在 WTO 规则体系的基础上，呈现出由边境规则向边境后规则拓展的趋势。因此，本节以边境后规则为主，对代表性的国际经贸规则进行描述。

1.《全面与进步跨太平洋伙伴关系协定》（CPTPP）

CPTPP 于 2018 年 12 月 30 日起在亚太 11 国间生效，成为一项标志性的贸易协议。CPTPP 的前身，即 2005 年由新西兰、智利、新加坡和文莱签订的《跨太平洋战略经济伙伴关系协定》（TPSEP），通常称为"P4 协议"。经过连续的演变，TPSEP 发展成为包括美国、马来西亚、日本、墨西哥和加拿大等国家的《跨太平洋伙伴关系协定》（TPP）。由于美国政策的变动，TPP 并未正式生效。之后，在日本的引导下，其余 11 个国家对协议进行了修订，形成了 CPTPP。CPTPP 保留了 TPP 的绝大部分条款，并对部分高标准规则进行了适度调整以满足各成员国的需求。该协议广泛涉及商品贸易、关税减免、服务贸易、投资、贸易合作与便利化、知识产权保护、电子商务、环境保护及特定商品的原产地规则等众多领域。

2.《美国—墨西哥—加拿大协定》（USMCA）

USMCA 是北美地区最新的贸易协定，于 2020 年正式生效。USMCA 的达成标志着三个国家为加强经济合作、促进贸易和投资而共同迈出的新一步，同时也意味着在劳工、环境和数字经济等领域的更高标准。USMCA 的前身是《北美自由贸易协定》（NAFTA），该协定自 1994 年生效以来一直是北美地区贸易和投资的重要框架。然而，随着时间的推移，一些问题和挑战逐渐凸显，包括汽车产业规则的不足、劳工权益的保护不足及数字贸易领域的新挑战。因此，三国决定对 NAFTA 进行修订和更新，于 2020 年达成了 USMCA。USMCA 涉及的领域广泛，包括汽车产业、劳工权利、知识产权保护、数字贸易、农业贸易等方面。

3.《区域全面经济伙伴关系协定》（RCEP）

RCEP 作为亚太地区的一项贸易协定，始于 2012 年，由东盟十国及澳大利亚、中国、日本、韩国和新西兰等共15国磋商签署。该协定旨在构建一个广泛包容且互惠互利的商业合作框架，内容覆盖了商品交换、服务业贸易、资本投资、电子商务及知识产权等多个关键商业领域。在RCEP框架下，各成员国通过降低关税、简化贸易程序、促进投资和经济合作等方式来加强经济联系，并推动区域内的经济一体化和发展。RCEP的签署旨在为参与国提供更大的市场准入和更广泛的贸易机会，从而促进地区内的经济增长和发展。

4.《欧加全面经济贸易协定》(CETA)

CETA是欧盟和加拿大之间的一项重要贸易协定，旨在加强两者之间的经济合作和贸易关系。其谈判历经7年，于2016年达成最终协议，并于2017年暂时生效、2019年完全生效。CETA的目标是建立一个更加开放和包容的贸易环境，消除贸易壁垒，促进双方经济的增长和繁荣。协定涵盖了广泛的贸易内容，包括商品贸易、服务贸易、投资、知识产权保护、政府采购和可持续发展等方面。

5. CPTPP、USMCA、CETA及RCEP的对比

CPTPP、USMCA、CETA及RCEP是当前世界上一些重要的区域贸易协定，现就成员国和内容覆盖这两方面进行对比。

一方面，在成员国方面，CPTPP涵盖了11个亚太地区国家，例如日本、澳大利亚、新西兰等，而不包括美国。CPTPP的成员国主要分布于亚太地区，既有发达经济体也有新兴市场经济体，覆盖了整个太平洋地区。USMCA包括北美地区的美国、墨西哥和加拿大。USMCA的三个国家在地理位置上相邻，形成了一个经济紧密联系的地区，USMCA旨在取代之前的NAFTA，以更新和加强北美地区的贸易规则和合作。CETA涉及的是欧盟成员国和加拿大之间的贸易关系，这些国家都属于发达经济体。而RCEP跨越东亚和太平洋地区，涉及15个国家，包括东盟十国、中国、日本、韩国、澳大利亚和新西兰。RCEP的成员国涵盖了不同发展水平和经济体量的国家，相比之下具有包容性。

另一方面，CPTPP在内容覆盖上广泛，包括商品贸易、服务贸易、投资、知识产权、电子商务和环境保护等多个关键领域，其中电子商务拥有独立的章节进行详细规定。USMCA是一项全面的贸易协定，它不仅包含商品和服务贸易、投资等传统领域，还特别关注劳工和环境问题，并同样设立了针对数

字贸易的专门章节。CETA 涵盖了商品贸易、服务贸易、投资和知识产权保护等，同时对公共采购有所规定，但在数字贸易方面的具体规定较为有限。RCEP 则侧重于贸易自由化和经济一体化，其内容主要围绕商品贸易、服务贸易和投资等领域，在数字贸易方面的规定不如 CPTPP 和 USMCA 全面。

二、“一带一路”贸易规则现状

“一带一路”对贸易规则关乎全球贸易体系的未来。首先，我们需要认识“一带一路”贸易规则的重要性，它们不仅是区域内各国间贸易往来的框架，更是全球贸易治理的重要组成部分。其次，“一带一路”不仅继承了现有的贸易规则体系，还在其基础上进行了拓展。

（一）“一带一路”贸易规则的重要性

在当前国际经贸规则酝酿和重构的关键时期，中国等新兴经济体正处于由规则跟随者向规则引领者转型的阶段。在这样的背景下，中国应当积极参与多边和区域领域的国际高水平经贸规则制定，并在新规则的实践中进行大胆实验和谨慎评估，以加强在国际经贸规则制定中的话语权，赢得新一轮国际竞争的主动权。同时，中国还应该加强与“一带一路”共建国家的合作交流，为发达国家和发展中国家的合作搭建桥梁。

一方面，中国应积极对接和融入高标准的国际经贸规则。党的二十大报告强调了“稳步扩大规则、规制、管理、标准等制度型开放”和“推动共建‘一带一路’高质量发展”的重要性。近年来，国际经贸规则呈现出了广泛覆盖和高度约束的新特征。积极参与高水平经贸规则不仅有利于中国在制定经贸规则时发挥自主性，也有利于推进中国的制度型开放。为此，中国可以利用现有的二十国集团（G20）、亚太经合组织（APEC）、上合组织、金砖合作组织、中国—东盟等新兴国家合作平台，以及 RCEP、CPTPP 等高标准自贸协定，为“一带一路”建设提供经贸规则构建的支撑。在这些新型多边主义和新型国际关系中，中国可以建立自己的话语权，从而有利于在经贸规则制定中发挥自主性。

另一方面，中国应进一步与“一带一路”共建国家建立和完善基于“发展”议题的贸易规则。“一带一路”作为中国与共建国家共同构建人类命运共同体和参与全球治理的探索路径，其现有的国际经贸规则制定和实施呈现出了碎片化的状态。在目前区域贸易协定交织的情况下，难免会出现“意大利面碗”效应。因此，中国在推进国际经贸规则与“一带一路”高质量发展对标时，还需要做出一定的努力。具体来说，在传统经贸领域，中国应坚持与发展中国家在货物、服务、投资等方面的高水平和全方位开放，并加强现有的争端解决机制和规则约束力。中国还应将一些概括性、原则性的规定，以及较为宽泛的宣示性条款升级为更加细致和更具约束力的条款。在新兴议题上，中国可以充分利用自身国家力量的优势和定位，引导“一带一路”国家在知识产权、环境保护、劳工规则、政府采购、竞争政策、中小企业等边境后规则中反映发展诉求，逐步形成高质量、高标准的规则体系。

（二）“一带一路”对贸易规则的继承与发展

“一带一路”对贸易规则的继承与发展涵盖了很多领域，接下来从绿色发展和数字贸易这两个方面来概述“一带一路”贸易规则的发展过程，以及对其他贸易规则的继承。

1. 绿色发展

绿色发展是中国新时期发展政策的重大调整，它不仅是一种理念，更是中国对全球环境治理的积极贡献。以下从“一带一路”倡议的绿色发展成就、规则成就及与全球环保准则的整合三个方面进行详细阐述。

“一带一路”倡议在促进绿色发展方面取得了显著成就。2015 年，中国与联合国环境规划署（UNEP）签订谅解备忘录，确立了在生态环境保护和可持续发展领域的合作意向。随后，中国与 31 个国家共同发起绿色发展伙伴关系倡议，共同应对全球环境挑战。2017 年到 2022 年，生态环境保护指导小组的成立，以及《推进绿色“一带一路”发展的政策导向》等政策文件的推出，确立了绿色发展建设的宏观方向和具体目标。2023 年，在第三届“一带一路”国际合作高峰论坛上，中国与参与国共同努力，推动了可持续城市联盟和绿色发展国际联盟的成立，启动了生态环保大数据服务平台，实施了气候变化南南合作计划。

“一带一路”倡议在绿色发展规则方面也取得了显著成就。截至 2023 年 8 月，中国已与 150 余个国家和 30 余家国际机构签订了 200 多项合作协议，共建绿色丝绸之路成为核心内容。同时，与30多个国家和组织签订了环境保护协议，组建了绿色发展国际联盟，与40余个国家建立了能源合作框架，创建了广泛的绿色发展协作与对话机制。此外，中国还与39个发展中经济体签订了46项关于气候变化的合作协议。

“一带一路”的绿色发展战略与全球环保准则的整合体现在多个方面。全球主要的环保发展规则，如《巴黎协定》、世界银行的《环境与社会保障政策框架》、欧盟的《欧洲绿色协议》等，均被纳入考虑。在环境保护和绿色发展方面，贸易规则包含了《联合国气候变化框架公约》和《巴黎协定》等国际协议，成为“一带一路”共建国家在应对气候变化方面的共同规则基础。

中国坚持绿色发展理念，积极参与国际绿色发展合作，推动“一带一路”倡议实现更加绿色和可持续发展。绿色发展体现了中国对构建人类命运共同体的智慧和努力，通过这些努力，中国在绿色发展领域展现了其领导力和责任感，为全球可持续发展贡献了中国智慧和中国方案。

2. 数字贸易

近年来，中国与“一带一路”共建国家在数字领域的合作显著增强，不仅加深了政策沟通、夯实了合作基础，还促进了多边与双边交流合作机制的建立。这种合作模式为“一带一路”倡议下国家间数字贸易的高质量发展提供了坚实的政策与制度支撑。具体表现在以下几个方面。

第一，在数字经济合作框架与政策对接方面，中国在“一带一路”倡议下，致力构建全面的数字经济合作框架，并通过签署谅解备忘录、合作框架和行动计划，与共建国家进行政策对接。例如，中国与17个国家签署了“数字丝绸之路”合作谅解备忘录，这些谅解备忘录不仅加深了政策沟通，而且为数字经济领域的合作提供了法律和制度框架。① 此外，中国还提出了《“一带一路”数字经济国际合作北京倡议》，包含加强数字互联互通、推动工业数字化转型等20项共识，旨在通过高质量数字基础设施建设和投资，提升区域、次区域和边远地区互联互通水平。②

① 金歆，原韬雄．以数字技术赋能共建“一带一路”高质量发展［N］．人民日报，2024-04-18（4）．

② 董瑞丰，阳娜．数字经济高级别论坛提出国际合作20项共识［EB/OL］．中国政府网，（2023-10-19）［2024-06-29］．https：//www. gov. cn/yaowen/liebiao/202310/content_ 6910232. htm.

第二，在数字基础设施建设和互联互通方面，中国与多个国家和地区签署了相关的谅解备忘录和合作协议。例如，中国与柬埔寨、伊朗等“一带一路”共建国家和地区的信息通信主管部门签署了十余份政府间信息通信技术合作谅解备忘录。此外，中国还与东非共同体五国、埃塞俄比亚和国际电信联盟分别签署了《共建东非信息高速公路合作文件》，与东盟签署了《中国—东盟数字和信息通信技术合作谅解备忘录》《中国—东盟关于建立数字经济合作伙伴关系的倡议》。①

第三，在深化数字贸易与电子商务合作方面，中国也与多个国家签署了电子商务合作谅解备忘录。截至2023年9月，中国已与30个国家签署了双边电子商务合作备忘录。② 这些合作备忘录旨在加强政策沟通和经验分享，支持两国企业开展电子商务全产业链合作，开展人员培训和联合研究，不断提升贸易投资便利化水平，拓展数字经济合作领域，共同为双边经贸关系注入新动能。

然而，尽管中国的数字贸易协议覆盖了广泛的内容，但在数字产品与服务、数字知识产权保护等关键议题上，中国尚未做出具体的开放承诺。这一点与CPTPP、DEPA等代表的高标准国际贸易规则形成了对比，指出了未来合作中需要进一步关注和加强的领域。为确保数字贸易的健康、稳定和可持续发展，未来合作中还需在开放性、透明度以及普及性等方面进行进一步的努力和改进。

三、“一带一路”促进贸易便利化

在全球化经济的大背景下，贸易便利化成为国际贸易领域共同追求的目标。作为减少国际贸易成本和提高效率的关键路径，它通过简化和统一国际贸易程序，实现了货物、资本、服务和人员的高效流动。以下将深入探讨贸易便利化的概念、“一带一路”倡议对贸易便利化的政策及措施和“一带一

① 张丽，谢松延．共建“一带一路”倡议提出十周年：数字基础设施成效、挑战及建议［EB/OL］．通信企业管理，（2023-11-28）［2024-06-29］．https：//www.cnii.com.cn/txqygl/zttg/202311/t20231128_525015.html.

② 劳帼龄．推进“丝路电商”合作先行发展“一带一路”数字经济［N］．光明日报，2023-10-30（06）．

路”倡议下 AEO 制度。

（一）贸易便利化的概念

在国际经济领域，贸易便利化的概念及其对贸易效率的提升作用受到广泛关注。虽然不同的专家和国际组织对贸易便利化的具体定义有所不同，但大家普遍认可其核心目的是实现“方便贸易往来”，简化和统一国际贸易流程。本文将梳理贸易便利化的核心内容，并通过对比不同国际组织的定义，展现其在促进全球贸易中的关键作用。

贸易便利化的核心在于通过一系列措施，降低贸易成本，提高贸易效率，从而促进贸易发展和提升社会福利。这包括简化贸易程序、优化贸易政策、减少时间损耗等。贸易便利化不仅有助于单个国家的经济增长和国际竞争力提升，也是推动全球经济发展和贸易合作的重要因素。它通过减少不必要的行政障碍和程序，使贸易过程更加流畅，有助于企业更有效地参与国际贸易，进而带动就业和创新，促进经济的全面繁荣。

贸易便利化于不同的国际组织有着不同的定义和侧重点。WTO 强调“国际贸易程序的简化和统一”，具体到优化通关程序和消除技术性贸易壁垒。APEC 关注海关及行政管理程序，旨在精简影响货物运输成本的不必要程序。国际商会（ICC）将贸易便利化视作提高跨境货物交易效率的工具。而经济合作与发展组织（OECD）认为它能够增强贸易链条的整体效率，从而降低成本。

贸易便利化对全球贸易具有深远的影响。通过简化和统一国际贸易流程，它不仅降低了贸易成本，还提高了贸易效率，为全球贸易的增长创造了有利条件。WTO 提出的四项实现贸易便利化的原则——简化、协调、标准化和透明化——为全球经济的紧密合作打下了坚实基础。这些原则的实施有助于减少跨境贸易的时间和成本，提高贸易的可预测性和稳定性，从而增强企业的国际竞争力。贸易便利化还为电子商务等新兴贸易方式的发展创造了更多机会，推动了全球贸易的创新和多样化。

总之，贸易便利化是一个多维度的概念，涵盖了从政策简化到技术标准化等多个方面。它要求国际社会的共同努力和协作，各国政府、国际组织及私营部门的积极参与对实现贸易便利化的目标至关重要。通过这种方式，贸易便利化能够为全球贸易提供一个更加高效、透明和可预测的环境，为全球经济的繁荣和可持续发展作出贡献。

（二）“一带一路”倡议对贸易便利化的政策及措施

“一带一路”倡议自 2013 年提出以来，已发展成全球最具影响力和覆盖范围最广的多边发展框架之一。该倡议不仅旨在促进经济合作与发展，而且在推动全球贸易便利化政策及措施方面发挥了巨大作用。通过一系列举措加快了贸易自由化和便利化的进程，对全球贸易格局产生了深远的影响。

第一，“一带一路”倡议在推动投资便利化层面取得了显著成效。中国在 WTO 推进《投资便利化协定》的谈判中扮演了重要角色，目标是在超过 110 个参与国中建立统一和协调的投资管理框架。这项协议的签署，显著降低了跨境投资的政策门槛，增强了投资环境的透明度和可预测性，吸引了更多的投资进入相关国家和地区。通过减少跨境投资的障碍，促进了“一带一路”共建国家的经济合作和区域一体化。

第二，“一带一路”在区域合作和全球经济一体化层面取得了显著成效。中国与《联合国 2030 年可持续发展议程》、《东盟互联互通总体规划 2025》、“欧亚互联互通战略”等多项国际和地区发展计划进行了有效的对接。这些合作不仅促进了贸易和投资流通，还提升了区域经济的整体竞争力，为全球经济的均衡发展贡献了力量。

第三，“一带一路”在双边关系层面取得了显著成效。中国与多国签署了一系列战略合作协议，其中涉及贸易便利化的重要内容。这些合作协议不仅加强了与俄罗斯、哈萨克斯坦、土库曼斯坦、蒙古国等国家的经贸关系，也为相关国家提供了更加开放和便利的贸易环境。这些深化的双边合作为促进共建国家的贸易和投资便利化创造了良好的政策环境。

第四，“一带一路”在贸易环境层面取得了显著成效。中国积极推进各种措施，包括深化跨境贸易便利化改革、优化口岸营商环境、强化科技在贸易中的应用等。具体来说，海关总署等部门联合出台了 27 项具体措施，涵盖深化改革创新、清理规范收费、强化科技赋能、提升口岸服务能力等多个方面，共同营造了一个更加开放和高效的贸易环境。

综上所述，“一带一路”倡议对推动全球贸易便利化的贡献是全方位和深层次的。通过国际协议的签订、区域和多边合作的深化、双边关系的加强及贸易投资自由化便利化水平的提升，为全球经济的发展和繁荣注入了新的动力。随着“一带一路”倡议的不断深入实施，其在全球经济一体化中的作用将更加凸显，为世界经济的长期稳定增长作出更大贡献。

（三）“一带一路”倡议下 AEO 制度

自“一带一路”倡议提出以来，AEO（Authorized Economic Operator，经认证的经营者）制度作为其贸易便利化的核心组成部分，对简化贸易流程、提高通关效率、降低企业成本起到了关键作用。AEO 制度基于世界海关组织（WCO）的《全球贸易安全与便利标准框架》，通过对企业信用、守法、财务和安全管理等方面的评估，为合格企业提供认证。

1. AEO 制度现状与作用

AEO 制度起步于世界海关组织发布的《全球贸易安全与便利标准框架》，旨在通过评估企业的信用状况、守法程度、财务健康和安全管理水平等，对符合条件的企业进行认证。被认证的企业将获得快速通关、降低查验率和其他海关便利措施，显著提升它们的运营效率。

在“一带一路”框架下，AEO 制度不仅促进内部管理提升，也拓展了企业在全球范围的贸易便利性。通过国际 AEO 互认协议，已认证的企业得以跨越国界享受同等待遇，创造一个更为畅通的国际贸易环境。国际上，中国已与包括新加坡、韩国和欧盟在内的 26 个经济体达成了 52 个 AEO 互认协议，[①]成为全球签署数量最多、覆盖国家和地区最广的国家。这加快了中国企业的国际化步伐，并为中国产品在世界市场上的畅通无阻提供了有力保障。

以陕西省为例，AEO 制度的落实带来的积极效应特别明显。该省拥有的 47 家 AEO 高级认证企业，其外贸总值占省内外贸总值近六成。[②] 这些企业通过 AEO 认证所获得的快速通关等便利显著提升了它们的贸易效率，从而为陕西省的经济贡献了可观的外贸增长。西安海关正以 AEO 为抓手推动传统的监

---

① 第三届“一带一路”国际合作高峰论坛多边合作成果文件清单［EB/OL］. 中国一带一路网，https：//www. yidaiyilu. gov. cn/p/0CUF9OP9. html.

② 西安海关擦亮 AEO“金字招牌”助力我省开放型经济高质量发展——全省近六成外贸享通关便利［EB/OL］. 西安海关，（2024－01－12）［2024－06－29］. http：//xian. customs. gov. cn/xian_ customs/527440/527441/5626566/index. html.

管服务向现代化转变，不断加强信用管理，提高通关效率，拉动地区经济发展。通过信用培育、政策送上门和企业服务，帮助企业转型升级，加大国际市场开发力度，为企业带来实实在在的利益。

展望未来，西安海关将继续落实好 AEO 制度，加强企业信用管理和海关监管服务，优化外贸企业的营商环境。通过不断提升贸易便利化水平，将有力支持陕西乃至全国的开放型经济高质量发展，更好服务于构建以合作共赢为核心的新型国际关系，推进构建人类命运共同体的目标实现。

2. AEO 制度典型企业案例

宝鸡钛业股份有限公司（以下简称“宝鸡钛业”）的发展历程充分展现了 AEO 制度在推动企业国际化战略中的重要作用。作为“一带一路”倡议下的示范企业，宝鸡钛业不仅在国内市场取得了领先地位，更是成功拓展了国际市场，成为全球钛合金新材料领域的重要参与者。该公司致力于品牌建设、科技创新和产业升级，积极融入全球市场，其产品广泛应用于各个国民经济和国防工业重要领域，在国内外市场确立了显著的竞争优势。其主导的钛产品产量超过了 3 万吨，居国内行业之首。① 这一成就不仅得益于企业的内在发展战略，同时也离不开 AEO 制度带来的贸易便利化红利。

AEO 制度的实施为宝鸡钛业带来了显著的效益。首先，通关效率的提升显著减少了货物在海关的等待时间，加快了物流速度，使得企业能够更快速地响应市场需求。其次，作为 AEO 认证企业，宝鸡钛业享有更低的查验率，有效避免了因查验造成的物流延误和额外成本。最后，AEO 认证还降低了企业的通关成本，包括直接的财务支出和时间成本，提高了资金流转效率。这些因素共同作用，使得宝鸡钛业的出口额在 2022 年达到 749844387.93 元，较 2021 年增长约 37%，这一数据反映出 AEO 制度对企业销售收入增速的直接推动作用。

AEO 制度还促进了宝鸡钛业在国际市场的拓展。公司产品远销美国、日本、德国、法国等多个国家和地区，显示了其多元化的市场布局和国际化战

---

① 公司简介［EB/OL］. 宝鸡钛业股份有限公司，http：//www. baoti. com/about. php? cat_ id = 1875.

略的成功实施。[①] 与国际知名企业如空客、波音的合作，不仅提升了宝鸡钛业的国际影响力，也为产品的国际市场拓展提供了有力支持。这些战略合作的深化，进一步增强了宝鸡钛业在钛合金新材料领域的竞争力。

AEO 制度对宝鸡钛业的具体影响还体现在信用管理与风险控制、供应链优化、合规性提升，以及国际互认的便利等方面。AEO 制度要求企业建立严格的信用管理体系和风险控制机制，这有助于企业在国际贸易中树立良好的信誉，降低运营风险。同时，AEO 认证促使宝鸡钛业对供应链进行优化，提高供应链的透明度和响应速度，确保供应链的稳定性和可靠性。此外，AEO 制度的实施强化了企业的合规意识，使企业在遵守国际贸易规则和标准方面更加严格，为企业的可持续发展奠定了基础。

宝鸡钛业的成功案例为其他企业提供了宝贵的启示。AEO 制度的贸易便利化优势不仅能够直接降低企业的运营成本，提高效率，还能够通过提升企业的市场竞争力，帮助企业更有效地参与国际竞争。

第二节 “一带一路”框架下贸易平台新发展

受主要国家通胀高企、高利率、公共债务上升及俄乌战争和地缘政治冲突的影响，世界主要经济体经济复苏速度较为缓慢，需求疲软，导致全球贸易下滑。同时，由于全球产业链供应链的深度调整，世界贸易格局发生显著变化。面对严峻的国际贸易形势和不及预期强劲的疫后经济复苏势头，再加上 2022 年创纪录的高基数，中国对外贸易在 2023 年承受较大的压力，出口与进口均出现不同程度的下滑。据海关总署网站公布的 2023 年中国货物贸易数据详情，从贸易总体情况来看，“一带一路”贸易虽然也出现一定程度的下跌，但其跌幅小于对外贸易整体跌幅，“一带一路”贸易在中国对外贸易中的占比继续提升，在对外贸易总规模中，“一带一路”贸易占比达到 34.2%，同比提升 1.4%。值得关注的是，对“一带一路”共建国家出口占中国对外出口

① 公司简介［EB/OL］. 宝鸡钛业股份有限公司，http：//www.baoti.com/about.php？cat_ id = 1875.

总量的35.2%，这成为外需疲软、外贸环境恶化背景下稳定中国出口的重要力量。其中，以高水平对外开放为世界搭建的贸易平台的进一步发展无疑为“一带一路”贸易“量”和“质”的提升提供了坚实的保障和有力的支撑，无论是不同类别还是不同区域间的平台构建都对共建国家和地区的贸易合作、经济发展、资源优化和全球经济增长有着重要作用。

一、综合物流平台的升级

在“一带一路”倡议推动下，综合物流平台实现了显著升级，无论是以中欧班列为代表的跨境铁路运输的显著增长，还是基础设施建设的互联互通，抑或多式联运体系的发展，都大大提升了运输效率并降低了物流成本，为资源在不同地理区位之间的流转提供了有力支撑。中欧班列作为“一带一路”框架下综合物流平台升级的典型案例，用新的贸易通道和新的对外贸易运输方式，成功搭建起沿线经贸合作的新平台，改变了全球价值链供应链的布局，构造了一个新的全球开放体系。

（一）中欧班列全面发展

据中国国铁集团与中铁集装箱运输公司数据，首先从每年开行数量来看，自2013年“一带一路”倡议提出，中欧班列作为其重要组成部分，已经从最初低频率开行的探索期（年开行量不足100列），经历了快速扩张的发展期（2014—2021年迅猛增长），并于2022年进入稳定增长期。仅2023年，铁路服务保障国家重大战略成效显著，中欧班列全年开行17523列，发运箱量达到1901949TEU，与前一年相比，分别增长了6%和18%。去程和回程的列数分别为9343列和8180列，保持了1.142∶1的比例，接近平衡状态，与2022年的1.156∶1相比，显示出持续的稳定发展。其次从连接的国家和城市来看，中欧班列连通我国112个城市，覆盖了欧洲25个国家和地区的200多座城市，形成了连接欧亚大陆的重要运输通道。最后从货物种类来看，从最初的少数高科技产品扩展到了53个主要类别，超过5万种商品。尤其是中国制造的“新三样”——新能源汽车、锂离子电池和光伏产品，刺激中欧班列运量再攀新高峰，在一定程度上实现了供需互促、优势互补。①

总之，中欧班列的发展不仅体现在数量上，更展现在服务质量和运行品质上。从最初单向的运输模式转变为满载而归的双向运输，极大地提高了运输效率和市场响应速度，越来越大的市场覆盖范围为区域经济的转型升级、中国制造业的国际化，以及新发展格局的构建提供了强有力的支持。同时，中欧班列还开辟了抗击疫情、相互支持的生命线，与共建国家和地区共享贸易利益，充分展示了“一带一路”倡议的强大活力和吸引力。这对于推动构建以国内大循环为主体、国内国际双循环相互促进的新发展格局具有重要的战略意义。

（二）中欧班列开行意义

第一，中欧班列的开行，使得有限班次的铁路货运转变为涵盖多种贸易模式的密集运输网络。② 它不仅连通欧洲及共建国家，也连通东亚、东南亚及其他地区；不仅是铁路通道，也是多式联运走廊。从中国西安出发，经过新疆阿拉山口，驶向俄罗斯首都莫斯科的列车只是众多中欧班列中的一条线路。同样，从俄罗斯列索西比尔斯克出发，经过内蒙古满洲里市入境的列车，也是中欧班列货运网络的一部分。这些频繁穿梭的中欧班列，满载着中国的汽车、机械设备及生活日用品等，源源不断地供应着欧洲各国，同时也把欧洲的优质商品带回中国。随着路线和班次的扩展，缺乏统一的命名和标准化的市场运作便成为阻碍这些连接中国与欧洲的列车服务持续进步的关键问题。此时中欧班列“六统一”（统一品牌标志、统一运输组织、统一全程价格、统一服务标准、统一经营团队、统一协调平台）③ 的运行机制在密集运输网络的形成上显得尤为重要。这一机制不仅实现了运输服务网络对整个欧洲地区的全面覆盖，还开辟了亚欧之间的新型国际运输模式，为共建国家的经贸合作提供了一个新平台。

第二，中欧班列的开行，使得国际陆海空贸易新通道成功打开，让海港

① 沈虹冰，刘书云，陈晨，等．繁荣快车行大道同心携手向未来——中欧班列十年回眸［J］．公关世界，2023（19）：12-17.

② 王雅婧，林丹．“钢铁驼队”续写丝路传奇［N］．中国纪检监察报，2023-09-25（005）.

③ 王波，苟宁．百年风华“流”金岁月——记录中国物流业 100 个“第一”（下）［J］．物流研究，2021（3）：5-13.

城市看到了运输的更多可能。以福建福州为例，福建省地处21世纪海上丝绸之路的枢纽，拥有众多港口和发达的海运业务，单单福州江阴港区就拥有63条国际和国内航线。值得注意的是，于2022年首次开通的“闵都号”中欧班列从福州江阴港站前往俄罗斯莫斯科别雷拉斯特站，整趟旅程为16天，相较之前两地间海运或从他地中欧班列转运的传统运输方式节省了约20天时间。中欧班列这一陆上贸易方式比海运快、比空运便宜，为外贸企业提供了新的物流选择，在促进当地外向型经济发展的同时，对周边地区的外贸出口产生了正向辐射效应。海港城市的众多企业也积极利用这一国际海陆贸易的新通道，在全球产业链重构的趋势下抓住机遇，推进海港城市贸易的高质量发展。

第三，中欧班列的开行，使得越来越多西部地区的特色产品走出国门、走向世界。一方面，中欧班列的开行为西部地区的企业提供了直通欧洲市场的便捷通道，这不仅包括传统的商品，还涵盖加工制造业和高新技术产品。这样的多元化出口战略有效分散了贸易风险，并扩大了企业的市场接触面。另一方面，欧洲市场的巨大潜力为西部地区产品提供了外销机会。这不仅有利于企业的业务拓展和品牌推广，还可以提高产品的知名度和市场份额。以陕西省商洛市为例，作为远近闻名的核桃之乡，全市种植核桃面积超300万亩，位居全省之首、全国第三。然而商洛市地处陕西省东南部，既不沿海，也不沿边，物流成为长期制约商洛发展的主要障碍。中欧班列的开通，为商洛、西安等地提供了一条直通欧亚的物流通道，极大地促进了当地核桃的对外贸易，支持了乡村振兴，并为陕西建设“一带一路”商品集散地、构建陕西“东西双向互济、陆海内外联动”的开放发展新格局再添新动能。①

二、数字贸易平台的架设

奔行在铁路上的列车、驰骋在公路上的汽车、连通各国的空中航班、劈波斩浪的货轮、快捷方便的数字电商，成为新时代国际贸易的“驼铃”“帆影”。② 在“一带一路”倡议提出十年后的今天，5G、大数据、云计算、人工

① 张哲浩，李洁，于海，等．中欧班列：“钢铁驼队”的中亚情缘［N］. 光明日报，2023-06-05（08）.

② 孙冰．数字丝绸之路的十年加速度与未来新可能［J］. 中国经济周刊 2023，（20）：33-36.

智能等新技术的重要性已不言而喻，“数字丝绸之路”成功结合“一带一路”倡议和发展数字经济议题，可以说是“一带一路”发展史上的一座里程碑。这一结合不仅为“一带一路”注入了新的活力、赋予了新的内涵，还使数字经济成为推动该倡议向更高质量发展的重要引擎，数字贸易平台在“一带一路”倡议中的地位越发重要。越来越多基于云计算、大数据、人工智能等技术的数字贸易平台被建设和推广，以促进跨境电子商务和数字服务的发展。

（一）数字贸易平台的政策基础：数字合作机制

“一带一路”数字合作与全球众多国家的数字化战略实现了高度的契合，各国普遍重视数字化的推进和国际数字合作的加强。对于正处于数字化起步阶段的“一带一路”共建国家与地区，它们对于数字经济的快速发展抱有强烈的愿景和动力。中国与这些国家之间的数字合作日益密切，双方以构建长期稳定且可持续发展的合作关系为目标，基于各自的利益进行持续的对话和合作内容的调整，最终在国家战略层面积极寻求互利共赢的合作模式。

中国主要通过以下两种方式推动与共建国家的数字合作。

1. 政府间直接合作

中国与共建国家通过直接的政府间合作，不断推动顶层设计的构建和完善。目前，中国已与17个国家签署了“数字丝绸之路”合作谅解备忘录，与30个国家签订了电子商务合作谅解备忘录，以及与18个国家和地区达成了加强数字经济领域投资合作的谅解备忘录。此外，中国还积极推动并促成了《全球数据安全倡议》和《“一带一路”数字经济国际合作北京倡议》等多项合作倡议，并在制定《跨境电商标准框架》方面发挥了领导作用。这些行动展现了中国在全球数字经济合作中的积极参与和对国际标准制定的影响力。[①]

2. 国际组织平台合作

中国通过与国际组织的合作，与其他成员国达成数字合作协议。例如，中国与APEC签署了《APEC促进互联网经济合作倡议》，确立了APEC框架下数字经济合作的机制和优先领域，进一步扩大了数字经济合作的主导权。这些举措体现了中国政府在推动“一带一路”框架下的数字经济和电子商务

① 李青，易爱娜，邹嘉龄．“一带一路”数字合作：成就、挑战与展望［J］．战略决策研究，2023，14（6）：51-67，106-107.

合作方面的积极努力和领导作用。

通过这两种途径，中国正积极推动“一带一路”框架下的数字合作，助力共建国家与地区的数字化发展，实现互利共赢的合作目标。

（二）数字贸易平台的基础设施建设

强化数字基础设施的互联互通有助于缩小不同国家之间的数字差距，使各国共享数字经济的增长红利。近年来，随着对数字基础设施需求的迅速增长，各国对数字基础设施主要基于信息通信技术（ICT）的投资规模也在不断扩大。2013 年到 2022 年，全球 ICT 支出总额从 1.9 万亿美元增加到 2.7 万亿美元，“一带一路”共建国家的 ICT 支出总额从 1940.6 亿美元增加到 2621.1 亿美元，占全球 ICT 支出的比重从 14.8%上升到 16.0%。

这一进展的部分原因在于中国在 5G 技术和数据中心建设方面的全球影响力。华为公司在全球范围内签订了逾 100 份 5G 商业网络合同，5G 基站出货量超过 120 万座。在全球 220 万座 5G 基站中，中国占据了超过一半的市场份额。阿里巴巴在阿拉伯国家建立的数据中心不仅为当地政府和企业处理数据提供了支持，也为在该地区运营的中国企业提供了云计算和大数据服务。同时，阿里云在新加坡、吉隆坡、雅加达、孟买、法兰克福、伦敦等地建立的数据中心，也促进了这些地区数据中心和云计算的发展。

另一重要原因是中国为发展中国家提供 ICT 基础设施，助其提升网络覆盖率。海底光缆承担着全球 90%以上的互联网流量传输任务。由于地理位置和人口分布的原因，一些内陆国家的网络覆盖率相对较低，且铺设陆地光缆的成本较高。中国提供的 ICT 设备在同等质量条件下，价格较西方国家供应商的产品低 5%至 40%。2018 年 11 月，中国与喀麦隆合作建设的南大西洋国际海底光缆（SAIL）开始商业运营，这是首条连接南大西洋、非洲和南美洲的洲际海底光缆，全长约 6000 千米。此外，由中国联通主导的亚非欧 1 号（AAE-1）洲际海底光缆和东南亚—海南—香港（SEA-H2X）海底光缆等项目，都极大地满足了各国（地区）对网络带宽的需求，加快了全球产业的数字化转型步伐。

（三）数字贸易平台的初级形态：跨境电商

作为数字化贸易的体现，跨境电商在全球疫情后的国际贸易复苏和经济反弹中扮演了极其关键的角色。这一平台是买卖双方交易的桥梁，其成熟度直接影响跨境电商的交易频率，并促进该行业向更成熟的数字贸易阶段过渡。在中国，B2B（企业对企业）和B2C（企业对消费者）构成了跨境电商的两大主要交易模式，但它们对交易额的贡献并不平衡。尽管B2C模式的市场份额正在上升，但B2B模式仍然占据着跨境电商的主导地位，对外贸总额的贡献也更为显著。B2B平台降低企业成本、提高商务效率等优点吸引了众多中小企业参与国际市场，加速了这些企业的数字化进程。

敦煌网，作为国内早期成立且规模较大的B2B跨境电商平台，经过多年的发展，已成为一个提供全方位服务的综合性平台，涵盖了商品展示、交易协商、支付和物流等环节。自2015年敦煌网启动“丝绸之路”和“网上丝绸之路”项目以来，该平台通过一系列战略举措，如全球数字贸易中心DTC的建立、跨境SaaS（软件即服务）产品“MyyShop”的开发、智能营销平台“汇投广告平台”的打造，以及智慧物流平台“DHlink”的推出，为电商领域的发展提供了坚实的支撑，在推动中国跨境电商平台建设方面发挥了重要作用。

（四）数字贸易平台的特色发展：丝路电商

在“一带一路”倡议提出后，商务部为深入推进“一带一路”经贸合作，打造了“丝路电商”这一国际合作新平台。“丝路电商”是中国在电子商务领域的一项重要战略，旨在利用中国在电子商务技术应用、模式创新和市场规模等方面的优势，推动电子商务的国际合作。这一战略不仅拓展了经贸合作的新领域，而且探索了建立数字经济国际规则体系的途径，还促进了新发展格局的形成，为古丝绸之路赋予了新的时代内涵，成为国际经贸合作的新渠道和新亮点。其作用主要体现在以下三个方面。

第一，“丝路电商”为各国提供中国市场新机遇。“丝路电商”通过引入国际商品资源增加国内市场的供应，多样化商品种类，促进消费者需求，激发消费潜力。① 在“丝路电商”合作机制推动下，近年来，各地通过形式多样的电子商务活动，以专区销售、基地直播、上线国家馆和多平台联动等方

① 范鹏辉，宋琍琍．以“丝路电商”推动高质量共建“一带一路”［J］．对外经贸实务，2023（9）：4-9.

式，将“丝路电商”伙伴国家的特色和优势商品推介给国内消费者，消费需求不断扩大，消费潜力持续释放。此外，得益于大数据和人工智能等尖端数字技术的迅猛发展，“丝路电商”的应用范围得到了显著扩展，强有力地推动了新商业模式和经营方式发展。这些技术的应用促进了互联网医疗服务、在线教育平台和远程工作模式等新兴服务业的快速增长，助力服务业的数字化转型。

第二，“丝路电商”为“一带一路”经贸合作注入新活力。它不仅展示了中国在数字技术应用和模式创新方面的先进成果和经验，还满足了伙伴国在数字化和智能化发展方面的需求，实现了互利共赢。中国企业在泰国建立了5G智能示范工厂和智能物流中心，在老挝、柬埔寨等国建设了海外云计算中心，推动了中国与东盟国家在数字经济领域的合作，为全球数字经济的繁荣作出了贡献。①

第三，“丝路电商”为“一带一路”民心相通增添新光彩。“丝路电商”推动共建国家特色优质产品和企业触网上线，直接带动相关产品扩大对我国出口规模。每年商务部“双品网购节”设立专门的促销环节，帮助一些国家的适销农产品迅速打开中国市场。通过国内多家龙头电商平台在线展示、交易、结算，带动海关、运输和物流综合服务等进一步优化完善，提升我国与伙伴国贸易自由化便利化水平。此外，“丝路电商”云上大讲堂致力于为合作伙伴国家的政府官员和电子商务从业者，提供关于政策法规、市场趋势、创新实践和实操技能的课程。这些课程旨在帮助这些国家的民众更有效地开拓中国市场及其他目标市场，增强他们在产品销售、市场拓展和创新方面的能力。

（五）数字贸易平台的系统化：e-WTP

e-WTP（Electronic World Trade Platform，电子世界贸易平台）的构想源自2016年中国（杭州）跨境电子商务综合试验区与阿里巴巴的合作，此次合作旨在创建一个促进全球电子商务发展的试验区。次年即2017年3月，e-WTP构想在马来西亚成功落地，为当地企业提供了参与国际市场的重要途径。

---

① 肖雨濛．“丝路电商”共建“一带一路”新引擎［J］．中国外资，2024（3）：14-16.

随后，马来西亚数字经济发展局（MDEC）、杭州市政府和阿里巴巴成功签订三方合作协议，e-WTP在世界上两大“数字中枢”——马来西亚数字自由贸易区和杭州跨境电子商务综合试验区正式开启互联互通。从杭州到马来西亚的这一贸易航线，自古以来一直是连接中国与世界的重要通道，预计将成为电子世界贸易平台在全球推广开展的一条重要数字化贸易通道。

e-WTP是一个由私营部门（阿里巴巴）发起并邀请多方利益相关者参与的全球性平台。在马云的构想中，e-WTP被描绘为连接全球贸易的路径，类似古丝绸之路的驿站，由多个“数字中枢”（e-hub）组成，相互连接，为中小企业、消费者和年轻人提供一站式服务，创造更自由、创新和普惠的国际贸易环境。因此它的核心使命是促进政府与企业之间的对话，共同推动相关数字贸易规则的建立，为跨境电子商务的繁荣创造稳定而高效的政策和商业环境。同时e-WTP的愿景是打造开放、协作的国际贸易平台，而不是封闭和排他的组织；提倡的是一种包容性的贸易模式，即“全球卖全球买”，而不是只有大宗贸易往来。该平台支持小微企业通过电子商务实现全球买卖，降低贸易成本，提高效率，从而推动经济的全球化和数字化转型。通过这种开放的平台模式，e-WTP致力于消除传统贸易中的壁垒，确保贸易的自由化和便利化，为全球经济的包容性增长提供新的动力。

e-WTP的落地实施和发展是多方面因素共同作用的结果，具体体现在以下三个方面。

1. 传统贸易方式的变革

随着互联网和电子商务技术的飞速发展，传统的贸易模式正在经历深刻的变革。传统上，国际贸易主要涉及大规模的交易活动，这些活动往往依赖整个价值链中众多中介机构的参与，涵盖了采购、分销、物流、海关清关及支付等多个环节。对于大规模的跨境交易，这种模式从经济角度来说是可行的。然而，对于中小企业而言，它们往往面临资源有限、成本较高等挑战，并且在物流和资金筹集等方面屡遇难题。e-WTP通过提供一个开放的平台，允许小微企业直接参与国际贸易，降低了交易成本、简化了流程，使得“小微贸易”成为可能。这种模式不仅提高了效率，也扩大了市场准入，促进了全球贸易的民主化，使得互联网经济的各参与方都能切实参与到全球贸易的治理与规则优化中。

2. 社会治理模式的变革

变革社会治理模式是互联网发展的深层需求。传统的治理体系呈现垂直化、金字塔式的结构，互联网的发展则以水平扩展为特点。这种转变意味着我们需要对传统的治理模式和交易规则进行创新，以适应新时代的挑战。① 同时，互联网技术的发展对社会治理提出了新的要求，即追求更高的透明度和更广泛的参与度，e-WTP 作为一种新型的数字贸易平台，正是对这一变革需求的响应。它通过促进公私部门的对话和合作，推动了治理模式更加开放和协作发展的治理模式的建立。e-WTP 的实施有助于构建一个更加公平、更易监管的贸易环境，这不仅有助提升国际贸易的透明度和公平性，更能促进社会治理模式的进步和变革。

3. 中小企业发展的全球重视

在互联网技术高速发展和价值链全球布局的背景下，中小企业在促进经济增长、社会创新和促进就业中发挥着重要作用，因此世界各国对于推进中小企业的发展愈加重视。e-WTP 的特别之处在于将中小企业的发展置于首位，通过制定新规则降低其进入全球市场的成本，并增加它们盈利的机会。e-WTP 的规则制定过程是动态的，它允许企业先行先试，然后根据实践中出现的问题和利益相关方的关切来逐步制定相关规则，争取各方都能从贸易中获益，达到利益的平衡点。这种模式不仅激发了中小企业的创新活力，也为全球贸易的普惠性和包容性发展提供了新思路。

综上所述，e-WTP 的落地实施和发展，得益于传统贸易方式的变革、社会治理方式的内在变革需求，以及对中小企业发展的全球重视。这些因素共同推动 e-WTP 成为一个促进数字贸易、实现全球买卖的开放平台，为全球经济的普惠性增长和数字经济的发展提供了新的动力和平台。

（六）数字贸易平台的线下拓展

数字贸易平台的发展并不局限于线上活动，线下的各类展览会、高峰论坛、产业园的建设等同样为数字贸易平台的建设添砖加瓦。ICBE 国际跨境电商交易博览会作为跨境电商各大平台方、平台卖家、服务商、跨境直供工厂、

---

① 何方 . e-WTP：一个开放共享的国际贸易平台 [J]. 杭州（我们），2017（4）：46-48.

传统外贸企业进行产业链商贸对接、行业交流的平台，近年来加入的“一带一路”“丝路电商”等话题倍加引人注目。由中国服务贸易协会主办的“2024 上海国际丝路跨境电商产业带博览会”（以下简称“跨博会”）拟于 2024 年 7 月 24—26 日在上海虹桥国家会展中心举办。跨博会将融合“政、行、企，产、学、研，资、服、媒”等生态服务要素，打造下沉服务闭环、服务丝路电商创新业态、助力跨境主体成长，形成一个全面、高效、高能的丝路跨境电商全品类商贸平台，进一步推进长三角地区与“一带一路”共建国家及地区的交流合作。参展的不仅有跨境电商平台及服务提供商、物流及仓储服务提供商、支付及金融服务提供商等企业，更有丝路共建国家和地区特色商品及文化展示、跨境电商相关的新技术、新产品和新服务，充分彰显了丝路建设的新气象。

第三节 “一带一路”与世界市场

在全球化与逆全球化交织的当下，“一带一路”倡议如一股清流，为世界市场注入了新的活力。① 它不仅完善了世界市场的运作机制，还通过增加国际公共产品的供给，推动了世界市场经济的深入发展。在“一带一路”框架下，各国携手合作，共同推进基础设施建设，有效应对了公共产品短缺和设施瓶颈等全球性挑战。这不仅促进了共建国家的贸易往来和经济发展，也推动了世界市场的繁荣与稳定。同时，“一带一路”还积极关注发展中国家的民生福祉，致力缩小贫富差距，为构建一个更加公正、平等的世界经济秩序贡献了力量。通过加强信息共享、通信技术革新和数字鸿沟跨越等方式，发展中国家得以更好地融入全球经济体系，实现可持续发展，为未来世界市场的发展奠定了坚实的基础。

一、世界市场现状分析

经济全球化和逆全球化共同塑造了当今世界市场的复杂性。随着国际贸

① 延明，周新辉．应对逆全球化的策略［J］．党政论坛，2017（10）：29-31.

易和资本流动的加深，全球经济迎来新机遇与新挑战。全球化促进了跨国公司和全球供应链的发展，加强了经济联系，但逆全球化和保护主义的上升给全球经济增长带来不确定性。[①] 在此背景下，协调国际经济政策，推动贸易自由化和开放型经济发展，成为全球政策制定者关注的中心。

（一）经济全球化

经济全球化已成为当今世界市场的普遍现象。在这一趋势下，国际贸易、跨国投资和科技交流的持续增长导致各国经济密切相连，形成了一个紧密交织的全球经济网络。这意味着商品和服务在全球范围内的自由流动，以及跨国公司在世界各地的活动，从而深刻地塑造了世界市场的现实面貌。

1. 经济全球化的形成原因

经济全球化是当代世界发展的重要趋势，由科技进步、跨国公司崛起、贸易投资自由化及全球经济治理体系完善共同推动。这些因素使生产要素在全球流动，产业链深度融合，为经济全球化奠定了坚实基础。

第一，科技进步是推动经济全球化的重要动力。特别是信息技术的迅猛发展，极大地缩短了世界各国之间的距离，使得信息、资本、商品和服务等生产要素以前所未有的速度在全球范围内流动。这种高效的流动不仅降低了交易成本，提高了资源配置的效率，也促进了全球市场的形成和发展。[②]

第二，跨国公司的崛起是经济全球化的重要载体。跨国公司通过全球范围内的投资、生产、销售等活动，将不同国家的经济紧密地联系在一起。它们利用自身的资金、技术和管理优势，在全球范围内进行资源配置和生产布局，推动了全球产业链和供应链的形成。这种跨国公司的活动，不仅促进了商品和资本的跨国流动，也推动了技术、管理经验等生产要素的全球共享。

第三，国际贸易和投资自由化政策的推动也为经济全球化提供了重要保障。各国政府通过签订双边或多边贸易协定、降低关税和非关税壁垒等措施，为国际贸易和投资提供了更加宽松和便利的环境，促进了商品和资本的自由流动，推动了全球市场的形成和发展。

---

① 王文乐．逆全球化的危害及中国应对［J］．环球市场，2018（28）：209-210.

② 郝身永．中国积极维护与引领经济全球化的担当作为［J］．党政论坛，2022（1）：46-48.

2. 经济全球化的正面影响

经济全球化具有显著的正面影响，它推动了世界市场的扩大、资源优化配置、劳动力市场的灵活性增强并降低了地区性风险，为企业发展带来更多机遇，促进了全球经济的持续增长和创新发展。

第一，经济全球化可以扩大世界市场、促进企业发展。经济全球化使得企业更容易进入国际市场，寻找新的销售机会，从而促进了跨国公司的发展。这为消费者提供了更多选择，推动了世界市场的多样化和竞争力的增强。

第二，经济全球化可以优化世界市场的资源配置。全球化让资源得以更有效地配置，不同国家拥有不同的资源和技术优势。通过国际贸易，这些资源在全球范围内得到了更高效的利用。这有助于提高生产效率和经济效益。①

第三，经济全球化可以激发世界劳动力市场的灵活性与创新能力。经济全球化使得世界劳动力市场更加灵活，能够吸引和利用全球范围内的人才。这不仅有助于企业提高生产力，还能促进其创新能力的提升。

3. 经济全球化的负面影响

经济全球化在加深国际经济联系的同时，也带来了市场波动的传播和贸易争端不平衡等挑战。这种趋势加剧了全球经济的不稳定性，要求各国加强合作，共同应对挑战。

第一，经济全球化会引起世界市场经济波动及传播加剧。随着全球化的深入，国际经济之间的联系变得更加密切。这导致经济波动（如金融危机、通货膨胀等）更容易在不同国家间传播。一国的经济问题往往会快速影响其他国家，进而扩大为全球范围的经济不稳定性。因此，各国需要密切合作，共同应对挑战。

第二，经济全球化会引起世界市场贸易争端和不平衡。在经济全球化的背景下，某些国家可能面临失业率上升、工资压力增加等问题，这可能引发贸易保护主义情绪的抬头。同时，国际贸易的不平衡也会加剧经济不公平现象，需要通过国际合作和协调来解决。

（二）经济逆全球化

经济逆全球化现象是当前世界市场的一个不容忽视的现状，它体现了部

---

① 杨明伟．江泽民对经济全球化问题的战略思考［J］．党的文献，2002（3）：18-23.

分国家和地区在经济全球化进程中面临的种种挑战和回应。这种趋势表现为贸易保护主义的抬头、国际合作机制的削弱以及跨国投资和贸易的受阻，从而对全球市场的统一性和活力造成了一定程度的冲击。经济逆全球化不仅影响了世界市场的竞争格局和资源配置效率，也挑战了全球化和自由贸易的核心理念，对世界经济格局的演变产生了深远的影响。

1. 经济逆全球化的形成原因

全球经济正面临结构性失衡、贫富分化加剧及资源配置机制错配等多重挑战。这些问题不仅侵蚀了经济增长的活力和潜力，还催生了逆全球化趋势，对全球经济的稳定和复苏构成了严重威胁。

第一，全球经济结构性失衡问题依旧严峻，亟待解决。当前，全球范围内存在明显的供求结构不匹配，全要素生产率（TFP）增长势头放缓，劳动与资本收入的不平衡问题加剧，以及人口老龄化和“少子化”等挑战，这些因素共同削弱了经济增长的活力和潜力。

第二，经济不平等的加剧和社会分层的深化正在重塑全球消费模式，这不仅成为阻碍全球经济恢复的主要因素，而且也催生了西方社会中的孤立主义、民粹主义和贸易保护主义等逆流，这些行为与全球化背道而驰。

第三，全球资源分配机制和政策发展轨迹往往与经济结构的演变趋势不同步，有时甚至背道而驰。例如，以美元为主导的国际货币体系不仅导致了“流动性陷阱”，还加剧了对全球资源分配的扭曲。一些发达国家通过加强政府对经济的控制，推崇国家利益至上和排他性的政策，主导着全球多边贸易体系的瓦解，成为全球经济增长受阻的主要因素。正如 WTO 前总干事罗伯托·阿泽维多所警告的，多边贸易体系的崩溃将对世界经济造成严重打击，全球经济增长率可能下降 2.4%，全球贸易总量的 60%可能会消失。

2. 经济逆全球化的影响

当前全球经济面临经济逆全球化的严峻挑战，其不仅导致市场统一性和互联性受损，降低经济效率，还加剧了国际贸易摩擦，威胁贸易体系稳定，并削弱了全球治理体系的有效性。

第一，经济逆全球化冲击了世界市场的统一性和互联性。在全球化进程中，各国通过贸易和投资形成了紧密的产业链和供应链，实现了资源和技术的优化配置。然而，经济逆全球化趋势的出现，使得一些国家开始采取贸易保护主义措施，限制进口，提高关税，设置非关税壁垒，这些措施不仅阻碍了商品的正常流通，也影响了资本的跨国投资。这种限制和阻碍导致全球市场的分割和碎片化，使得原有的全球产业链和供应链出现断裂，进而降低了全球经济的整体效率。

第二，经济逆全球化加剧了世界市场上国际贸易摩擦和争端。在经济逆全球化的推动下，各国之间的贸易关系变得紧张而复杂。一些国家为了维护自身利益，采取了单边主义措施，如提高关税、限制出口等，这些做法不仅损害了贸易伙伴的利益，也加剧了国际贸易摩擦和争端。这种紧张局势不仅增加了贸易成本和不确定性，也威胁到了全球贸易体系的稳定和可持续发展。

第三，经济逆全球化削弱了全球治理体系的有效性。全球治理体系是建立在国际合作和共同规则之上的，旨在解决全球性问题，促进全球经济的稳定和发展。然而，在经济逆全球化的影响下，各国之间的合作意愿降低，国际合作机制受到削弱。这导致全球治理体系在应对气候变化、贫困、疾病等全球性问题时缺乏足够的协调和合作，使这些问题的解决变得更加困难和复杂。

二、“一带一路”对世界市场的贡献

“一带一路”倡议对全球市场产生了多方面的正面影响。它完善了全球市场机制，增加了国际公共产品供应，并推动了经济全球化。参与国家通过基础设施合作应对全球性挑战，如公共产品短缺和基础设施限制，这提升了贸易能力并促进了市场健康发展。此外，倡议还关注发展国家民生，缩小了世界市场贫富差距，通过信息共享和通信技术改善，帮助发展中国家融入全球经济，提高生活水平，促进了公正平等的世界经济秩序，为全球可持续发展打下了基础。

（一）“一带一路”助力完善世界市场机制

随着全球经济一体化的不断推进，各国经济的相互依赖性日益增强。尽管如此，各国在商品贸易、服务贸易、资本流动、知识产权保护和环境保护等关键领域，仍存在诸多复杂的制度和政策差异，这些差异阻碍了全球资源的有效分配。此外，由于文化和价值观的差异，如果缺乏有效的沟通与交流，就可能对全球市场机制的运作造成阻碍，限制国际经济合作的深化，并最终影响全球资源配置的效率。面临种种挑战，中国提出了“一带一路”倡议，为全球经济治理体系提供了中国方案。

1. 世界市场面临的挑战

面对全球经济、政治、社会和环境的多重挑战，世界市场正面临前所未有的压力。经济方面，需求不足和金融脆弱性制约增长；政治上，大国博弈增添不确定性；社会问题则突出表现为粮食安全和贫困加剧；同时，能源转型和气候变化等环境问题也带来深远影响。这些挑战交织复杂，需要全球共同努力应对。

第一，经济方面的挑战尤为显著。全球总需求不足、私人部门需求增长乏力、私人投资活动低迷，这些因素都在制约世界市场的增长。同时，尽管金融行业目前保持了基本的稳定，但其根基仍然脆弱，特别是对于资本市场，例如房地产市场，要实现完全的复苏和回归正常水平，还需要一段较长的时间。此外，公共债务问题也是全球长期稳定增长的一大隐患，特别是发达国家的公共债务已变得难以持续，可能引发新一轮的债务危机。

第二，政治方面的挑战也不容忽视。全球政治舞台上，大国博弈越发激烈，为了争夺全球领导地位，它们通过外交手段、多边组织和地区合作等途径来争夺影响力和地缘政治利益。中美两个超级大国之间的竞争尤为尖锐，它们在贸易、技术、人权等问题上存在着分歧和冲突。这种政治博弈的演进使得未来充满了不确定性，给世界市场带来了极大的风险。

第三，社会方面的挑战则主要体现在粮食安全和贫困问题上。全球粮食不安全的人数不断增加，贫困问题也日益加剧。国际粮食价格的上涨将继续推高家庭生活成本，对发展中国家尤其是最贫困的家庭和人口造成更严峻的冲击。

2. “一带一路”推动世界市场完善

在经济领域，通过“一带一路”的“五通”原则，特别是贸易畅通和资金融通，能够显著完善市场机制。① 贸易畅通推动了共建国家之间的贸易自由

① 杜婕，胡世丽．论“一带一路”倡议驱动人民币国际化的机制［J］. 广西大学学报（哲学社会科学版），2021，43（2）：99-105.

化便利化，减少了贸易壁垒，提高了市场准入度，为各国带来了新的经济增长点。资金融通则通过加强金融合作，创新投融资方式，为共建国家的重大项目和基础设施建设提供了资金支持，有助于解决资金瓶颈问题，推动经济的持续增长。

在政治领域，政策沟通是“一带一路”建设中的关键。通过加强政府间的对话与协商，增进各国之间的政治信任，减少政治分歧和摩擦，为经济合作营造良好的政治环境。此外，政策沟通还能促进共建国家的发展战略对接，形成共同的合作愿景，为经济合作提供坚实的政治保障。

在社会领域，民心相通是“一带一路”建设中的重要一环。通过加强人文交流与合作，增进各国人民之间的了解和友谊，可以形成文化认同和共同的价值观念，减少误解和冲突。同时，通过推动教育、文化、旅游等领域的合作，提高共建国家人民的生活水平和幸福感，为经济合作奠定坚实的社会基础。这有助于缓解贫困问题，提高粮食安全保障水平，促进社会的稳定和发展。

综上所述，“一带一路”倡议中的“五通”原则与经济、政治、社会、环境四个方面的挑战紧密相连。通过加强各方面的合作与交流，可以形成更加紧密的经济联系和合作机制，推动区域经济一体化进程，实现共同发展和繁荣。同时，也有助于应对全球性的挑战和问题，促进世界的和平与稳定。

（二）“一带一路”助力缓解全球公共产品供给不足问题

全球公共产品的供给在当今世界格局中显得尤为重要，但跨国公司在此方面的作用有限。尽管发达国家在推动贸易和投资自由化方面起到了积极作用，但它们未能为其他国家提供足够的公共产品支持。与此同时，“一带一路”倡议作为全球性合作计划，致力解决国际公共产品需求与供给不足的矛盾，通过基础设施建设、市场机制完善等举措，填补了国际公共产品供给的空白，促进了全球合作与发展，为构建开放、包容、共赢的国际合作新格局贡献了中国智慧和中国力量。

1. 全球公共产品面临的挑战

全球公共产品，作为具有非排他性和非竞争性的特殊商品，其供给涵盖了商品服务、资源及规则制定，重要性不言而喻。然而，在现实中，跨国公司在推动全球化的过程中，往往未能充分提供这些公共产品。一方面，由于公共产品的特性使它们难以通过传统的市场机制进行定价和收费，导致跨国公司在追求利润最大化的同时，缺乏为东道国提供公共产品的动力。这种情况不仅影响了跨国公司的国际形象，也制约了全球经济的平衡发展。另一方面，发达国家在推动本国跨国企业进入国际市场的过程中，往往更重视贸易和投资的自由化，而对公共产品的供应投入较少关注。当东道国的经济基础相对薄弱、无法提供足够的公共产品时，其社会经济发展可能会遭遇重大障碍。尤其是在国际金融危机后，新兴市场国家实力不断上升，而发达国家对全球公共产品供给的态度越发消极，这无疑加剧了全球公共产品供给的短缺问题。因此，国际社会需共同努力，明确全球公共产品的供给责任，建立有效的供给机制，以推动全球经济的可持续发展。

2. “一带一路”推动全球公共产品供给新进展

“一带一路”倡议的目的是缓解全球公共产品需求的不断增长与供给短缺之间的紧张关系，它是一个旨在推动国际合作的开放平台。该倡议涵盖的跨国项目和具体建设活动，普遍具有公共产品的特性。公共产品的独特之处在于它们在消费和使用上不存在竞争，且所有受益者都能平等享受其好处，这需要主要生产者发挥领导作用。经过 40 多年改革开放，中国经济实现了显著的发展和持续增长，构建了一个庞大的现代工业体系，并拥有丰富的产能，能够提供广泛的基础设施产品。这使得中国能够承担全球各地与“一带一路”相关的交通设施建设，协助覆盖跨国和跨区域的交通基础设施网络，为最终形成一体化、高效率的空间经济网络提供支撑，使中国成为“一带一路”倡议的主要推动力量。具体而言，分为以下两个方面。

一方面，“一带一路”倡议致力于推动基础设施的互联互通。该倡议所推崇的基础设施项目具有显著的国际公共产品特征：首先，通过亚投行等金融机构的贷款支持、创新政府和社会资本合作模式（PPP）等多元化融资方式，来建设、维护和升级高标准的公路、铁路、高铁等交通网络，同时推动海上和航空基础设施的发展，提高互联互通的效率与安全，优化电力和能源供应，提升通信技术，缩小数字差距。其次，中国在参与共建国家的基础设施项目时，并非仅仅追求经济利益，而是积极提供优惠条件，包括在价格、贷款、技术和后期维护等方面给予支持。即使在一些回报率较低的项目中，中国也愿意参与，目的是帮助发展中国家提升基础设施水平，为经济增长打下坚实基础。

另一方面，“一带一路”倡议为全球合作带来了创新的理念和方法。中国自改革开放以来，其独特的社会主义市场经济体制已成为20世纪最具影响力和创新性的发展模式之一。随着中国在全球经济和贸易体系中扮演的角色日益重要，新一轮的改革开放成为其维持经济快速和可持续增长的关键。2013年，“一带一路”倡议的提出为中国未来的开放型经济发展指明了方向，可视为中国沿海沿边开放战略的集大成者，其核心是推动与发展中国家在现行国际经贸体系下的互利共赢和包容性发展。此外，“一带一路”倡议的经济走廊建设方案，从多个角度丰富了经济带、区域经济一体化和国际合作的理论内涵，标志着现代国际经贸理论的创新和发展。“一带一路”倡议提出的“五通”原则，预示着未来国际交流与合作将遵循共建、共享、共荣的新理念和新模式。

（三）“一带一路”助力发展中国家民生改善

“一带一路”倡议自提出以来，不仅推动了边疆地区与共建国家的基础设施建设，促进了当地社会经济发展，还深化了民生领域的合作，如扶贫、教育、卫生等，有效提升了当地民众的生活水平。同时，该倡议也积极推动绿色发展与国际合作，通过建设绿色产业园区和实施绿色项目，为全球绿色发展贡献了力量。

1. 发展中国家民生面临的挑战

发展中国家在民生改善之路上，面临着经济贫困与不平等、社会公共服务滞后、环境资源消耗与污染，以及政治不稳定与国际挑战等多重困境。这些问题相互交织，需要全面、协调的政策措施和国际合作来推动民生的持续改善。

第一，经济层面的挑战是发展中国家民生问题的核心。许多发展中国家存在严重的贫困和不平等问题，基础设施建设落后，人均收入水平低，导致民众基本需求难以满足。同时，这些国家往往依赖外部投资和援助，容易受到全球经济波动的影响，加剧了民生问题的严峻性。

第二，社会层面的挑战也不容忽视。发展中国家在教育、医疗等方面普遍滞后，公共服务体系不完善，难以满足民众的基本需求。此外，由于历史和文化等原因，一些发展中国家还面临着性别歧视、民族冲突等社会问题，这些问题也加剧了民生问题的复杂性。

第三，环境方面，发展中国家往往处于工业化和城市化的初期阶段，资源消耗和环境污染问题日益突出。气候变化、环境污染等问题对发展中国家的影响尤为严重，不仅加剧了贫困和不平等问题，也对民众的健康和生活质量构成了威胁。

2. “一带一路”推动发展中国家民生改善

自“一带一路”倡议提出至今，已有超过十年的发展历史。在这段时间里，中国在国际合作领域取得了突出成就，特别是在与邻近国家和地区的边疆地区开展的跨境基础设施项目上。这些项目在规划和执行过程中，始终强调本地化的发展策略和经营模式，并努力与当地社会融合，为当地经济的增长和社会的进步提供了强大的推动力。

第一，在经济领域，中国企业的跨境基础设施项目为当地创造了大量的就业机会和税收，推动了当地经济的持续发展。目前，中国企业已为边疆地区共建国家和地区创造了近 11 亿美元的税收和 18 万个就业岗位。这些岗位不仅为当地居民提供了稳定的收入来源，也为当地经济的持续发展提供了有力支持，显著提高了当地居民的收入水平。以巴基斯坦拉合尔轨道交通橙线建设为例，该项目为当地创造了上万个就业机会，不仅为巴基斯坦的经济发展作出了重要贡献，也加深了中巴两国人民的友谊和互信。这种通过基础设施建设促进经济发展和民生改善的模式，在“一带一路”建设中得到了广泛应用和推广。

第二，在社会领域，一方面，中国实施了多项人才培养计划，如中国—东盟公共卫生人才培养百人计划等，为沿线国家和地区培养了大批专业人才。这些人才在当地卫生、教育等领域发挥了重要作用，为当地社会进步和发展作出了积极贡献。另一方面，中国每年向周边国家和地区提供近 3 万名患者的高质量医疗服务。在新冠疫情暴发期间，中国的中医药专家组在柬埔寨等国家迅速实施了消除疟疾的方案，为当地抗击疫情提供了坚实的援助。此外，云南省特别向缅甸北部地区提供了急需的疫苗援助和抗疫物资，这不仅体现了中缅两国在公共卫生领域的紧密协作，也彰显了两国间深厚的友好关系。

第三，在环境领域，我国边疆地区积极建设绿色产业园，致力推动绿色经济的发展。以兰州新区和广西为例，兰州新区致力建立一个专注于“城市矿产与表面处理”的产业园区，旨在打造一个绿色循环经济的产业模式，并力争成为国内领先的城市矿产循环利用和深加工的示范中心。与此同时，广西正积极与东盟国家及地区展开电力领域的合作，共同推进水电、风能等可再生能源的开发利用。中国绿色低碳能源结构调整的成功经验正在向有需求的周边国家推广，通过电网建设和能源结构调整，促进产业升级和绿色发展。

（四）“一带一路”助力缩小世界市场贫富差距

“一带一路”倡议致力于在全球经济增长中平衡发达国家与发展中国家的差距。面对全球化带来的贫富差距扩大问题，“一带一路”通过加强基础设施建设、促进国际产能合作、扩大贸易投资等方式，为发展中国家提供了宝贵的发展机遇。这一倡议不仅有助于改善发展中国家的经济结构，提升其在全球经济中的竞争力，还促进了国际经济合作的深化，为全球经济均衡发展注入动力。

1. 世界贫富差距面临的挑战

自工业革命以来，全球经济的扩张速度持续加快，经济全球化的浪潮更是推动了全球贸易和投资的爆炸性增长，显著提升了各国民众的生活水平。然而，在经济快速增长的同时，发达国家与发展中国家之间的经济鸿沟也在日益扩大。许多小国，尤其是非洲的多个国家，依然面临着较高的贫困率。事实上，全球人均国内生产总值（GDP）最高的国家是最低国家的数百倍。这表明，虽然世界经济蓬勃发展，但经济全球化所带来的利益分配并不均衡，发达国家在这一过程中获得了更多的利益。

导致这种状况的原因主要有两个方面：首先，发达国家在经济领域具有显著优势，并在国际经济和贸易规则的制定上起着决定性作用。虽然现有的国际经济结构和贸易规则在一定程度上回应了发展中国家的需求，但其核心目的仍然是维护发达国家的根本利益，导致国际经济秩序存在不公。许多发展中国家和欠发达国家由于教育和科技水平较低，经济基础不牢固，经济结构不完善，发展相对滞后，这使得发达国家与发展中国家在全球市场上的竞争本质上是不平等的，从而造成了南北之间巨大的经济差距，甚至两极分化，阻碍了全球公平的实现。其次，技术垄断问题。发达国家利用其先行优势积累了大量高质量的先进生产力，从而获得了高额的垄断利润。发展中国家为了获取相应的先进产品和技术，不得不支付更高的经济成本。这在客观上导致了全球经济发展红利的分配不均，加剧了贫富差距，使得国际社会的公平面临挑战。

2. “一带一路”推动全球贫富差距缩小

“一带一路”倡议是国际社会以“发展”为第一要务的大背景下，中国带动世界尤其是广大发展中国家共同进步的理念和行动。其着力于帮助广大发展中国家提振经济，缩小与发达国家的贫富差距，促进国际社会的公平正义，为世界局部动荡和冲突问题提供另一种思路和解决方案。

第一，在基础设施建设方面，“一带一路”倡议通过大力加强基础设施建设，为发展中国家夯实了经济发展的基础。这些设施不仅提高了物流效率，还显著提升了贸易便利化水平，为共建国家的经济增长提供了有力支撑，让发展中国家能够更有效地参与全球经济活动，从而加快其经济发展步伐。

第二，在建立公平金融秩序方面，为了助力发展中国家的经济发展，中国通过“一带一路”倡议建立了新的国际多边金融机构，并施行更为公平的国际金融秩序。这些金融机构为发展中国家提供了重要的融资平台，使它们能够更容易地获得资金支持，从而增强经济发展的动力。这一举措有助于改善国际金融秩序，为发展中国家创造更加公平的金融环境。

第三，在扩大国际产能合作方面，中国通过“一带一路”倡议，积极扩大与共建国家的国际产能合作。中国将改革开放以来积累的优质产能和先进生产技术转移给共建国家，为它们的经济发展提供了原动力，不仅提高了发展中国家的生产能力和技术水平，还实现了“鱼”“渔”双收，为发展中国家的经济发展注入了新活力。

第四，在扩大双边贸易和投资合作方面，“一带一路”倡议致力扩大与共建国家的双边贸易和投资合作。通过扩大贸易规模、促进贸易提质升级及丰富产业投资合作，为共建国家创造了更多就业岗位，加快了产业尤其是传统产业的提质升级。这不仅提升了共建国家的国民收入和福利水平，还增强了其经济的“造血功能”，实现了经济的整体性、持续性增长，使发展中国家缩小了与发达国家之间的经济社会发展差距。

第三章　创新驱动

（张维维　耿婉婷）

创新是引领发展的第一动力，是推动高质量发展、建设现代化经济体系的战略支撑。共建“一带一路”坚持创新驱动发展，把握数字化、网络化、智能化发展机遇，探索新业态、新技术、新模式，探寻新的增长动能和发展路径，助力各方实现跨越式发展。① 科技创新合作是共建“一带一路”坚持创新驱动发展的一项重要内容，也是推动“一带一路”迈向高质量发展的一个重要力量。自“一带一路”倡议提出以来，中国与共建“一带一路”国家开展了多层次、宽领域的国际科技合作，形成了一批标志性合作成果，“一带一路”创新之路建设深入人心。数字丝绸之路作为共建“一带一路”倡议的重要延伸，正日益展现出其在促进全球科技创新合作中的巨大潜力。通过紧扣数字技术的发展脉搏，加强与共建国家的交流合作，数字丝绸之路不仅为经济增长注入了新动能，繁荣了数字经济成果，更为科技创新提供了广阔的空间和机遇。

第一节　“一带一路”科技创新概述

当前世界已经进入以数字化、网络化、智能化为主要特征的信息时代，这一时代也带来了科学研究思维、方法和过程的深刻变革。在此背景下，无疑需要我们共享时代机遇，厘清科技创新合作的时代背景，把握科技创新合

① 中华人民共和国国务院新闻办公室．共建“一带一路”：构建人类命运共同体的重大实践［EB/OL］. 中国政府网，（2023-10-10）［2024-06-29］. https：//www. gov. cn/zhengce/202310/content_6907994. htm.

作的新趋势与新挑战，加强国际科技创新合作，才能携手应对全球共同挑战，通过科技创新合作不断为共建“一带一路”开拓新空间。

一、“一带一路”科技创新合作的背景

“一带一路”科技创新合作的背景是多元化的。目前，世界正经历百年未有之大变局，新一轮的科技革命和产业变革浪潮涌起，科技创新成为影响和改变世界经济版图的关键变量，加强科技创新合作成为世界各国的普遍共识，中国自身实施创新驱动发展战略的需要以及创新合作所取得的显著成效都要求我们加强“一带一路”国际科技创新合作。

（一）当前世界正经历着百年未有之大变局

经济全球化作为生产力发展和科技进步的产物，推动了全球范围内的生产要素流动、科技与文明的进步、世界市场的形成以及世界历史的演进，并为全球经济增长提供了强大的动能。然而，自2008年全球金融危机以来，经济全球化遭遇了前所未有的逆流，国际贸易中的保护主义趋势日益盛行，全球治理中的单边主义行为越发明显，民粹主义和狭隘民族主义情绪上升，全球供应链面临被动断裂和主动脱钩的风险。面对自身发展危机以及以中国为代表的发展中国家的崛起，发达资本主义国家采取了一系列逆全球化的应对策略。在这样的背景下，新兴市场经济体提升自身应对不确定性的能力，积极参与并推动形成“新全球化”的趋势，显得尤为迫切和重要。

（二）新一轮的科技革命与产业变革改变全球格局

新一轮的科技革命与产业变革正在重构全球创新版图，重塑全球经济结构，改变全球竞争格局。在全球化、信息化和网络化深入发展的背景下，创新要素的开放性、流动性显著增强，科技研究与产业化的边界日趋模糊，科技创新日益成为决定一国全球价值链地位的核心力量，是各国争夺未来国际竞争力的关键所在。科学技术加速在全球的普及与扩散，推动世界经济成为一个紧密联系的整体。科技的创新和应用不再局限于某一个国家或地区，而是成为全球性的共同事业。同时，科技创新的深度融合、跨界融合、协同创新将成为新的发展趋势，推动着全球创新生态的持续优化。这种全球科技创新的大趋势，使得用科技促进经济社会发展成为国际共识，为“一带一路”

科技创新合作提供了广阔的国际舞台。[①]

（三）中国与共建国家具有良好的合作前景

中国与共建国家在“一带一路”科技创新合作方面具有良好的合作前景。鉴于中国与许多共建国家在发展阶段上的相似性，以及发展需求和条件上的共通之处，在发展路径的选择上更容易形成共识，携手共进。中国可以与共建国家共同开展科技创新合作，共同研发新技术、新产品，提高产品和服务的附加值，从而在全球市场上获得更大的竞争优势。同时，中国积累的大量先进适用技术和科技人才，能够为共建国家提供更具借鉴意义的发展经验，助力共建国家更快实现经济社会的转型升级。通过加强科技创新合作，中国与共建国家将共同推动科技创新成果的转化和应用，构建开放型世界经济，推动全球经济的繁荣稳定。

（四）中国实施创新驱动发展战略的需求

中国实施创新驱动发展战略的需求要求坚持深化科技创新合作。中国实施创新驱动发展战略，旨在通过科技创新推动经济发展方式转变和产业结构优化升级，解决经济发展过程中的技术难题，提升中国在全球价值链、产业链中的地位。在这一战略指引下，推进“一带一路”建设中的科技创新合作显得尤为重要，它不仅符合世界经济格局深度调整的趋势，也为中国和共建国家提供了共享发展成果、实现互利共赢的重要平台。通过科技创新合作，中国可以引进和吸收国际先进技术和管理经验，满足我国创新驱动发展战略的重大需求，同时也可以将中国先进的科技成果和产能输送到共建国家，促进当地科技发展。

（五）国际科技创新合作取得显著成效

科技创新在“一带一路”建设的宏伟蓝图中展现出不可或缺的价值。中国与众多共建国家成功构筑了稳健的政府间科技创新协作体系，共同建立了众多科研合作项目、技术转移与资源共享平台，使得各国能够实现资源优势

① 科技部 发展改革委 外交部 商务部关于印发《推进“一带一路”建设科技创新合作专项规划》的通知［EB/OL］. 中华人民共和国科学技术部，https：//www. most. gov. cn/tztg/201609/t20160914_127689. html.

互补，共享科技创新成果，加强科技领域的交流与合作。在中国与共建国家对外科技合作实践中，注重双方的充分沟通，使技术供给和需求更加精准对接，以科技合作重点项目为支点，促进一批新的研究成果得到转化应用，提升了当地居民的生活水平，为当地社会的进步作出了重要贡献，成功实现“一带一路”科技合作援助宣传和辐射效益最大化，得到共建国家人民的关注和认可。

综上所述，“一带一路”科技创新合作是在全球化、数字化和网络化不断推进的背景下，世界经济和创新格局的深度调整及我国自身发展需求共同推动的。同时，我国与共建国家的共通之处，以及科技创新在国际合作中的先行优势，都为“一带一路”科技创新合作提供了良好的机遇、打下了坚实的基础。[①] 科技创新不仅为共建国家的经济繁荣提供了强大的动力，也为促进各国间的友好交往注入了新的活力。因此，我们应当充分利用这一机遇，深化与共建国家的科技创新合作，共同开创互利共赢的美好未来。

二、“一带一路”科技创新建设的意义

当前共建“一带一路”进入高质量发展新阶段，合作范围由亚欧大陆延伸至非洲和拉丁美洲，合作进程由“大写意”进入“工笔画”阶段，合作领域实现了基础设施的“硬联通”到包括文化交流、教育合作在内的多领域的“软联通”的跨越。这一进程客观上要求各国在科技领域加强多边合作，将国际科技创新合作视为推动“一带一路”高质量发展的核心动力之一。“一带一路”科技创新建设不仅拥有坚实的理论支撑，更具深远的现实意义。

（一）理论支撑

1. 历史维度

从历史维度看，科技知识跨国界流动、交融发展是大势所趋。马克思认为，科学劳动不仅依赖于当代人的协作，还受益于对前人劳动的利用。18 世纪的第一次产业革命，促使以蒸汽机为代表的工业技术在欧洲传播，并使欧

① 推进“一带一路”建设工作领导小组办公室．坚定不移推进共建“一带一路”高质量发展走深走实的愿景与行动——共建“一带一路”未来十年发展展望［EB/OL］. 中国政府网，https：//www. gov. cn/yaowen/liebiao/202311/content_ 6916832. htm.

洲成为全球科技中心；19世纪的第二次产业革命，使全球科技中心从欧洲向美国转移，同时也形成了更为复杂的技术分工网络；20世纪70年代以来，信息技术革命推动科技全球化达到了空前水平，中国等金砖国家成为国际科技网络的重要环节，科技全球化趋向多极化。这种趋势不仅促进了科技知识的广泛传播和应用，也为各国提供了更多的发展机遇。

2. 现实维度

从现实维度看，科技全球化从来就不是一帆风顺的，总会伴随着“逆浪”和“旋涡”冲击。16—17世纪，受重商主义影响，西欧各国纷纷出台政策限制本国新技术设备输出。美苏“冷战”时期，欧美成立“巴统组织”，严格限制技术和战略物资流向社会主义国家。20世纪90年代，美国拉拢部分国家签署《瓦森纳协定》，对发展中国家进行技术封锁。当前，受地缘局势和大国博弈的影响，又出现了科技合作政治化、工具化的现实困境。但从历史长周期来看，科技全球化是不可逆转的时代潮流，“一带一路”科技合作必将焕发勃勃生机。因此，尽管科技全球化过程中会遇到各种挑战和困难，但只要我们坚持开放、包容、合作的理念，积极推动科技创新合作，就一定能够克服这些困难，实现科技全球化的可持续发展。

（二）现实意义

科技创新合作是提升我国与共建国家科技实力、深化我国与共建国家合作水平的重点领域，为“一带一路”重大工程建设中突破技术瓶颈、提升工程质量以及创立品牌等提供了有力支撑和坚实保障。深化科技创新合作有助于各国携手应对全球性挑战、共同提升研发实力，促进科技成果惠及民生，造福全人类。

1. 合作应对全球性挑战

科技创新日益成为推动全球经济和可持续的强劲动力，国际科技合作为共建国家应对全球性挑战（如粮食安全、生态环保、可持续发展等）提供了解决方案。

第一，在粮食安全领域，中国农业科学院和盖茨基金会联合开展了绿色超级稻项目，向亚非国家分享中国的优质水稻品种和种植技术，联合培育能够应对气候变化和病虫害等的新品种，自2008年启动以来，该项目使18个亚非国家和地区的农业生产发展受益，160 万农户增收，为共建国家解决粮食安全问题提供了有力支持。①

第二，在生态环保领域，中国和坦桑尼亚两国紧密合作，共同开展了水环境联合考察，制定与当地发展水平相契合的水环境监测技术方法，提升了水环境保护的硬件设施和科研人员的专业水平，为两国的生态环保事业注入了新的活力。

第三，在可持续发展领域，中国与哈萨克斯坦两国共同对奇姆肯特炼厂进行了现代化改造，改造后的污染物排放减少了约 90%，原油加工能力大幅提高，不仅使奇姆肯特炼厂进入了绿色高效生产阶段，也结束了哈萨克斯坦高品质成品油依赖进口的历史，为两国的可持续发展开辟了新的道路。②

面对日益复杂和多元化的全球问题，单一国家或地区的力量已显得捉襟见肘，需要全球范围内多方参与和深入协作，共同探索全面、持久且有效的解决之道。通过“一带一路”国际科技创新合作，各国可以汇聚各自的资源、专业技能和创新思维，共同研发新技术、新产品，推动科技进步和产业升级，实现优势互补和协同发展，携手应对挑战。

2. 共同提升科技水平

在全球化的背景下，中国与“一带一路”共建国家持续拓展科技界交流互动，不断提升联合研发水平，大力推进技术示范推广与应用，共同支持创新创业，为提升各国科技水平贡献积极力量。

第一，面对技术壁垒等发展难题，中国科技创新已经从以跟跑为主的阶段，发展到跟跑和并跑、领跑“三跑并存”阶段，在高铁、核电、5G 等基础设施领域以及太阳能发电、无人机等新兴领域，中国已经形成一批具有核心竞争力的技术，溢出效应开始显现，有能力为共建国家提供中国标准和中国服务。

第二，面对全球数字发展不平衡难题，中国致力于推动“数字丝绸之路”建设，与“一带一路”共建国家在信息化基础设施、跨境电子商务、移动支

① 吕珂昕，张震宇 . 加强农业科技合作 共促全球粮食安全［EB/OL］. 中国经济网，http：//www.ce.cn/cysc/sp/info/202301/17/t20230117_ 38351195.shtml.

② 王金涛，赵宇飞，周闻韬，等 .“一带一路”科技合作惠及世界［EB/OL］. 人民网，http：//world.people.com.cn/n1/2023/1113/c1002-40116796.html.

付、数字技能等领域开展广泛合作，以数据驱动高水平融合，积极参与完善全球数字治理机制，让数字经济红利惠及世界，为弥合全球“数字鸿沟”添砖加瓦。①

第三，面对共建国家创新人才匮乏困境，中国通过奖学金、访问学者项目、联合研究计划等方式，鼓励和支持共建国家的青年科技人才来华学习和研究，共享先进科技知识和经验，促进科研人员之间的思想碰撞和智慧交流，为“一带一路”共建国家培育了一批具有国际化视野的创新型人才，助力当地科技进步和创新。②

“一带一路”国际创新合作不仅追求效率，更加注重合作的开放性与包容性。通过这些科技合作项目，中国致力于“一带一路”共建国家共同提升科技水平，缩小国家间发展差距，提升共建国家科学家的研究能力和创新水平，通过实际行动展现了中国对于全球科技进步和社会发展所承担的责任与承诺。

3. 造福人民惠及民生③

“一带一路”倡议自提出之日起，始终聚焦共建国家的民生福祉，矢志不渝地致力改善共建国家人民的生活条件，多项科技民生工程的成功实施不仅显著提升了当地民众的生活质量，而且促进了民心相通，为更广泛领域的合作奠定了坚实的基础。

第一，在交通领域，由中铁隧道集团建设的乌兹别克斯坦卡姆奇克隧道，将费尔干纳到首都塔什干的时空距离从一天缩短到约 3 个小时，改善了当地人的出行条件；由中国建筑股份有限公司建设的马尔代夫胡鲁马累岛五桥在两个填海岛屿之间实现连通，带动了周边地区商业、文化旅游业等的发展。④

第二，在医疗领域，中国国药集团与塞拉利昂卫生部合作开展移动诊所服务，由中国提供的移动诊所能满足当地民众常见疾病的检查和常规急救要求；由北京大学人民医院所举行“健康快车国际光明行”活动，与共建“一

---

① 颜欢，马菲，于洋，等．抓住数字机遇 共谋合作发展（命运与共·全球发展倡议系列综述）[N]．人民日报，2022-04-30（3）.

② 本报评论部．把“一带一路”建成创新之路［EB/OL］．人民日报，2023-09-14（20）.

③ 赵宇飞，胡喆，周闻韬，等．共建创新之路 携手合作发展——首届“一带一路”科技交流大会观察［EB/OL］．中国政府网，https：//www.gov.cn/yaowen/liebiao/202311/content_ 6914194.htm.

④ 龚鸣，闫韫明，苏航．共建“一带一路”民生项目增进民生福祉［EB/OL］．人民网，（2023-11-08）［2024-06-29］．http：//world.people.com.cn/n1/2022/1206/c1002-32581091.html.

带一路”国家和地区的医院合作，举办多场眼科教学培训活动，为当地民众提供医疗服务。

第三，在通信领域，中国援非“万村通”项目已顺利完成在非洲20个国家的建设工作，覆盖非洲9512个村庄，直接受益家庭超过19万户，为非洲偏远地区民众打开了解世界的窗口，缩小了国家间的数字和信息差距。①

“一带一路”科技创新合作的成果为共建国家的民生改善提供了有力支撑，为共建国家的经济发展注入了新动力，为共建国家的社会进步提供了有力推动力，展现了“一带一路”科技创新合作在交通、医疗、通信、教育、环保等领域的巨大潜力和实际效益，彰显了中国对推动构建人类命运共同体的坚定决心。

三、“一带一路”科技创新的挑战

当前，百年未有之大变局加速演进，国际国内宏观形势错综复杂，大国博弈、单边主义、保护主义、逆全球化思潮相互交织，给国际科技合作带来较大冲击。厘清“一带一路”科技创新合作面临的挑战，对于践行开放、公平、公正、非歧视的国际科技合作理念，坚定不移推进“一带一路”科技合作具有重要的启发意义。

（一）共建国家差异带来合作难题

“一带一路”倡议覆盖区域范围广，共建国家包含老牌欧洲发达国家和新兴发展中经济体，这些国家在政治体制、经济发展和文化传统等方面千差万别，为国际科技创新合作带来了一系列挑战。

第一，部分共建发展中国家面临经济结构调整压力。这些国家以中低收入国家为主，产业发展基础薄弱，经济发展的内生动力不足。特别是部分能源型国家对高耗能、高污染发展路径依赖严重，面临生态环境脆弱、产业结构转型困难、经济结构单一等难题，导致这些国家的科技合作能力和意愿大幅降低。

第二，一些共建国家还面临政治不稳定的风险。民族宗教冲突、贫富分

① 周楚昀，杨喆，侯鸣，等．“万村通”为非洲偏远农村打开看世界的一扇窗［N］．人民日报海外版，2024-03-21（06）．

化加剧、地方利益竞争和民粹主义盛行等因素增加了共建国家的政治安全隐患，由于局势不稳定，部分国家自身创新活力不足，难以形成政府和社会资源协调推进的有效机制，进一步影响了其参与“一带一路”科技创新合作的稳定性和连续性。

第三，地缘政治环境不稳定因素依然存在。多数“一带一路”国家地处交通要冲，地理位置优越，拥有丰富的能源资源储备，堪称国际竞争的制高点。随着“一带一路”建设影响力的进一步扩大，一些国家出于自身政治目的，通过煽动新的“中国威胁论”“中国扩张论”等方式抹黑和唱衰“一带一路”倡议，阻挠共建“一带一路”科技合作项目推进。

（二）科技合作新需求尚待满足

当前，新一轮科技革命和产业变革蓬勃发展，催生了对国际科技创新合作需求的转变。“一带一路”科技创新合作不仅要注重在农业、养殖业、制造业等基础民生领域的合作，也要注重战略性新兴领域的合作。

第一，数字技术领域合作需求尚待深化。以区块链、人工智能等为代表的信息技术的发展日益成为全球创新与科技发展的核心动力，导致共建国家对于数字基础设施、数字技术等方面的合作需求激增。但是，“一带一路”共建国家大多属于发展中国家，数字基础设施水平低，数字产业发展滞后，数字技术人才缺乏，在全球数字经济的快速发展中处于不利地位。为了促进区域内的数字化协同，亟须建立一个统一的“一带一路”数字经济政策和标准化体系，以实现互联互通，共享数字经济发展机遇。

第二，绿色技术合作需求尚待推广。当前，全球绿色低碳转型已经成为国际潮流，“一带一路”共建国家在能源、贸易、重工业等领域的发展过程中面临着低碳发展要求的制约，对绿色基建、绿色能源、绿色交通等方面的合作需求日益增长。面对生态环境的共性问题，各国应该深入推进绿色低碳发展信息共享和能力建设，开展更多跨地域、跨学科的交叉研究，深化生态环境和气候治理合作，推动建设更加紧密的绿色发展伙伴关系，汇聚全球绿色可持续发展的信心与合力。

第三，健康医疗技术合作需求旺盛。“一带一路”沿线欠发达地区面临着严峻的公共卫生安全挑战，医疗设备和药品物资匮乏，医疗条件和医疗能力薄弱，医疗技术和管理水平欠缺，卫生治理体系不完善等问题突出，导致共建国家对于医疗相关基础设施、重大疾病的防控技术、医疗技能培训等方面的技术合作需求旺盛。针对这一需求，“一带一路”共建国家应该持续深化卫生健康领域国际合作，共建健康专家联盟，打造健康传播矩阵，联合推进共性技术攻关、同向激发医学产业活力，合力构建人类卫生健康共同体。

（三）深层次科技合作潜力还需进一步挖掘

第一，科技合作主体亟待多元化。中国政府在推进“一带一路”建设时提出“政府搭台、企业唱戏”，旨在鼓励多元化主体参与。然而在实践中，由于科技合作项目投资金额高，建设周期长，短期经济提升效益弱，各类创新主体参与国际科技合作的动力明显不足。此外，由于共建国家的政治和经济环境复杂多变，科技企业在海外拓展时普遍采取了较为谨慎的策略。主体单一所导致的民间资本不足制约了政府资金与商业投资的有效结合，影响了项目持续发展和自我维持能力的形成，使得一些合作项目在政府援助结束后难以为继。

第二，国际化科技创新人才缺乏。尽管我国与“一带一路”共建国家在职业教育、技能培训和留学生教育等领域的科技人才合作已取得一定进展，但在国际化创新人才培育的核心领域，如项目管理、知识产权服务、风险防控等专业人才培养上投入不足。特别是缺乏熟练掌握政策、技术、法律和国际交流的复合型人才，这些人才通常具备与国际科技创新快速发展相匹配的交流能力和谈判技巧，具有世界性眼光和历史性眼光以及跨文化沟通能力和国际化运作能力，可以更好地适应全球化的工作环境，为国际科技创新贡献充足的人力资源。

第三，科技合作保障与对接机制亟待完善。一方面，由于部分共建国家的经济发展水平较低，创新能力有限，难以构建起政府和社会资源协同推进的高效机制，导致其科研资金投入严重不足，合作资金供给不稳定，过分依赖国际组织及中国提供的无偿援助。另一方面，还面临中国标准在国际上认可度不高、竞争力不足的问题，增加了科技创新的难度和国际科技合作的复杂性。为了解决这些问题，需要在提升中国标准的国际认可度和竞争力方面做出努力，以促进科技标准的国际化，降低合作障碍，推动科技创新合作的深入发展。

第二节 “一带一路”创新合作成果

自“一带一路”倡议提出以来，中国不断优化科技创新合作顶层设计，深化主要科研机构之间的合作，加强共性基础科学研究、务实推进科技创新领域交流与合作，通过成立技术转移转化中心、联合研究中心、特色科技园区、开展科技人文交流等多种途径推动“一带一路”建设，推动共建国家经济社会高质量发展。

一、科技创新合作顶层设计持续优化

为确保《推进“一带一路”建设科技创新合作专项规划》和“一带一路”科技创新行动计划的高标准实施，中国科技部与相关部委协同行动，以政府间科技合作协议为指南，推出了一系列政策措施和规划项目。

（一）中国科技部

中国科技部联合国家发展改革委等部门于2016年9月制定了《推进“一带一路”建设科技创新合作专项计划》，提出重点支持“一带一路”科技创新合作。2017年5月，习近平主席在首届“一带一路”国际合作高峰论坛上宣布启动“一带一路”科技创新行动计划，提出要与“一带一路”共建国家开展科技人文交流、共建联合实验室、科技园区合作、技术转移4项行动，将“一带一路”建成创新之路。2019年4月，习近平主席在第二届“一带一路”国际合作高峰论坛上提出要与“一带一路”共建国家共同建设数字丝绸之路、创新丝绸之路，论坛期间，中国科技部与有关国家科技创新主管部门共同发布了《“创新之路”合作倡议》。

（二）教育部

教育部积极利用高等教育机构的创新潜力和国际合作网络，致力推动留学生项目和联合办学等教育交流活动，以此来提升大学在“一带一路”科技协作中的支持和领导作用。通过“丝绸之路”奖学金计划、联合教育项目、教师培训及人才共同培育等四项计划的实施，教育部门加强了与共建国家的

教育协作。根据教育部门中外合作办学监管工作信息平台的统计，截至2023年6月，教育部门已经与14个“一带一路”共建国家启动了教育合作项目，并建立了包括“中巴经济走廊大学联盟”、“一带一路”标准化教育与研究大学联盟在内的150多个教育联盟，以促进“一带一路”的教育交流。

（三）国家自然科学基金委员会

国家自然科学基金委员会启动了一项专注于可持续发展的国际科学合作计划，致力于生态和资源管理等领域的国际交流与合作。根据国家自然科学基金委员会国际合作局发布的项目指南和批准的项目清单，从2016年至2022年，基金会已与超过20个“一带一路”共建国家及相关国际机构签署了合作协议，并资助了900余项联合研究项目，所投入的资金总额超过了11亿元。

（四）国家中医药管理局

国家中医药管理局致力推动中医药国际化，着力塑造中医药发展新优势，积极实施中医药“走出去”战略，推进与“一带一路”共建国家在医疗卫生领域的交流与合作。目前，已在“一带一路”共建国家合作建立了30余个中医药海外中心，并与国家发展和改革委员会共同制定了《中医药“一带一路”发展规划（2016—2020年）》，推动中医药参与国家战略性科技创新合作与政府间国际科技创新合作，探索中医药国际大科学计划和大科学工程。支持中医药科研院所、高校、企业等与共建“一带一路”国家相关机构以合资、合作的方式联合建设“一带一路”中医药联合实验室、国际科技合作基地，在基础前沿研究、共性技术攻关、平台共建共享、人才培养交流等领域实现优势互补、成果共享，持续深化卫生健康领域的国际合作。

（五）“一带一路”科技创新专项合作计划

在2023年于重庆举办的“一带一路”科技交流大会上，中国正式宣布启动“一带一路”科技创新专项合作计划，实施可持续发展技术、创新创业、空间信息科技、科技减贫等4项主要行动，并签署了12项双边科技合作协议，共同构建高效的科技合作机制。

“一带一路”科技创新合作顶层设计持续优化，科技合作机制逐渐健全，合作保障措施不断加强和完善，整体布局的有序性和协作性正在逐步提升。

在此背景下，企业、高等教育机构、科研院所等创新实体正积极参与，全面投身于科技协作之中，共同促进“一带一路”倡议下“创新之路”的构建与发展。

二、科研主体合作伙伴关系不断深化

随着“一带一路”科技合作的不断推进，国家科研机构、高水平研究型大学、高新技术企业等主要科技创新主体，与共建国家的科研合作伙伴不断深化。这些机构和企业不仅在解决重大工程项目中的核心技术问题上发挥了关键作用，还在应对全球性科学挑战方面提供了有力支撑。

（一）国家科研机构

中国科学院作为国家战略科技力量，充分发挥在国际科技界的影响力，并以与共建“一带一路”国家科技合作为基础，在“一带一路”建设中发挥了积极作用。

2018 年 11 月，中国科学院与相关科研机构等共同成立了首个综合性国际科技组织——“一带一路”国际科学组织联盟（ANSO）。自成立以来，ANSO 不断凝聚多边力量，聚焦联合国可持续发展目标，围绕人才培养、联合研究与抗疫、智库建设、专题网络等方面开展了积极工作，持续完善国际科技合作网络，促进了“一带一路”共建国家和地区的科技交流与合作。目前，ANSO 已经拥有 67 家正式成员，分别来自欧洲、亚洲、南美洲、大洋洲、非洲的 48 个国家和地区，形成了一个全方位覆盖的国际合作网络；建立了 19 个国际专题网络，围绕“一带一路”高质量发展与区域可持续发展需求，积极开展了一系列务实的合作与交流活动。随着 ANSO 影响力的不断扩大，其作为国际组织的作用日益凸显。

此外，中国科学院还依托海外中心和科教机构，积极推动与“一带一路”共建国家的科技合作和人才培养，开展了一系列联合研究项目，服务于共建国家和地区的民生福祉和高质量发展需求，取得了积极成效。

（二）高水平研究型大学

高校作为科技创新人才库和智力库，积极响应教育部《推进共建“一带一路”教育行动》的号召，已成功组建 60 多个高校战略联盟，覆盖经济学、农学、工学等各个学科，以及航天、环境、水利等多个领域，致力搭建一个集教育信息共享、学术资源共享于一体的交流合作平台，与“一带一路”共建国家和地区共同探索跨国培养与跨境流动的人才培养新机制。

此外，为了进一步深化《推进共建“一带一路”教育行动》的实施效果，39 所中国高校成立了专门的学院、研究院或研究中心，专注于“一带一路”相关议题的研究与交流。这些高校智库通过开展联合研究项目、学术交流、人才培养等活动，为“一带一路”倡议下的国际科技创新合作提供了强有力的智力支持。

例如，重庆大学于 2023 年 11 月发起成立了“一带一路”大学科技合作联盟（iUNRC），吸引了多个国家的知名高校参与，旨在促进全球大学间信息共享、知识共享、资源共享，加强科研合作的互联互通。集聚一批优秀青年科技人才、一流科技领军人才和创新团队，为推动共建“一带一路”进入高质量发展新阶段持续增动力、添活力。①

（三）高新技术企业

“一带一路”倡议不仅为全球经济合作与发展提供了新平台，也为我国高新技术企业的国际化发展创造了重要机遇。这些企业通过在“一带一路”共建国家拓展业务、进行技术研发和创新，开展产业人才合作，积极参与到共建国家的新兴产业创新发展中。

例如在通信领域，中兴通讯股份有限公司和华为技术有限公司等企业利用自身在网络设备、算力支持和数据服务方面的优势，积极参与“数字丝路”建设。又如在医药领域，恒瑞医药公司通过设立公益基金的方式，利用自身在医药研发和生产方面的优势，开展医药研发合作，共同推动医药科技的进步。

“一带一路”为我国高新技术企业出海提供了广阔的舞台和宝贵的机遇。这些企业通过与共建国家的深入合作，不仅实现了自身的国际化发展，也为推动共建国家科技进步、产业升级和经济社会发展作出了积极贡献。未来，

---

① 谭英姿．“一带一路”大学科技合作联盟成立 共促科研合作常态化［EB/OL］. 中国日报中文网，（2023-11-08）［2024-06-29］. https：//cn. chinadaily. com. cn/a/202311/08/WS654b36bea310d5-acd876de6f. html.

随着“一带一路”建设的不断深入，高新技术企业将继续发挥重要作用，为构建人类命运共同体贡献更多科技力量。

各国科研主体广泛开展合作，积极提供“一带一路”科技创新合作相关领域的研究支持，转化应用科学研究的成果，提高效率，节省成本，共同攻克发展难题，发挥跨国合作优势，强化中国科研创新主体和“一带一路”共建国家的科技合作关系。

三、国际论文合作专利合作广泛开展

论文发表和专利申请是科创成果的核心展示，也是衡量一个国家及其创新实体在基础与应用研究领域合作程度的关键指标。自“一带一路”倡议提出以来，中国与“一带一路”共建国家在论文发表和专利开发方面进行了深入的合作。

（一）论文发表

在论文发表方面，笔者通过 Web of Science 这一检索工具，对中国与“一带一路”沿线 138 个国家自 2013 年起的论文合作情况进行了综合分析。结果显示，我国与“一带一路”共建国家论文合作关系逐渐深化。一方面，论文合作范围持续扩大，截至 2022 年 5 月，除了安提瓜和巴布达这两个国家外，中国与其余 137 个国家均有学术论文合作发表的记录；另一方面，论文合作数量显著增长，由 2014 年的 13266 篇上升到 2021 年的 49222 篇，增加了近 3 倍。

论文合作主要集中于环境生态、粮食安全、生命健康和绿色技术等与联合国可持续发展目标紧密相关的领域，其中与新加坡、巴基斯坦、意大利、沙特阿拉伯等国家的合作尤为突出。随着中巴经济走廊项目的不断深入，两国在环境生态、粮食安全、绿色技术等关键领域的合作研究成果日益丰硕，科技合作的论文发表数量也在稳步上升，不仅促进了双边学术交流，还加强了双方在解决共同关心的全球性问题上的协作。

总体来看，中国与“一带一路”共建国家在学术出版领域的合作成果丰硕，合作前景广阔。未来，随着“一带一路”倡议的不断推进和深化，预计将有更多的高质量学术成果涌现，为全球科技进步和可持续发展作出更大的贡献。

（二）专利开发

在专利开发方面，《中国与共建“一带一路”国家十周年专利统计报告（2013—2022 年）》显示，我国与共建国家专利开发合作主要表现出以下态势。

第一，中国与共建国家专利布局实现双向增长。2013—2022 年，中国共在 50 个共建国家及相关组织申请了专利，累计专利申请公开量达 6.7 万件、年均增速为 25.8%，累计专利授权量达 3.5 万件、年均增速为 23.8%。共有 115 个共建国家在华提交专利申请，在华专利申请量和授权量分别达 25.3 万件和 11.2 万件，年均增速分别为 5.4%和 9.8%，分别高于同期国外在华专利申请量和授权量整体增速的 2.9 个百分点和 5.6 个百分点。

第二，从专利类型看，共建国家在华专利申请呈现以发明专利为主，外观设计专利、实用新型专利为辅的特点。2013—2022 年，共建国家在华提交发明专利申请 19.9 万件，外观设计专利 4.0 万件，实用新型专利 1.4 万件，10 年年均增速分别达到 5.8%、1.3%和 12.0%。

第三，数字技术等重点领域专利布局持续升温。2013—2022 年，中国在共建国家公开的专利申请中，数字通信（1.2 万件）和计算机技术（0.9 万件）等数字技术领域的占比最大，合计占总量的 31.3%。国外来华专利申请中，半导体（1.6 万件）、计算机技术（1.5 万件）和数字通信（1.3 万件）等数字技术领域申请量较多，合计占总量的 27.3%。

第四，绿色“一带一路”建设创新提速。2013—2022 年，中国在共建国家累计绿色低碳技术发明专利申请公开量为 3549 件，年均增长 16.7%。专利授权量为 1884 件，年均增长 15.8%。自 2020 年起，绿色低碳技术发明专利申请公开量呈现加速增长态势，近 3 年年均增速达到 37.3%。

第五，RCEP 国家成为中国企业“一带一路”专利布局主要目的国。2022 年，我国企业在 RCEP 成员国专利申请公开量合计 7736 件，占共建国家申请公开总量的 65.6%。在共建国家申请公开量前 10 名中有 5 个来自 RCEP 国家，依次为韩国（4548 件）、越南（1007 件）、印度尼西亚（754 件）、新加坡（706件）和马来西亚（610件）。[①]

论文合作与专利合作不仅促进了知识的共享与传播，加速了科学发现和技术进步，还保护了创新成果，促进了技术转移与商业化，增强了企业的市场竞争力。因此，加强论文合作与专利合作，对于建设创新型国家和社会、推动区域创新网络的构建、实现共建国家共同繁荣具有不可或缺的作用。

四、科技创新合作行动计划不断推进

自《“一带一路”科技创新行动计划》发布以来，在中国与“一带一路”共建国家的共同努力下，“一带一路”科技创新合作取得了丰硕的成果。中国与共建国家共同挖掘创新增长潜力，激发创新合作潜能，强化创新伙伴关系，促进创新成果更多惠及各国人民。

（一）科技人文交流

科技人文交流是深化科技创新合作的重要基础。“一带一路”倡议提出以来，我国通过“请进来”“走出去”，以及开展技术培训和政策培训等方式，积极推动与共建国家的科技人文交流。科研人员之间的沟通交流日益频繁密切，项目受益人群不断扩大，平台建设成效不断显著，预期将在推动“一带一路”倡议的实施中发挥越来越关键的作用。

1.“请进来”

中国科学院的国际交流计划成为“请进来”的重要平台，邀请共建“一带一路”国家科研人员来华开展科技合作。迄今为止，该项目已资助超过1900名共建国家各类人才，为相关国家在人才培养和技术转移方面提供了重要支持。

青年科研人员作为科技界的新生力量，代表着世界科技发展的未来，代表着全球科技发展前景。全球各国青年科学家之间的思想碰撞与文化交流可以产生新的创新火花。为了更好地促进青年科学家之间的交流，在中国与发展中国家科技伙伴计划框架下，科技部于2013年启动实施了“发展中国家杰

---

① 中国与共建“一带一路”国家十周年专利统计报告（2013—2022年）[EB/OL].国家知识产权局，（2023-10-19）[2024-06-29]. https://www.cnipa.gov.cn/art/2023/10/16/art_88_188016.html.

出青年科学家来华工作计划”（以下简称“国际杰青计划”），主要为“一带一路”共建国家45岁以下的青年科研人员提供资助，支持他们在中国高校、研究机构和科技企业进行6个月至1年的交流与工作。自“国际杰青计划”启动以来，已吸引来自缅甸、巴基斯坦、埃及、埃塞俄比亚等40多个国家的700多名杰出青年科学家，在中国的28个省区市的200多个科研机构进行了农业、生命科学等15个学科领域的工作和学习。

2. “走出去”

科技人文交流是一个双向过程，既要吸引国际人才和知识“走进来”，也要积极推动本国人才和成果“走出去”。我国各部门与国外机构积极合作，推出各种计划支持中国企业与中国技术“走出去”，共同推动科技进步和社会发展。

中国科技部与以色列外交部于2016年发起了“青年创新领袖计划”，计划在3年内由以方提供资金支持，资助我国36名从事科技管理和高科技园区工作的中高层干部前往以色列进行考察与学习。教育部中外人文交流中心与北京科技大学联合共建了“矿业与钢铁中外人文交流研究院”，旨在服务矿业与钢铁行业企业“走出去”，形成创新人才培养模式，在深化中国与共建国家高等教育合作和科技人文交流方面发挥示范作用。中关村“一带一路”产业促进会实施了“藤蔓计划”，该计划主要聚焦于国际青年创新创业计划，致力于将“中国方案”推广至“一带一路”共建国家和地区，为中国企业“走出去”提供国际化服务。

3. 技术培训和政策培训

开展多领域培训是提升科技影响力、传播管理理念、构建人际网络、推动技术与产品输出的关键途径。在2011—2017年，科技部共组织了320个面向发展中国家的技术培训班，培训了超过5000名学员，培训内容包括农业、新能源、环境保护、医疗卫生等领域。

特别地，针对发展中国家的科技政策与管理培训，是传递中国管理理念、培育亲华友华的杰出管理人才的重要方式。例如，中国对外科技援助培训项目中的政策官员研修项目——“科技政策与管理国际研修班”，已面向“一带一路”共建国家和地区及非洲国家培训了100多名来自各国科技管理机构的官员和学者。同时，技术经理人在促进中国与发展中国家之间的技术转移中扮演着关键角色，中国—东盟技术经理人国际培训班已成功举办四届，为东盟国家培养了近百名掌握技术转移基础理论和实务操作的中坚力量。这些培训班不仅构建了人际网络，还为未来双方在科技创新领域的合作奠定了坚实的基础。

通过科技人文交流，可以促进共建国家之间的相互了解和信任，加强科技领域的合作，共同推动科技创新和经济社会发展。持续深化共建“一带一路”科技人文交流，需要加强系统性设计，坚持分类施策，不断优化科技人文交流国别布局，在充分尊重参与国家发展意愿与历史、文化等多样性基础上，推动形成多主体、多层次、多元化的科技人文交流格局。①

（二）联合研究中心

中国正与“一带一路”共建国家开展联合研究，共同应对经济社会发展中的技术难题。从合作规模看，联合实验室和研究中心的数量持续增长，逐渐从零散分布转变为密集的网络化布局；从合作重点看，联合实验室和研究中心的研究方向不仅限于生态环境、公共卫生和自然灾害等全球当前面临的挑战，也专注于先进材料、智能制造、数字经济等新兴技术领域的前沿探索。

结合共建国家的重大个性化发展需求，科技部分别于 2019 年、2020 年和 2021 年批准建设了 53 家“一带一路”联合实验室，并以此为抓手，加强产业、学术界和研究机构之间的协同效应，推动资源共享和优势互补，有效提升共建国家的科技创新能力。

目前，科技部正在积极打造一批表现优越、旗舰领航的“一带一路”联合实验室，促进高水平科学研究和产业前沿共性关键技术研发，推动与共建国家科研机构建立长期稳定的伙伴关系，促进科学技术转移和相关产业的发展。

（三）技术转移合作

近年来，我国在与“一带一路”共建国家的技术转移合作中取得了长足进步，持续深入开展合作，对深化与共建国家科技伙伴关系，推动更多创新

① 曲如晓，杨修．持续深化共建“一带一路”科技人文交流［EB/OL］. 光明思想理论网，(2022-02-15)［2024-06-29］. https://lilunhao.gmw.cn/2022-02/15/content_35518340.htm.

成果落地见效，促进“一带一路”建设高质量发展具有重要作用。

为促进技术转移和推动“产、学、研”一体化，科技部于 2016 年 6 月成立了“一带一路”技术转移协作网络，旨在借助科技伙伴计划提升参与国家的科创实力，进而带动区域内经济的持续增长与高质量发展。目前，中国建设了 5 大区域性技术转移合作平台，依托这些平台的支持，中国与“一带一路”共建国家在技术成果转移转化、联合研发等方面，实现了越来越多的从无到有的突破。

此外，在联合国南南合作框架下，总部位于上海的“技术转移南南合作中心”得以建立，通过搭建技术转移平台和数据库，精准对接技术需求与供给，发挥其在国际技术转移和产业投资合作方面的优势，形成了国际化的科技创新成果发现、项目储备对接和跟踪服务机制。目前，“一带一路”技术转移网络已基本形成，推动了一大批先进适用技术走出国门，受到“一带一路”共建国家的广泛欢迎。

（四）科技园区建设

科技园区是集聚创新要素、高新技术企业和人才，推动产业结构变革的关键平台，是科技创新与产业化的主要实现方式。自“一带一路”倡议提出以来，中国全面加大对外科技合作力度，并把科技园区建设作为推进合作的一个重要方面。

目前，中国海外科技合作特色园区正逐步发挥桥梁作用，促进中国开拓境外市场和国际企业合作网络及价值链的构建。中国已与埃及、蒙古国、泰国等 8 个国家探讨建立了国家级科技园区合作关系，通过共建创新园、孵化器、加速器和创新中心等方式，在农业、医疗健康、新材料、新能源、环境保护等领域开展科技园区合作 20 余项，实现互惠共赢发展。①

科技园区合作成为新的亮点和“国际名片”。中国通过建设高新区或科技园区的方式汇聚创新要素、促进经济增长的做法成为相关国家关注的兴趣点，目前已有多个亚非共建国家明确提出开展科技园区合作的需求，将在科技园

① 李洋．科技园区合作之花绽放“一带一路”［EB/OL］．工业和信息化部火炬高技术产业开发中心，（2022-05-03）［2024-06-29］．http：//www.chinatorch.gov.cn/kjb/dfdt/201905/3eceeac643ef4bb0bb4108eebf40d440.shtml.

区建设、产业合作、引导企业入驻等各方面开展广泛合作，发挥科技园区的引领示范和集聚辐射作用，促进科技与产业深度融合。

第三节 "一带一路"数字丝绸之路

一、数字丝绸之路的提出背景与内涵

数字丝绸之路是在全球化日益深入的数字经济时代背景下提出的，是中国在推动全球共同发展方面的重要倡议。这一构想强调通过加强在数字基础设施、数字技术等领域的合作，实现共建国家的经济繁荣和互利共赢。具体来说，数字丝绸之路是数字基础设施、数字技术与"一带一路"倡议的有机结合，旨在促进共建国家数字经济的快速发展，提升国际竞争力和影响力。

（一）数字丝绸之路的提出背景

信息技术和人工智能在21世纪迅猛发展，进展已超越全球预期，数字信息基础设施相关建设进程加快，信息化时代悄然来临。中国、美国、欧盟等国和地区积极制定政策以迎接新的挑战和机遇。在21世纪初，G8（八国集团）组织联合签署了《全球信息社会冲绳宪章》，[①] 信息和通信技术发展已被视为关键策略，成为社会发展最重要的动力之一，驱动着全球经济增长。中国政府强调产业升级迫在眉睫，以新理念、新技术解决各类实体企业关切的问题是目前重点关注问题。随着"一带一路"倡议顺利推进，政府制定一系列政策以促进制造业发展。通过"互联网+"推动工业变革，加速产业发展，推进制造业信息化。中国政府陆续推出各项政策促进产业信息化，以实现制造业等行业的数字化转型。

数字丝绸之路建设涵盖面广泛，包括增大宽带使用范围和规模、提升宽带运行速度和质量、倡导透明数字经济政策、推进国际数字标准化合作等，加强各国之间的互信合作，尊重各国独立发展权利，促进数字经济的发展和

① 黄黎洪．中国建设数字丝绸之路与数字化时代全球治理的变革研究［J］．电子政务，2019（10）：56-67.

可持续增长的实现。

（二）数字丝绸之路的内涵

“数字丝绸之路”是新时代下以数字经济为主导的全新经济形态。这一倡议，着眼于全球范围内的数字经济发展，力求通过技术的力量，将互联网、智慧城市、远程医疗、在线教育等多个领域紧密地联系在一起，共同推动全球经济的数字化转型。在“数字丝绸之路”的框架下，各国将携手共建“互联互通”的信息通信技术基础设施，以确保数据和信息的高效、安全流通。云计算、物联网、大数据和人工智能等新兴技术将在这里得到广泛应用，智慧城市的建设将迈入新的阶段，城市管理更加智能、高效；远程医疗和在线教育将打破地域限制，使更多人享受优质的医疗和教育资源；在线旅游和网络游戏等新兴产业也将蓬勃发展，为人们的生活带来更多乐趣和便利。此外，“数字丝绸之路”还注重网络安全和电子政务的建设，致力于构建一个安全、可靠、高效的数字环境。各国将共同应对网络安全挑战，加强信息保护，确保数据的完整性和安全性。同时，电子政务的推广将提高政府工作效率，增强政府服务的透明度和便捷性。通过“数字丝绸之路”的建设，各国将实现互惠往来，共同分享数字经济的红利。这一倡议不仅促进了共建国家的经济发展，更为全球数字体系的建设注入了新的活力。在包容与公正的原则下，各国将共同构建一个全球数字体系，推动人类命运共同体的繁荣和可持续发展。

二、数字丝绸之路的主要建设内容与核心要素

（一）数字丝绸之路的主要建设内容

1. 数字基础设施建设

推动信息网络基础设施发展是当前数字丝绸之路建设的重要方向之一。在沿线地区加速部署新一代通信基础设施，如 5G 千兆光纤网络、IPv6、移动物联网等，[①] 有助于提升通信网络的速度、稳定性和覆盖范围，为数字经济发

① 张旭娜，南士敬，卢山冰．数字经济与制造业企业创新——基于企业生命周期理论的检验［J］. 商业研究，2023（2）：81-89.

展创造更加稳固的基础。5G技术的商业化将推动各行业数字化转型，促进产业升级和创新，为经济发展注入新动力。在数字经济时代，数据资产的价值日益凸显。探索建立数据资产标准规范将为数据资产的有效利用和交易提供制度保障，促进数据资源的共享和流通，推动数字经济的发展。

第一，推动算力等新技术基础设施发展。云计算、大数据、物联网、人工智能、5G、区块链等新技术基础设施的建设是关键。建设面向"一带一路"的边缘计算、云计算、超级计算协同的多层次计算体系，可以提高数据处理和计算的效率，为各种应用场景提供更好的支持。构建存储多元、算力开放、算法多样的存算一体化基础设施，为不同行业的需求提供灵活的支持，促进各种应用场景的创新和发展。为云办公等新型工作方式提供网络支持，为各种新兴产业的发展提供技术支撑，推动这些新技术基础设施的发展，促进数字丝绸之路建设的目标实现，推动各国数字经济的发展和合作。

第二，推动数字化转型。在运营管理方面，数字化转型可以提高飞机、铁路、公路等运输方式的效率和安全性，从而为人们提供更加便捷的交通服务。实现新旧基础设施的高效融合迭代，将数字技术与传统基础设施相结合，使其更好地满足社会需求。软硬件协同配合也是数字化转型的重要目标之一，通过数字技术的应用，可以实现不同系统、设备的无缝衔接和协同作业，提升整个基础设施的管理和运行效率。

第三，推动整体规划和发展。兼顾安全要求，践行数字安全理念。数字化时代的发展，使其越来越依赖于数字网络空间，因此需要在数字网络空间中加强对信息安全的保障能力。建立数字网络空间安全实验场地，以进行各种安全性测试和攻防演练，提升信息安全防御和响应能力。在"一带一路"倡议下，数字基础设施的建设也日益加强。通过建立预警机制、安全评估、协同应急等措施，加强数字基础设施的安全性和可靠性，确保数字化时代的信息交流和运营安全。

2. 数字贸易与电子商务

随着全球经济的飞速发展，数字贸易在国际贸易中占据重要地位，不仅代表了国际贸易的新模式和新业态，更在深层次上重塑全球价值链的构成，推动跨境贸易服务链的完善。数字贸易以其高效、便捷的特性，为国际贸易注入了新的活力，使得商品和服务的流通更加顺畅，促进了全球经济的互联互通。然而，尽管数字贸易的潜力和价值得到了广泛认可，但其合作机制和规则体系却仍处于起步阶段。这意味着在数字贸易的推进过程中，各国需要共同探索、协商和制定一套公平、透明、可操作的国际规则，以确保数字贸易的健康发展。正是在这样的背景下，中国提出了“丝绸之路经济带”和“21 世纪海上丝绸之路”的合作倡议，即“一带一路”倡议。这一倡议旨在通过加强国际合作，共同建设互联互通的基础设施，促进贸易和投资自由化便利化，推动共建国家的经济繁荣和共同发展。①

加快数字贸易和跨境电商领域的发展需要采取积极措施。首先，推进针对共建“一带一路”共建国家和地区的数据处理等服务外包业务是一个重要方向，有助于加强各国之间的贸易联系和信息交流，并促进数字化时代的全球经济合作。其次，加速构建面向“一带一路”的跨境电子商务综合试验区，打造跨境电子商务综合服务平台，实现线上线下一体化连接。最后，积极融入全球电子商务新模式、新规则、新标准，不断完善数字贸易平台建设和跨境电商国际协作。通过上述措施的落实，将推动数字贸易和跨境电商发展，为更好地适应数字经济时代作出贡献。

3. 数字产业化与产业数字化

数字产业化是指将数字技术应用于传统实体经济的各个领域，以推动数字经济的发展。② 其中，数据工业化、数据商业化和数据市场化是数字产业化的三大要素。数据工业化是指将数据转化为可供使用的生产力，数据商业化是将数据转化为具有商业价值的产品或服务，而数据市场化是将数据变成真正的商品并进行交换和流通。因此，在数字产业化中，需要将数字资源加工、打磨成具有高附加值的产品，并通过数字技术手段进行市场营销和推广，以实现数字经济的持续发展和产业的智能升级。数字产业化对于提高经济效益和推动产业升级具有极其重要的意义，它能够促进各产业间的融合和互联，同时也能够推动全球数字经济的发展。

产业数字化是指通过数字技术的应用，对传统工业生产进行全面升级，

① 梅亚川．周中华：把握新机遇，释放“一带一路”数字贸易巨大潜力［EB/OL］. 人民数据，(2020-07-29)［2024-06-29］. https：//www. peopledata. com. cn/html/NEWS/Dynamics/950. html.

② 任保平．新发展格局下“数字丝绸之路”推动高水平对外开放的框架与路径［J］. 陕西师范大学学报（哲学社会科学版），2022，51（6）：57-66.

以提高生产效率和质量，实现数字经济与实体经济的深度融合。在这一过程中，加强与共建国家和地区的联动创新尤为重要，只有充分合作，才能实现共同发展。利用先进的数字技术和工业软件，优化生产工艺，开发增材制造技术，是突破传统减材制造技术的重要手段。这样不仅可以提高传统产业的智能化水平，也为数字经济的发展打下了坚实的基础，实现实体经济的更高质量、更高效益、更可持续发展。

4. 数字规则体系与数字安全发展

数字丝绸之路是“一带一路”倡议的重要组成部分，数字贸易规则体系的创建对实现数字丝绸之路的目标至关重要。在这个过程中，国家发挥自己在全球经贸合作中最有价值的贡献，即原创性和个性化的理念创新以及思想创造，将有助于实现数字丝绸之路的可持续发展。

首先，利用自由贸易试验区和中国特色自由贸易港的探索先行作用，在数据跨境流动等领域找到适合发展中国家和共建国家实际情况的开放合作模式，促进国内法与国际法的有机衔接。国家应积极参与规则制定和创新，为数字丝绸之路的发展提供更好的法律保障。数字丝绸之路正呈现出前所未有的发展机遇，国家需要充分利用这一机遇，积极推动数字贸易规则体系的建立，推进数字贸易的创新发展，促进经济全球化的稳步前进。

其次，政府等公共机构需要承担起重要责任，首要的就是提升软件安全水平。软件作为信息生态系统中的关键组成部分，其安全性直接关系到整个系统的稳定运行。政府需要制定更为严格的安全管理标准，确保软件从开发到使用的每一个环节都符合安全要求，从源头上降低安全风险。一方面，要加强监管，规范市场秩序，防止资本无序扩张，避免数字经济成为资本的“游乐场”。另一方面，要强化反垄断措施，防止大型企业利用市场优势地位进行不正当竞争，损害消费者和其他企业的利益。

最后，建立稳固安全的软硬件信息生态系统，加强软件安全管理和互联网基础设施的本土化发展，规范数字经济发展，防范相关风险，确保数字经济健康、有序、可持续发展。政府需要制定更加完善的数字经济监管制度，落实相关法律法规，创造良好的市场环境和监管机制，[①] 从而确保数字经济健康有序地发展，更好地服务于人类社会的进步和发展。

（二）数字丝绸之路的核心要素

“新技术”是数字丝绸之路的关键。[②] 近年来，中国科技发展出现井喷。与发达国家相比，部分领域已经实现从跟跑到并跑甚至领跑，不断涌现的重大科技成果为实现高质量发展提供了强有力的科技支撑，推动引领高质量发展取得新成效。

“新业态”是数字丝绸之路的成果。正将“一带一路”沿线及相关国家紧密连接在一起，形成一幅宏伟的数字经济合作蓝图。数字经济时代与共建“一带一路”倡议的完美结合，旨在通过加强在前沿领域（如人工智能和量子计算等）的合作，推动数字基础设施的建设和互联互通。这种新业态不仅促进了中国数字经济的蓬勃发展，更让相关国家共享了这一巨大红利。

“新模式”是数字丝绸之路的经验。数字中国的崛起已引起全球关注，中国乐于与世界分享数字化转型的成功经验。截至 2019 年 4 月底，中国已与 8 个国家的 15 家企业就 8 个新签约合作项目进行了文本交换。

“新增长”是数字丝绸之路的红利。中国已与 16 个国家签署了数字丝绸之路建设合作谅解备忘录，与 7 个国家共同发起《“一带一路”数字经济国际合作倡议》，与 17 个共建“一带一路”国家建立了双边电商合作机制，与“一带一路”共建国家建成超过 30 条跨境陆缆、10 余条国际海缆。近年来，在共建“一带一路”国家的共同努力下，数字丝绸之路从理念化为行动，从远景转变为现实。

三、数字丝绸之路的实践进展与案例分析

（一）数字丝绸之路的国际合作进展

1. 数字基础设施不断完善

“一带一路”倡议自提出以来，基础设施互联互通一直是其合作的核心与

---

① 市政府关于印发南京市数字经济发展三年行动计划（2020—2022 年）的通知［EB/OL］. 南京市人民政府，https：//www. nanjing. gov. cn/zdgk/202005/t20200511_ 1871923. html.

② 刘坤．“数字丝绸之路”，共建共赢共享［N］. 光明日报，2017-06-07（5）.

优先领域。中国与参与“一带一路”建设的国家携手合作，共同完成了超过3000个合作项目，其中，高达70%的项目集中在基础设施的“硬联通”领域，这充分体现了双方在基础设施建设方面的深度合作与巨大投入。

首先，随着这些项目的推进，“六廊六路①”“多国多港”的互联互通架构已经基本形成，这不仅涵盖了陆地、海运、航空等传统交通方式的基础设施，还包括了空间综合信息网络等前沿科技领域。这一架构的搭建，为“一带一路”建设提供了坚实的硬件支撑，也为共建国家的经济发展和民生改善注入了强劲动力。

其次，中国还加强了在新型基础设施建设方面的投入，特别是在数字基础设施领域。通过建设陆地光缆网络、亚欧洲际海底通信电缆等重大项目，中国不仅提升了自身在数字通信领域的技术水平，也显著增强了与共建国家的数字经济合作能力。这些数字基础设施的建设，不仅促进了数据的高效传输和共享，也为双方在云计算、大数据、人工智能等领域的深度合作打下了坚实基础。目前中国已建成了全球规模最大的5G和千兆宽带网络。这一成就不仅体现了中国在通信技术领域②的领先地位，也实现了与共建国家的网络共建共享。通过这一网络，中国与“一带一路”共建国家之间的信息交流和资源共享变得更加便捷高效，有力推动了网络“大联接”的形成。

最后，中国的北斗卫星导航系统也在全球范围内得到了广泛应用。该系统不仅为包括“一带一路”共建国家在内的全球用户提供了高精度定位、导航和授时服务，还推动了智慧交通、智慧农业、智慧矿业和智慧城市等领域的发展。北斗系统的应用不仅提升了这些领域的智能化水平，也为共建国家带来了巨大的经济效益和社会效益。

2. “软联通”为数字丝路建设保驾护航

在推动数字丝绸之路建设的伟大征程中，我国展现了坚定的决心和务实的行动。制度建设是推动数字经济发展的基石，因此从多个维度出发——包括制度共建、开放、对标和参与——国家积极加快制度建设的步伐。

---

① 刘亮.“互联互通”走深走实拓展国际合作新空间［EB/OL］. 央视网，（2022-02-24）［2024-06-29］. https：//news. cctv. com/2022/02/24/ARTIKxJlT3A9XLUz1ZwvYWrq220224. shtml.

② 杨洁. 中国移动启动移动信息现代产业链共链行动［EB/OL］. 中证网，（2023-10-13）［2024-06-29］. https：//www. cs. com. cn/ssgs/gsxw/202310/t20231013_ 6370414. html.

首先，在制度共建方面，注重与各国之间的深度合作，共同构建符合各方利益的制度框架，以实现制度规则层面的“软联通”。这种“软联通”不仅有助于各国在数字经济领域形成共识，还能为数字经济的发展提供坚实的制度性保障。

其次，在制度开放方面，秉持开放包容的态度，积极参与国际合作，推动数字经济的全球化发展。发起并推动了《全球数据安全倡议》等一系列国际合作倡议，旨在加强各国在数据安全领域的合作与交流，共同应对数据安全挑战。同时，牵头制定了《跨境电商标准框架》等文件，为跨境电商的发展提供了规范指导。

最后，在制度对标方面，紧跟国际趋势，对标国际标准，不断提升我国数字经济的国际竞争力。主动对接国际高标准，推动制度型开放，为数字经济的发展营造更加开放、包容的国际环境。具体如表 3-1 所示。

表 3-1　数字丝绸之路制度层面建设类型

项目	主要做法	合作内容与表现形式
制度共建	与 30 个国家建立双边电子商务合作机制；与 18 个国家签署数字经济投资合作备忘录。与相关国家发起《“一带一路”数字经济国际合作北京倡议》等	政策沟通、规划对接，探讨数字经济相关合作领域；聚焦数字互联互通，为“一带一路”数字经济发展筑基，提供制度动力；一批数字企业成功“出海”
制度开放	设立 21 个自贸试验区和海南自由贸易港，作为开放高地，引领高水平对外开放，形成了覆盖东西南北中的试点格局	已签署的自贸协定中，由 10 个协定设置了电子商务或数字经济专享，数字经济国际合作伙伴国家不断增加
制度对标	加入《二十国集团数字经济发展与合作倡议》；对接《区域全面经济伙伴关系协定》等	鉴于全球共识，在“一带一路”重点区域积极搭建双边电子商务合作机制体系；参照 RCEP 数据流动的便利化原则，形成国际创新数据产业集群；在金融信息的安全传输与处理，在支付与清算上加强数字金融改革，对标数字服务贸易等，助力我国数字经济规则进一步向 CPTPP/DEPA 等国际规则看齐
制度参与	积极启动《全面与进步跨太平洋伙伴关系协定》、《数字经济伙伴关系协定》（DEPA）等高标准国际经贸协定申请程序	上海自贸试验区先行先试，对标国际规则，打造中国样本

资料来源：作者根据中国一带一路网相关内容整理。

3. “丝路电商”蓬勃发展

《电子商务“十三五”发展规划》中对于构建“网上丝绸之路”、推进“网上丝绸之路”经济合作试验区建设提出任务要求。中国与“一带一路”共建国家电商已遍布全球五大洲所有规模化跨境电商平台，形成输出强大的商业模式。

首先，随着“一带一路”倡议的深入推进，中国成功地将跨境电商平台扩展至全球五大洲，与众多“一带一路”共建国家的电商平台建立了广泛的合作关系。这种合作模式不仅促进了商品和服务的全球流通，还共同打造了一个贯通全球的网络市场，极大地推动了国际贸易的便利化。① 中国跨境电商平台在此过程中发挥了举足轻重的作用。不仅输出了物美价廉的中国制造商品，还输出了先进的商业模式和经营理念。例如，阿里巴巴、拼多多、抖音、京东等中国大型跨境电商平台在全球范围内均享有显著的影响力和市场布局。这些平台凭借强大的技术实力和创新能力，为全球消费者提供了丰富的商品选择和便捷的购物体验。

其次，在非洲和欧洲市场，中国电商的表现尤为突出。在非洲，TospinoMall 作为中国的互联网企业自主研发的跨境电商平台，凭借其独特的商业模式和本土化策略，迅速赢得了当地市场的认可。仅用一年半，TospinoMall 就在加纳市场占据了 70%的市场份额，成为中国电商在非洲市场的佼佼者。在欧洲市场，亚马逊欧洲站则成为中国卖家的重要舞台。据统计，亚马逊欧洲站（包括西班牙站、意大利站、法国站、英国站、德国站）的卖家中，中国卖家占比高达 41%。在欧洲亚马逊 TOP10000 卖家中，中国卖家更是占据了 42%的比例。此外，欧洲最大的跨境电商平台 Allegro 也吸引了大量中国商家入驻，共同推动了中欧跨境电商的繁荣发展。

最后，“一带一路”共建国家的大量卖家也开始纷纷入驻中国电商平台。他们通过 B2C 零售模式将本国的特色商品和优质服务引入中国市场，进一步丰富了中国消费者的选择。这种“引进来”的策略不仅为“一带一路”共建国家的卖家提供了广阔的市场空间和发展机遇，还为中国电商平台注入了新的活力。随着这一策略的不断推进和深化，相信未来丝路电商将展现出更加巨大的潜力

① 武红利．“两区”建设：为国家试制度［J］. 北京观察，2022（10）：22-23.

和活力。

（二）典型国家与地区的实践案例分析

1. 中非数字经济合作

（1）案例背景

近年来，中国国际发展合作的步伐不断加快，合作规模呈稳步增长的态势。随着全球经济格局的深刻变革，中国将更多的合作资源和精力投向了亚洲和非洲的欠发达国家和地区，以及那些积极响应“一带一路”倡议的发展中国家和地区。这些国家和地区，作为中国国际发展合作的重要伙伴，共同承载了促进区域繁荣、实现共同发展的美好愿景。基于这些共同的政治基础、优势和发展诉求，中非两国在数字经济领域的合作不断深化，实现了数字化转型的合作共赢。双方通过共建数字基础设施、推动数字经济创新发展、加强数字人才培养等方式，共同推动了非洲数字经济的快速发展。同时，中国的技术和资金优势也为非洲国家实现数字化转型提供了有力支持，为双方实现共同发展、互利共赢注入了新的动力。

①政治基础。

中国作为非洲的重要合作伙伴，已与 24 个非洲国家建立了战略伙伴或全面合作伙伴关系。[①] 这一关系的建立，进一步巩固了中非之间的友谊，为双方的合作提供了更加广阔的空间。同时，中国还与 44 个非洲国家和非盟委员会签署了共建“一带一路”合作协议，占与中国签署“一带一路”合作协议国家总数的 1/3，充分显示了中非在“一带一路”倡议下的紧密合作关系。

中非合作论坛作为中非集体对话的重要机制，自 2000 年成立以来，一直发挥着举足轻重的作用。论坛现已成为中非共建“一带一路”的核心平台，通过定期举办会议、交流经验、探讨合作，推动了中非之间的合作不断向前发展。论坛的推动不仅促进了双方在经贸领域的合作，还推动了双方在政治、文化、教育等多领域的交流与合作，使中非关系更加紧密。特别是 2019 年 9 月召开的中非论坛北京峰会，为中非关系注入了新的活力。峰会强调了支持非洲国家参与“一带一路”建设的重要性，并提出加强与非洲各层面的发展战略对接，推

① 张颖，夏福渭．中国与非洲发展模式的对接［J］. 现代国际关系 . 2020（12）：51-58，34，60.

动双方在更高层次开展全方位互利合作。这一举措为中非关系的未来发展指明了方向，也为双方的合作注入了新的动力。

②中国数字经济发展优势。

近年来，中国数字经济呈现出蓬勃发展的态势，其规模不断扩大，成为国民经济中不可或缺的支柱。这种增长不仅显著提升了国民经济的增长贡献率，更成为推动我国经济向高质量发展转型的关键动力。随着中国数字经济的飞速发展，其在国内生产总值中的比重也在逐年攀升，[①] 预计到2023年，中国数字经济将与国民经济紧密相连，占据超过一半的GDP份额。中国作为全球最大的网民和年轻移动消费人口聚集的国家，拥有庞大的市场需求和无限的潜力。

同时，中国还构建了活跃的数字化投资与创业生态系统，吸引了全球的目光。在这个系统中，电子商务市场尤为突出，以其便捷的购物体验和丰富的商品选择，成为全球最大的电子商务市场。而跨境零售进出口市场也实现了高速增长，为中国企业提供了更广阔的国际发展空间。在数字经济快速发展的浪潮中，中国培育出了一批具有全球竞争力的企业。这些企业在市值和营收方面均表现出色，成为中国数字经济的领军企业。然而，随着市场的逐渐饱和及竞争的加剧，互联网企业虽然涉及的领域越来越多元化，但总体的增长速度开始放缓。互联网市场逐渐呈现出“两超多强”的行业格局，即少数几家巨头企业占据市场主导地位，而其他企业努力寻找突破口。面对国内激烈的市场竞争，中国互联网企业急需寻找新的发展模式和增长点。在这个关键时刻，把目光投向非洲市场，用好数字变革的机遇和自身优势，成为一个双赢的有益尝试。

非洲作为一个充满活力和潜力的新兴市场，与中国在数字经济领域具有广阔的合作空间。中国互联网企业可以利用自身的技术优势和经验积累，为非洲市场提供定制化的解决方案和服务，帮助非洲国家实现数字化转型和经济发展。同时，非洲市场也将为中国互联网企业带来新的发展机遇和增长点，进一步推动中国数字经济的繁荣和发展。

---

① （俄）拉希德·阿利莫夫．数字丝绸之路潜力无限［EB/OL］．人民网，（2020-10-20）［2024-06-29］．http：//world. people. com. cn/n1/2020/1020/c1002-31899166. html.

③非洲数字经济发展的诉求。

非洲大陆，作为世界上拥有巨大潜力和丰富资源的地区，正面临着前所未有的发展机遇。要实现真正的“跨越式”发展，非洲必须紧跟全球数字化转型的浪潮，建立现代数字系统则是这一过程中的核心所在。然而，这一目标的实现并非易事，它要求非洲不仅掌握先进的技术知识，还具备现代商业和管理技能，以有效整合和运用这些资源。在这方面，中国为非洲提供了宝贵的经验借鉴。作为一个发展中国家，中国在数字经济领域实现了跨越式发展，特别是在电子商务和互联网金融两大领域取得了显著成就。通过深入了解消费者需求，解决了一系列消费痛点（如支付不便、物流效率低下等），为数字经济发展奠定了坚实基础。同时，中国政府在数字经济发展初期给予了大力支持，提供了宽松的政策环境，为企业的创新和发展提供了有力保障。非洲与中国在数字经济发展初期的情况存在诸多相似之处。许多非洲国家面临着传统金融不发达、成本高昂等问题，难以满足民众日益增长的数字生活需求。因此，非洲可以借鉴中国在电子商务和互联网金融领域的成功经验，结合本地实际情况，探索适合自己的发展路径。具体而言，非洲国家可以通过加强与中国在数字经济领域的合作，引进先进的技术和管理经验，提升自身的发展能力。同时，非洲国家还可以利用“一带一路”倡议提供的机遇，加强与共建国家的经贸合作，共同推动数字经济的繁荣发展。此外，非洲国家还可以借鉴中国政府在数字经济发展初期给予的支持和监管上的宽松政策，为本地企业的创新和发展提供有力保障。

（2）案例内容

在全球化日益深入的今天，中非之间的合作与交流已经超越了传统的经济、政治领域，正逐步向数字化、信息化时代迈进。数字基础设施的建设、电子商务的发展以及产业对接与自贸区构建等新型合作模式，不仅为中非双方提供了新的发展机遇，也标志着全球经济发展进入了一个新的阶段。面对这一变革，中非双方应携手共进，充分利用数字技术推动经济社会进步，实现共同繁荣与发展。

①推动数字基础设施建设合作。

中国作为全球经济和技术发展的领军者，一直在积极推动与非洲国家的合作，特别是在数字基础设施建设领域。中国的先进技术和丰富的经验为非洲的数字发展注入了强大动力。通过持续的基础设施投资，中国不仅帮助非洲国家构建了完善的交通网络和电力供应系统，还在电信基础设施方面发挥了关键作用。非洲基础设施联盟的数据显示，中国在非洲的基础设施投资占据了显著份额，这些投资对于支持非洲的经济增长和减贫工作至关重要。中国的投入主要集中在运输、电力和电信三大领域，为非洲国家的基础设施建设提供了坚实的支撑。在电信领域，中国通信设备企业如中兴、华为等通过“一带一路”倡议，深入非洲市场，与当地通信运营商建立了紧密的合作关系。这些企业不仅为非洲国家提供了高质量的4G和5G基础设施，通过技术创新和优质服务，推动了非洲通信产业的快速发展。例如，在摩洛哥，华为与当地运营商合作，率先实现了5G网络的全覆盖，为当地居民和企业提供了更加便捷和高效的通信服务。此外，中国企业还在移动支付等数字服务领域取得了显著进展，为非洲市场带来了全新的支付体验。中国移动通信设备制造商如华为、传音、OPPO、小米等也在非洲市场取得了巨大成功，它们的产品占据了非洲移动通信设备市场的重要份额。这些企业不仅为非洲居民提供了丰富多样的手机选择，还通过移动支付等创新应用，满足了非洲人民对于数字化生活的需求。

中国对非洲数字基础设施的支持不仅体现在技术和资金上，更体现在对非洲国家经济社会发展的长远贡献上。通过推动非洲数字基础设施的建设，中国不仅加速了非洲的经济增长和减贫进程，还为非洲国家融入全球数字经济体系创造了有利条件。同时，这也为中国企业拓展海外市场、推动人民币国际化进程提供了重要机遇。

②开展产业对接与自贸区建设。

随着全球经济逐渐步入数字经济时代，数字化和网络化已成为引领行业变革的重要驱动力。在这一时代背景下，传统行业正以前所未有的速度向数字化和网络化转型，以适应快速发展的市场需求和技术变革。作为全球经济合作的重要一环，中非双方共同推进的“数字丝绸之路”建设，不仅为非洲国家带来了前所未有的发展机遇，也为中国企业提供了更广阔的市场空间。中非“数字丝绸之路”的建设，推动了非洲新兴产业的蓬勃发展。通过引进中国先进的数字技术和网络应用，非洲国家得以在科技、信息、通信等领域取得显著进步，形成了一批具有竞争力的新兴产业。同时，这一进程也促进了非洲传统产业的转型升级，帮助它们实现更高效、更智能的生产和管理方式，从而提高了整体产业的竞争力和可持续发展能力。

在推动非洲经济发展的过程中，中非双方注重实现包容性增长和可持续发展。通过共建产业园区和工业园区，中非双方为非洲国家提供了重要的基础设施和生产平台，促进了当地经济的快速增长。同时，中非双方还设立了技术转移局，加强了在创新和孵化领域的合作，为非洲培养了一批高素质的技术人才和创业团队，进一步推动了非洲的创新发展。在湖南自贸试验区，中非经贸深度合作先行区的建立为中非产业对接提供了重要平台。这一区域不仅吸引了大量中资企业的入驻，还为中非双方提供了政策咨询、人才培养等全方位的服务支持。中非经贸创新示范园和中非跨境人民币中心的设立，进一步促进了中非双方在经贸领域的深度合作，为双方企业提供了更加便捷、高效的合作渠道。

③发展跨境电子商务。

非洲的电子商务正在经历一场前所未有的繁荣和变革。这一领域不仅涵盖了多种商业模式，如企业对企业（B2B）、企业对消费者（B2C）、消费者对消费者（C2C）以及线上线下结合（O2O）等，而且涌现出了大量的电子商务初创企业。据统计，目前在非洲大陆已有 264 家这样的初创企业在 23 个国家内蓬勃发展，它们正在改变着非洲的商业格局。电子商务的崛起预计将极大地推动非洲的包容性增长。通过为更多人提供便捷的在线购物和销售渠道，电子商务不仅促进了商品的流通，还创造了大量的就业机会。预计到 2025 年，非洲的电子商务将创造高达 300 万个就业岗位，为当地经济的繁荣注入新的活力。

《非洲电子商务议程》作为行业指导，发挥了至关重要的作用。该议程致力于通过政策更新、互联互通提升、物流升级和数据管理等方面为非洲电子商务的持续发展提供支持。通过政策层面的引导和推动，非洲各国正在不断优化电子商务发展的环境，加强基础设施建设，提高物流效率，并加强数据保护和管理，为电子商务的健康发展提供了坚实的保障。与此同时，中国提出的“数字丝绸之路”倡议也为中非双方在电子商务领域的合作提供了广阔的空间。作为中国电子商务的领军企业，阿里巴巴等平台在中非电子商务交易中发挥了重要作用。根据阿里巴巴等平台的数据，中非之间的电子商务交易增长显著，尤其在商品进口、买家数量和对非出口商品成交方面取得了显著的成果。值得一提的是，新冠疫情期间，中非跨境电商平台业务量大幅增长。面对疫情带来的挑战和机遇，中非双方通过跨境电商平台开展业务合作，实现了商品和服务的顺畅流通。中国通过中国国际进口博览会、中国进出口商品交易会（广交会）等“云推介”活动，吸引了众多非洲采购商和企业家参与互动和交流，加快了非洲商品通过跨境电商进入中国市场的步伐。这不仅有助于缓解非洲商品的销售压力，也为中非双方的经济合作带来了新的机遇和动力。

（3）案例分析

在全球数字化浪潮的汹涌澎湃中，数字经济正以其独特的魅力引领着全球经济的未来发展方向。同时，中国的“一带一路”倡议也在高质量地推进，为世界经济的发展注入了新的活力。

非洲，作为世界上最具发展潜力的地区之一，正面临着数字化转型的迫切需求。其巨大的市场潜力和人口红利，为数字经济的发展提供了广阔的舞台。然而，非洲在数字基础设施、技术经验和数字素养等方面仍存在不足，这成为制约其数字经济发展的重要因素。因此，中非共建“数字丝绸之路”与数字经济合作成为非洲跨越式发展的重要机遇。

中非数字经济合作不仅具有坚实的政治经济基础，而且承载着双方共同的发展愿景。在这一合作中，中国将充分发挥其在技术、资金、经验等方面的优势，为非洲提供数字基础设施建设、技术转移、产业对接等全方位的支持。同时，非洲也将利用其人口红利、市场潜力等方面的优势，为中国企业拓展非洲市场提供广阔的空间。然而，中非数字经济合作也面临着多重挑战。外部意识形态与技术限制、非洲内部数字治理与网络安全问题、中资企业在非洲的营商环境等都是需要双方共同面对和解决的难题。为了克服这些挑战，中非双方正聚焦于数字化“五通”，即发展战略对接、基础设施与服务平台建设、产业对接、自贸区建设以及数字技能提升等方面，努力构建更加包容的数字贸易与投资体系。

第一，在发展战略对接方面，中非双方将加强政策沟通和战略规划，确保双方数字经济合作能够顺应时代潮流、符合各自发展需求。

第二，在基础设施与服务平台建设方面，中国将加大对非洲数字基础设施建设的投资力度，提升非洲数字化水平。同时，双方还将共同打造数字服务平台，为非洲企业提供更加便捷、高效的数字化服务。

第三，在产业对接方面，中非双方将加强在数字经济领域的产业合作，推动技术转移和产业升级。中国将鼓励国内企业到非洲投资兴业，同时引导非洲企业参与中国数字经济发展。双方还将加强在跨境电商、金融科技等领域的合作，共同推动中非数字经济合作向更高层次发展。

第四，在自贸区建设方面，中非双方将积极推动自贸区建设，打造高质量的自贸区网络。通过自贸区建设，中非双方将进一步降低贸易壁垒、优化营商环境、促进贸易自由化便利化。同时，自贸区还将为跨境电子商务等新型贸易方式提供政策优惠和便利条件。

第五，在数字技能提升方面，中非双方将加强在数字人才培养和技能培训方面的合作。中国将向非洲提供数字技能培训资源和技术支持，帮助非洲提升数字素养和创新能力。同时，非洲也将加大在数字教育领域的投入和改革力度，培养更多具有数字化思维和技能的人才。

随着中国“十四五”规划和新一届中非合作论坛会议的推进，中非数字经济合作将迎来新的发展机遇。双方将进一步加强政策沟通、战略对接和务实合作，推动中非数字经济合作向更高水平、更深层次发展。通过中非数字经济合作，双方将共同构建“中非利益共同体”和“中非命运共同体”，为全球化包容性发展开辟新路径。①

2. 中国—乌兹别克斯坦共建“数字丝绸之路”

（1）案例背景

在当今世界，随着科技的迅猛发展，数字化已成为推动国家经济和社会进步的重要力量。对于乌兹别克斯坦来说，其数字化进程尚处于初步阶段，但这并没有阻止它迈向数字化时代的步伐。中乌两国之间的合作也并非一蹴而就，而是建立在深厚的历史文化基础之上。两国人民之间的友谊源远流长，这为双方的合作提供了坚实的文化支撑。同时，中国与乌兹别克斯坦两国在数字通信等科技合作领域展现出了强烈的互学互鉴愿望。

---

① 黄玉沛．中非共建“数字丝绸之路”：机遇、挑战与路径选择［J］．国际问题研究，2019（4）：50-63，137.

①合作基础。

自从中乌两国建立外交关系三十余年以来，两国在文化和教育等人文领域已经积累了深厚的合作基础。这种合作的深度和广度，正是两国长期友好关系的生动体现。在这个过程中，中国—乌兹别克斯坦友好协会和中国—中亚友好协会的成立，无疑为两国之间的友好关系注入了新的活力，使得双方的合作更加紧密和稳定。

在教育领域，孔子学院的建立成为中乌文化交流的重要桥梁。这些学院不仅为乌兹别克斯坦的学生提供了学习汉语和深入了解中国文化的机会，还为中国学生提供了学习乌兹别克语和了解中亚文化的平台。通过这种双向的文化交流，两国学生可以更好地了解彼此的文化和历史，从而增进彼此的友谊和互信。除了孔子学院，两国高校之间的合作协议和留学生交流项目也进一步推动了双方在教育领域的合作与交流。这些合作项目不仅为学生提供了更广阔的学习和交流平台，也为两国之间的教育合作提供了更多的可能性。通过这些项目，两国的学生可以互相学习、互相借鉴，共同提高，为两国的发展培养出更多具有国际化视野和跨文化交流能力的人才。随着合作的深入，青年一代的交往成为中乌友谊的重要推动力量。这些年轻人通过学习和交流，增进了对彼此国家和文化的了解和认同，也为两国人民世代友好奠定了坚实的基础。他们不仅是两国关系的未来，更是两国人民世代友好的希望。

②国际大环境。

在全球化的浪潮中，数字技术的迅猛发展正引领着一场深刻的变革。然而，与此同时，全球数字治理的进程却显得相对滞后，难以满足国家间日益增长的数字合作需求。当前，全球数字治理面临着安全、标准规则和治理机制等多方面的挑战，这些挑战对各国政治、经济和外交利益都产生了深远影响。

首先，随着数字转型的不断深化，数字合作已经超越了传统的经济范畴，涉及国家安全、社会稳定和网络安全等多个方面。网络安全问题日益凸显，不仅关系到个人隐私和数据安全，更直接关系到国家的政治稳定和经济发展。与此同时，知识产权和保密性等核心议题也成为数字合作中不可忽视的重要方面。因此，加强网络安全防范，保护国家核心利益，已成各国数字治理的紧迫任务。

其次，在数字法律、互联网物流、数字金融、信息通信等领域，各国的法律和标准规则尚不完善，尚未形成统一的国际规范和规则。这导致了各国在数字合作中面临诸多法律和政策障碍，增加了合作的复杂性和不确定性。为了推动全球数字治理的健康发展，各国需要加强沟通和协调，共同制定和完善国际规范和规则，为数字合作提供有力的法律保障。

最后，在数字时代，如何利用传统国家政策工具引导规制，以及如何联合非国家行为体共同应对威胁，成为各国面临的新课题和博弈环境。各国需要积极探索新的治理方式和方法，加强与非国家行为体的合作，共同应对数字时代带来的挑战和机遇。只有通过合作与共赢，才能推动全球数字治理的健康发展，为人类的未来发展创造更加美好的前景。

③供应链风险。

在全球经济日益紧密相连、相互融合的背景下，ICT（信息通信技术）供应链和产业链的管控已经逐渐演变为一个重大的地缘政治挑战。随着全球互融互通的深入发展，跨国公司凭借其在全球范围内的广泛布局和错综复杂的供应链网络，不仅实现了各国之间的紧密经济联系，更在无形中形成了一种基于利益纽带的相互依赖和相互作用关系。

与此同时，部分国家凭借其先进的技术优势和丰富的资源优势，成功控制了某一产业的全球供应链，形成了以自己为中心的全球供应链布局。这种布局不仅使这些国家在价值链的最高端占据了有利地位，掌握了更多的利润和话语权，同时也使得供应链上的其他国家面临巨大的供应链风险。一旦这些国家采取某些行动或政策，就可能对全球供应链造成重大影响，给其他国家带来经济损失和政治压力。

因此，在全球化的背景下，各国需要更加关注供应链的安全性和稳定性问题。为了应对供应链风险，各国需要加强国际合作，共同制定和完善全球供应链的管理规则和机制。同时，各国还需要加强技术研发和创新，提高本国在全球供应链中的竞争力和话语权。只有这样，才能确保全球供应链的顺畅运转，促进全球经济的繁荣和发展。

（2）案例内容

中国与乌兹别克斯坦在数字经济、安全合作和技术合作领域具有较强的互补性，国家间数字领域合作成果丰硕，未来的合作潜力巨大。

①数字经济合作：ICT 基础设施与数字商务。

乌兹别克斯坦近年来在数字经济领域展现出了令人瞩目的发展势头。其庞大的人口基数和丰富的交易数据为数字经济的蓬勃发展奠定了坚实的基础。同时，该国拥有一支年轻且活跃的数字产品用户群体，他们对新技术的接受能力强，愿意尝试和体验各种创新的数字产品和服务。这些用户不仅为乌兹别克斯坦的数字经济带来了巨大的市场需求，还成为推动数字经济发展的重要力量。除了用户群体的支持，乌兹别克斯坦还拥有一批具备快速掌握数字技术和推广能力的劳动力资源。这些劳动力在数字经济领域具有丰富的经验和技能，能够为数字经济的发展提供源源不断的动力。这些因素共同构成了乌兹别克斯坦数字经济发展的广泛社会基础和可持续发展潜力。

为了进一步加强数字经济的发展，乌兹别克斯坦积极参与了“数字丝绸之路”的建设。在“一带一路”倡议的框架下，中国与乌兹别克斯坦等中亚国家开展了深入的 ICT 合作。双方共同建设了跨境光纤网络，形成了数字走廊，为信息的快速传递和资源的有效配置提供了重要支持。这些合作不仅加强了中乌两国在通信和信息技术领域的联系，还为两国的数字经济发展带来了互利共赢的机遇。

华为和中兴通讯等中国企业作为 ICT 领域的领军企业，积极参与了乌兹别克斯坦的电信网络建设和数字化基础设施升级。这些企业通过引进先进的技术和解决方案，帮助乌兹别克斯坦提升了通信基础设施的覆盖面和质量，促进了数字经济的发展。华为在乌兹别克斯坦的本地化策略尤为成功，不仅为当地创造了大量就业机会，还推动了当地技术人才的培养和积累。乌兹别克斯坦对华为技术的广泛采用和认可，进一步证明了中乌两国在 ICT 领域合作的成功及其深远影响。

②数字安全合作：城市治理与网络空间。

乌兹别克斯坦总统米尔济约耶夫于 2017 年提出的“安全城市”（Safe City）计划，标志着该国在数字化转型道路上迈出了坚实的一步。该计划旨在通过先进的科技手段，实现国家安全和公共监督能力的全面提升，并以此为契机，推动地方经济关键部门的发展，实现全面的社会进步。

在“安全城市”计划的实施过程中，华为等中国企业发挥了重要作用。华为凭借其在全球范围内的技术实力和丰富的经验，直接参与了乌兹别克斯坦的智慧城市和平安城市的数字安全建设。通过合资企业等形式，华为与乌兹别克斯坦政府紧密合作，共同为当地提供了包括集中指挥中心、LTE（长期演进）统一通信网络、大数据分析中心等在内的多种先进解决方案。不仅提高了城市的运营效率，还极大地增强了城市的安全性和稳定性。

随着中乌两国关系的深入发展，两国在网络空间领域也达成了基本共识。双方共同支持包括《信息安全国际行为准则》和《全球数据安全倡议》在内的多项国际合作，致力于构建一个和平、开放、安全、合作、有序的网络空间。在这个过程中，中国不仅积极支持乌兹别克斯坦提升网络能力建设，还致力于与乌方共同构建网络空间伙伴关系和网络空间命运共同体。通过加强在网络安全领域的合作与交流，双方共同推动在联合国框架下构建各国普遍能接受的国际网络空间秩序、规则和规范，为全球的网络安全事业贡献智慧和力量。

③数字技术合作：高科技工业园与卫星系统。

在日益紧密的中乌科技合作分委会和上海合作组织等多边组织的推动下，中乌两国在科技创新领域开展了广泛而深入的交流与合作。不仅涵盖了科技创新政策的对接、科研人员的交流以及青年科学家的培养，还涉及了联合研究项目的推进和平台建设等多个方面。两国通过在上合组织多边框架下的数字转型研讨会等平台，积极交流了数字技术应用经验，共同探索了跨境合作的新构想和计划。在这些合作的推动下，中乌两国在高科技领域的投资合作取得了显著进展。两国合力建设的高科技工业园，作为双方科技合作的重点项目，不仅为乌兹别克斯坦的数字化进程注入了新的动力，也为两国的科技创新合作提供了新的平台。2019 年 8 月底，两国政府正式签署了关于在乌兹别克斯坦建立高科技工业园的协议，并设立了 10 亿美元的联合投资基金，用于支持化工和石化行业等高科技项目的发展。这一举措不仅进一步加深了双方在科技领域的合作，也为未来在其他领域的合作奠定了坚实的基础。

丝绸之路科技园区产业联盟作为中乌科技合作的重要平台，已经吸引了来自 16 个国家的 59 个会员单位参与。这一联盟通过共享资源、优势互补，为各成员单位提供了广阔的发展空间。作为“数字丝绸之路”科技产业园区的重要组成部分，它为周边国家的人民带来了实实在在的利益，吸引了越来越多的国家加入。在卫星导航领域，中乌两国也展开了紧密的合作。

（3）案例分析

中亚国家，尤其是乌兹别克斯坦，在制定对外政策时，并非仅围绕如何平衡中国、俄罗斯、美国、土耳其及欧洲等各大国的力量进行考量。相反，它们更加关注如何根据国家自身的利益和发展需求，在全球化的大背景下寻找合适的合作机会。这种策略在中亚地区尤为显著，因为该地区位于欧亚大陆的中心地带，具有得天独厚的地理优势。

首先，以“数字丝绸之路”倡议为例，乌兹别克斯坦与中国在这一领域的合作是基于双方共同利益的典型体现。这一倡议旨在通过加强互联互通，推动共建国家的数字化转型和经济发展。中乌两国在通信基础设施建设、高科技工业园建设以及数字商务等多个领域展开了深入的合作。这些合作不仅基于平等互商的原则，更是双方共同利益的体现，而非非对称的国家间关系所能简单概括。

其次，在与中国保持紧密合作的同时，乌兹别克斯坦也积极寻求与其他国家的合作机会，以实现战略伙伴的多样化。这种多元化的战略有助于乌兹别克斯坦减少对某单一国家的依赖，从而在国际舞台上更加独立自主。在与中国的数字合作中，乌兹别克斯坦不仅获得了先进的技术和资金支持，还通过参与“数字丝绸之路”建设，推动了本国的数字化转型和经济发展。

再次，中乌两国在数字技术人员培养方面也进行了深入的合作。企业（如华为）在乌兹别克斯坦设立了多个培训和研发中心，积极培养当地的信息通信技术人才。这不仅为“数字丝绸之路”的建设提供了有力的人才支持，也为乌兹别克斯坦的数字化转型注入新的活力。同时，这种合作模式也为两国企业带来了实际的经济回报，实现了互利共赢。

最后，中亚国家特别是乌兹别克斯坦在对外政策上展现了灵活性和多样性。它们不仅注重平衡各大国力量，更加关注如何根据自身的利益和发展需求开展广泛的国际合作。这种策略不仅有助于推动本国的数字化转型和经济发展，也为地区乃至全球的和平与发展作出了积极贡献。

第四节 “一带一路”科技创新未来展望

一、“一带一路”科技创新重点合作方向

（一）加强共性基础科学研究，提升原始创新能力

在全球化的今天，科技创新已成为推动国家进步和经济增长的重要动力。为了加强国际合作，特别是在“一带一路”倡议的框架下，我们有必要设立专门的“一带一路”基础研究基金。这一基金不仅致力于支持基础研究领域的发展，而且不局限于特定的应用目标，旨在通过跨越国界的支持，提升共建国家的原始科技创新能力。

首先，这一基金将成为一个平台，促进共建国家在各自特色研究领域和优势重点学科上的深入合作。例如，新加坡以其先进的信息技术和生物科学闻名于世，而俄罗斯在物理学、航空航天和数学等领域拥有深厚的研究实力。同样，沙特阿拉伯和阿联酋在油气开采与储运技术方面积累了丰富的经验。通过这一基金，各国可以互相学习、取长补短，因地制宜地引进和应用他国的先进技术。

其次，除了特色研究领域和优势学科的交流外，还应加强与共建国家在共性科学基础方面的科技合作。这些共性科学基础是科技发展的基石，对于推动科技领域的整体进步具有重要意义。通过加强在共性科学基础方面的合作，我们可以共同探索新的科学领域，推动科技前沿的发展。

再次，科技合作不仅是技术的交流，还包括文化教育交流。这种交流有助于增进各国之间的友谊，为科技合作创造更加良好的环境。通过文化教育交流，我们可以共同分享科技发展的成果，促进双方在科技领域的共同发展。

最后，设立“一带一路”基础研究基金是加强国际合作、推动科技创新的重要举措。通过加强在特色研究领域、优势重点学科和共性科学基础方面的合作，以及文化教育交流，可以共同推动科技领域的进步，为共建国家的经济社会发展注入新动力。

（二）加强先进适用技术研发，促进当地工业转型

“一带一路”共建国家资源情况复杂，经济发展过分依赖化石能源，造成了诸多资源环境问题。在“一带一路”倡议下的共建国家中，面临着一个复杂而严峻的资源环境挑战。这些国家的资源状况各异，但普遍存在一个共同问题：经济发展过分依赖化石能源。长期以来，化石能源的过度开采和使用，不仅导致了资源的快速枯竭，还引发了一系列严重的资源环境问题，如空气污染、水资源短缺、土壤退化等。为了助力共建国家的工业转型，应采取有效措施。

首先，加强先进适用技术的联合研发和转移转化。每个国家都有其独特的产业优势和资源禀赋，如中亚地区的油气和铀矿、西亚地区的石油、南亚地区的铁矿和铜矿，以及东南亚地区的天然橡胶等。根据这些国家的特色产业需求，提供相应的技术支持，帮助它们实现产业升级。

其次，在支持共建国家产业升级的过程中，中国可以充分发挥自身在大数据、人工智能、纳米材料和航空航天等领域的技术优势。这些领域的前沿技术，不仅有助于提升共建国家的产业结构和发展水平，还能促进创新链和产业链的形成，使这些国家在全球经济中更具竞争力。

最后，通过加强技术合作和转移转化，可以帮助共建国家实现经济的可持续发展。这将有助于减少对化石能源的依赖，降低能源消耗和污染排放，改善环境质量。同时，产业升级也将为这些国家创造更多的就业机会和经济增长点，提升人民的生活水平。

（三）集中力量科技攻关，突破生态文明创新

推进现代化信息共享的生态环境监测网络建设。实时监测大气、水、土壤等环境要素的污染状况，提供及时、准确的数据支持，帮助我们更加精准地制定污染治理方案；实现陆海统筹、天地协同，确保我们的污染预防和治理工作更加全面、高效。

首先，在推动技术应用的同时，还应注重共建国家生态文明技术的大规模应用。不仅有助于解决当前的生态问题，还能通过产业间的资源重新配置，推动生态文明建设。通过合作与交流，可以共同分享先进的生态环保技术和

管理经验，共同提高生态文明建设水平。

其次，为了保障生态文明技术的有效应用，需要构建共建国家间互相联通、共同认可的生态文明标准体系。这一体系能够确保各国在生态环保方面遵循共同的标准和原则，避免出现技术和管理上的混乱和冲突。同时，这一体系还能为生态文明技术的应用提供坚实保障，确保我们的环保工作更加规范、有序。

再次，应强化生态文明理念的传播，将其融入科技创新的全过程。这一理念强调经济发展与生态保护的和谐统一，倡导绿色、低碳、循环的发展方式。通过传播这一理念，可以让更多的人意识到生态保护的重要性，从而形成全社会共同参与的环保氛围。同时，这一理念还能引导科技创新向着更加绿色、可持续发展，实现经济效益和生态效益的统一。

最后，通过开发利用先进实用的生态环保技术、推进现代化信息共享的生态环境监测网络建设、推动共建国家生态文明技术的大规模应用、构建共建国家间互相联通的生态文明标准体系及强化生态文明理念的传播等措施，帮助共建国家切实解决生态问题，共同迈向可持续发展的未来。

二、“一带一路”科技创新合作政策建议

（一）加强国际科技创新合作的体制机制创新

在全球科技舞台竞争日益白热化的今天，中国国际科技创新合作已经与发达国家建立起坚实的合作基础，并取得了令人瞩目的成就。然而，面对“一带一路”共建国家这一更为广阔的合作领域，我们深知仍需进一步加大合作力度，深化合作内涵。为了应对这一挑战，必须对现有的国际科技创新合作机制进行创新和优化。

第一，完善部门间的协商机制，确保各部门能够高效沟通、协同工作，为科技创新合作提供有力支持。同时，建立双边和多边交流机制，加强与“一带一路”共建国家之间的对话与联系，促进科技资源与创新要素在各国间的顺畅流动，共同构建更加紧密的科技创新共同体。

第二，组建由政府、企业和学术界共同参与的联盟。这样的联盟能够汇聚各方智慧和力量，形成强大的合力，共同推动跨国科技项目合作和技术转

移。设立国际科技创新基金，为合作项目提供必要的资金支持，确保项目的顺利实施。同时，积极创建在线平台或数字化科技创新中心，利用现代科技手段实现全球科研成果和资源的实时分享与交流，为科技创新合作提供更加便捷的途径。在人才方面，制定灵活的人才流动政策。通过打破人才壁垒，吸引更多的科学家、工程师等优秀人才参与国际科技创新合作。同时，为了保障他们的权益和成果，加强国际科技知识产权保护机制的建设，明确知识产权的归属和转让规则，为科技创新合作提供坚实的法律保障。

第三，制定国际科技合作标准和规范也是至关重要的。这些标准和规范能够为我们提供明确的合作指导，确保合作项目的高效实施。同时，建立科技创新合作项目评估机制，定期对合作项目进行评估和反馈，以便及时调整合作策略，确保项目的顺利进行。在政府层面，深化政府间科技合作协调机制同样不可或缺。通过加强政策沟通和协同，更好地推动国际科技创新合作落地生根。

第四，加大国际科技创新合作的创新力度，通过完善机制、组建联盟、制定政策和标准等措施，推动科技成果的转化和应用，确保合作项目的顺利实施，进一步推动国际科技创新合作的深化与发展。

（二）建立各国优秀科学家“引进来”与“走出去”动态合作机制

在“一带一路”倡议的推动下，共建国家间的科技人文交流成为推动合作与发展的重要基石。面对共建国家社会和文化的多元性，我们须意识到科技人文交流不仅要“走出去”，更要“引进来”，实现双向互动与共赢。

首先，优化科技人文交流的国别布局，根据共建国家的实际情况和发展需求，明确科技人文交流的重点领域。这不仅包括高新技术、基础研究等领域，还要注重人文社科、教育文化等领域的交流与合作。通过明确合作方向，可以有针对性地吸引和培育这些领域的优秀科学家，共同推动科技创新和人文交流的发展。

其次，加强人才交流，这是促进共建国家间科技人文交流的重要途径。通过留学生培养、师资交流、学术会议等多种方式，吸引国外高层次人才来华交流学习。这不仅能够促进不同国家间的文化交流与理解，还能够为我国科技创新和人才培养注入新的活力。同时，要完善人才激励机制，为在“一带一路”建设中作出突出贡献的高端技术人才提供应有的社会荣誉和薪酬待遇，确保他们能够留得住、用得好。

再次，为了进一步提升中国高等教育的国际影响力，并解决共建国家科技创新人才短缺的问题，在海外设立“一带一路”人才培养中心。采用国际化推广方式，为共建国家的学生提供优质的教育资源和培训机会，减轻他们的学习负担，吸引更多科技创新人才。同时，这些中心还将成为中国高等教育在国际上的重要窗口，提升我国在国际教育领域的影响力。

最后，实施“一带一路”青年科学家培养计划。该计划旨在遴选共建国家高校和科研机构的优秀青年人才到国内高校进行培训交流，帮助他们提升教研能力和高层次人才培养能力。建立青年科学家网络，为他们提供交流合作的机会和条件支持，保持长久联系和合作。这些优秀青年科学家将成为连接中国与共建国家的桥梁和纽带，为中国科教高端形象在共建国家的落地生根作出重要贡献。

（三）动员企业与国际组织参与科技合作

“一带一路”科技合作在当前全球科技发展中占据着举足轻重的地位。这一合作框架主要涵盖政府、高校、科研院所等多个关键组织机构，旨在通过整合各方资源，共同推动科技创新和进步。然而，要真正实现“一带一路”科技合作的深远影响，鼓励中国优秀企业积极参与民生科技领域的合作显得尤为重要。

为了实现这一目标，需要制定清晰明确的合作框架和目标。这不仅有助于确保各方在合作中明确自己的责任和利益，更能为合作注入稳定性和可持续性，从而实现真正的双赢。通过明确的合作框架和目标，更好地指导合作项目的实施，确保各方都能够从中受益。

为了实现有效的合作，需要搭建一个透明、及时的信息共享平台。这个平台将成为企业与国际组织沟通的桥梁，促进彼此实力、资源和需求的了解。通过信息共享平台，我们可以及时获取最新的科技动态和市场信息，为合作项目的决策提供有力支持。同时，举办科技合作研讨会、论坛或展览会也是推动“一带一路”科技合作的重要手段。这些活动将为企业和国际组织提供一个交流互动的平台，促进各方之间的合作洽谈和深入交流。通过这些活动，汇聚各方智慧和力量，共同探讨科技合作的新机遇和新挑战。

为了确保合作项目的顺利进行，需要建立科技合作项目管理机构。这个机构将负责协调和监督项目进展，确保各方都能够按照合作协议履行自己的职责。同时，我们还需要利用数字化平台和工具提高合作效率，促进实时沟通和信息分享。这些措施将有助于降低合作成本、提高合作效率，推动合作项目的顺利实施。

在合作过程中，我们必须严格遵守国际法律法规和知识产权保护规定。这不仅是维护合作各方合法权益的重要保障，也是建立合作信任基础的关键。通过遵守国际法律法规和知识产权保护规定，我们可以确保合作的长期稳定发展，为“一带一路”科技合作注入更多的信心和动力。

（四）加强全球人工智能治理

1. 积极参与全球治理新规则的竞争，增强规则制定的国际话语权

在全球治理的大潮中，我们见证了一个时代的深刻变革。规则制度改革已成为这场转型的核心驱动力，特别是在人工智能时代，全球治理的结构和模式正面临着前所未有的挑战和机遇。长期以来，西方国家以国际规则为工具，牢牢把握着全球治理的主动权，但如今，这一局面正在悄然改变。

中国，作为新兴的发展大国，不再满足于在全球治理中扮演边缘角色，而是积极寻求在国际舞台上发挥更加积极主动的作用。在人工智能这一具有颠覆性技术的时代，中国认识到，仅仅接受既有规则是不够的，更需要主动参与规则的制定和改革。因此，中国开始探索具有自身特色的人工智能全球治理规则，力求在国际上凝聚新的“北京共识”，从而在全球规则制定权的竞争中占据一席之地。

首先，安全原则确保了人工智能系统的稳定可靠运行，保护算法模型、数据、系统和产品应用的完整性、保密性、可用性、鲁棒性、透明性、公平性。这是因为在人工智能快速发展的同时，也伴随着一系列安全挑战，如数据泄露、算法偏见等。只有确保安全，才能为人工智能的发展提供坚实的保障。

其次，福祉原则体现了中国对人工智能发展的深刻理解和人文关怀。中国认为，人工智能的发展应服务于人类共同福祉和利益，遵循基本伦理道德，

关注社会和环境可持续性。这意味着，在推动人工智能发展的同时，我们必须关注其对人类社会的影响，确保技术的发展不会损害人类的利益，而是能够真正造福于人类。

最后，共享原则彰显了中国的全球视野和责任感。中国主张人工智能背景下的全球治理成果应由全人类共享，通过提升边缘群体的适应性，消解发展不平衡，推动人工智能技术造福全人类。这一原则体现了中国在推动全球治理中的公正性和包容性，也展示了中国作为大国的责任和担当。

2. 以丰富的中国全球公共产品供给实践，助力破解全球治理赤字

在全球化的浪潮中，全球治理的重要性日益凸显。全球治理是一个涉及多国合作、共同应对全球性挑战的过程，而这一过程的有效推进离不开全球公共产品的充分供给。随着人工智能技术的迅猛发展，迎来了一个全新的时代——人工智能时代，这一时代的到来不仅极大地推动了全球经济的发展，也为全球治理带来了新的机遇与挑战。

在人工智能时代，全球治理面临的挑战日益增多，其中最为突出的问题便是全球治理赤字。这一赤字主要体现在全球治理的供需结构不平衡上，即全球治理的需求日益增长，而供给却相对滞后，导致全球治理的有效性大打折扣。全球治理赤字的存在，不仅影响了全球治理的推进，也威胁着国际秩序和国际体系的稳定。中国，作为世界上人工智能技术发展迅速的国家之一，具备提供丰富全球公共产品的资源和能力。在缓解全球治理赤字、推动全球治理有效进行的过程中，中国可以发挥重要作用。可以通过提供技术、资金、经验等全球公共产品，为全球治理贡献自己的力量。同时，还可以积极参与全球治理规则的制定和完善，推动全球治理体系的变革和发展。

为提升全球治理的有效性，中国应坚持国家治理与全球治理相互促进的策略。在国内，应集中力量解决自身面临的问题和挑战，提升国家治理能力和水平。在国际上，应积极探索人工智能背景下的全球治理新方案，加强与其他国家的合作和交流，共同应对全球性挑战。同时不断提升自身在全球治理中的影响力和能力，为国际秩序和国际体系的长远制度性安排贡献力量。在丰富全球公共产品供给方面，应关注不同议题领域对公共产品的需求，提供符合实际、高质量的公共产品。还应充分挖掘私营部门在公共产品供给中的潜力，鼓励更多非政府组织参与公共产品的生产和供给。此外，还应优化

全球公共产品分配机制，确保公共产品能够公平、有效地分配给各国和地区，为全球治理提供有力支撑。

在贡献全球公共产品的过程中，中国应坚持从国情出发，结合自身的实际情况和发展需求，制定合理的全球公共产品供给策略。同时，坚持发展中国家定位，既积极承担国际责任，又注意量力而行，确保自身发展的可持续性。在处理能力与责任的平衡关系时，应坚持务实、稳健的原则，为人类社会的共同发展贡献中国智慧和力量。

3. 推动智能时代全球治理体系包容性改革，搭建全球治理新框架

随着人工智能技术的迅猛发展，全球治理体系正面临着前所未有的新挑战。在这个充满变革的时代，我们发现现行的全球治理体系尚未能够形成一个成熟、有效的统筹协调机制，[①] 以应对人工智能带来的各种全球性议题。为了推动全球治理国际合作，确保各国能够共同应对这些挑战，必须采取一系列关键举措。

首先，急需推进现行全球治理机制的改革。这一改革旨在使全球治理体系更加适应人工智能时代的新要求。在改革过程中，必须密切监督并防止发达国家滥用其全球治理权力，以确保所有国家，特别是发展中国家，都能在人工智能时代享有平等的发展机会。同时还需要加强国际治理机制的约束力和制度执行力，以确保这些机制在应对全球性问题时发挥更大的作用，提升效率和效能。

其次，构建新的机制和新的框架，以补充和完善现有的国际治理机制。建立高效的多边合作机制，通过加强各国之间的合作与协调，共同应对全球性挑战。为此，搭建一个有效的沟通对话平台，这个平台应该基于平等对话的原则，充分保障每个国家的发言权和发展利益。同时，这个平台也需要专业人才及能够吸引各国政府、国际组织、学者和科技界领袖等各方人士的参与，共同探讨人工智能时代的全球性机遇与挑战，凝聚全球治理的共识。

---

① 刘宏松．人类命运共同体与全球治理体系改革［J］．上海交通大学学报（哲学社会科学版），2023，31（1）：25-35.

最后，推动全球治理体系的包容性改革，并搭建一个更加完善、更加高效的新机制新框架。这将有助于我们更好地应对人工智能时代带来的全球性挑战，确保各国能够共同享受人工智能带来的机遇，共同推动人类社会的可持续发展。

第四章　互利共赢

（惠佳蒙　荣九瑞）

第一节　“一带一路”互利共赢概述

面对时代的变迁，我们面临着独特的挑战和使命。2013年，习近平总书记向全球发出了倡议，共同建设“丝绸之路经济带”和“21世纪海上丝绸之路”，以促进世界经济的平衡可持续发展。这一构想，被视为推动全球繁荣、塑造人类命运共同体的中国方案。“一带一路”建设既是理念，也是实践；既是愿景，也是现实。彰显了中国与世界互利共赢的伙伴关系。

一、互利共赢彰显“一带一路”本色

习近平总书记提出“一带一路”倡议，源于对世界形势的观察和思考。当今世界正经历着巨大的发展、变革和调整，和平、发展、合作、共赢成为时代的主旋律。然而，全球经济增长的基础并不牢固，贸易和投资低迷，经济全球化遭遇波折，发展不平衡问题日益突出。如何解决当今时代所面临的问题，实现和平、稳定和可持续发展呢？正确的路径只能是通过和平发展和互利共赢。

“大道之行，天下为公”与近代以来的殖民主义、帝国主义不同，它们以国际掠夺和竞争为常态，也不同于二战后西方国家采取的对外援助等形式的国际合作，“一带一路”是中国与世界实现互利共赢的道路，是促进各国和平与发展的广阔途径。“一带一路”倡议展现了中华民族弘扬正义、尊重和合、

追求大同的传统文化理念，赢得了国际道义制高点的支持。习近平总书记指出，“一带一路”倡议的核心，不仅在于将我国的发展轨迹与共建国家的发展脉搏紧密相连，更在于将中国梦与沿线各国人民的梦想交织共鸣，为古老的丝绸之路注入新时代的活力与内涵。① 这一倡议的初衷和崇高目标，在于构建一个国际合作的广阔舞台，使各国能够共同商议、共同建设、共享成果。我们携手应对全球经济挑战，共同开创发展的新篇章，寻求源源不断的动力，拓展无限可能的未来空间。这一过程中，我们实现资源互补、互利互惠，不断向着构建人类命运共同体的伟大目标稳步前进。②

“一带一路”是一条通往和平、繁荣、开放、创新和文明的康庄大道，它构筑了一个全球各国共同参与、协商谋划、齐心建设、平等分享、互利共赢的宏大平台。习近平总书记深刻阐述道，苍穹浩渺，大地辽阔，世界无垠，足以容纳各国携手共筑的繁荣梦想。中国倡导“一带一路”倡议，旨在推动共同发展、实现共赢共享，秉持和平合作、开放包容、互学互鉴、互利共赢的精神，深化国际合作。这一倡议虽源自中国，但其所带来的机遇与成果将惠及全球。作为世界上最大的发展中国家，中国通过“一带一路”建设，积极构建与共建国家的经济合作伙伴关系，以共同繁荣为目标，将中国梦与世界梦紧密相连，实现互利共赢。③

二、“一带一路”互利共赢的时代背景

千百年来，“和平合作、开放包容、互学互鉴、互利共赢”的丝绸之路精神薪火相传，推动了人类文明的共同发展与进步④。互利共赢这一原则的形成，既是对全球化时代经济、政治、文化等多领域交织发展的积极回应，也是对国际关系民主化、平等化趋势的深刻体现。在国际国内形势发生重大变化的今天，“一带一路”互利共赢原则的产生具有其鲜明的时代背景。在国际背景下，随着世界经济结构的变化和经济全球化的发展，各国之间的联系和

---

① 南方日报评论员．以更高站位更广视野建设“一带一路”[N]．南方日报，2016-05-02.

② 毛良升．“一带一路”战略的时代背景、内涵实质及现实意义 [J]．社科纵横，2017，32（8）：14-17.

③ 柴尚金．“一带一路”是中国与世界的互利共赢之路 [N]．经济日报，2018-12-07（13）．

④ 陈颖．“一带一路”合作共赢 [J]．中国战略性新兴产业，2019（10）：12-13.

依存度不断加深。与此同时，在国内层面，构建人类命运共同体的倡议也为我们提供了全新的视角和思考方式，强调各国应该共同应对全球性挑战，实现共同发展和繁荣。在这样的背景下，对外开放成为推动经济发展的重要动力之一。而“一带一路”倡议，正是基于这样的时代背景和全球发展趋势提出的，旨在通过加强国际合作和交流，促进共建国家的经济发展和民生改善，实现共同繁荣和发展。

（一）国际背景

1. 世界经济结构的变化

在当前中国发展的国际环境中，和平与发展的时代主题依旧占据核心地位。世界多极化与经济全球化的趋势深入演进，文化多样性和社会信息化特征日益显著。全球经济正处于深度调整期，虽然曲折但展现出复苏的迹象。新一轮科技革命和产业变革正悄然兴起，预示着未来的巨大变革。全球治理体系也面临着深刻的变革，以适应这一复杂多变的国际环境。发展中国家作为一股不可忽视的力量，其群体影响力正持续增强，使得国际力量对比逐渐趋于平衡。然而，国际金融危机的影响依然深远，全球经济贸易增长的动力不足，贸易保护主义倾向有所抬头。地缘政治关系错综复杂，传统安全威胁与非传统安全威胁相互交织，使得外部环境充满了不确定性。

自2008年全球金融危机发生后，全球产业结构进入了深度重构阶段。世界经济恢复步伐迟缓，发达经济体增长动力明显不足，经济增速持续放缓。全球工业生产出现收缩，制造业步入下行轨道，原先在全球产业中具有领先地位的工业化国家普遍面临结构性失衡问题。新兴经济体的崛起加剧了全球工业领域的竞争态势，而发展中国家在制造业领域的发展势头有所减缓。同时，全球资本流动也呈现出减速趋势，金融业的扩张速度放缓。发达经济体的对外投资活力大不如前，一些原先以资本输出为主的国家开始将重心转移至国内，导致全球资本跨境流动的规模大幅缩减。新兴经济体和发展中经济体的资本市场因此面临更大波动，投资回报率普遍呈现下滑态势。经济增长的疲软状态对全球贸易增长产生了严重制约，世界贸易持续低迷。出口形势严峻，商品与服务贸易的出口正在经历深度的结构调整，全球贸易体系面临着前所未有的挑战。

2. 世界经济全球化的发展

经济全球化的演进，既是社会生产力持续发展的内在需求，也是科技进步推动下的必然产物。这一进程不可逆转，超越了个别国家或个体的意志。日益增强的经济全球化为世界经济的增长和国际经济合作注入了强劲活力，它不仅推动了科技的飞速进步，也促进了不同文明之间的深度交流与相互借鉴。在这种背景下，各国之间的联系和相互依存变得前所未有的紧密和频繁。回顾过去，世界经济的持续增长、投资与贸易的繁荣、科技革命与全球创新的涌现、社会发展水平的提升、国际交流合作的深化，以及联合国所制定的千年发展目标和2030年可持续发展议程的实施，都是经济全球化积极影响的生动体现。然而，我们也必须认识到，经济全球化的道路从来不是一帆风顺的，其间伴随着风险与曲折，甚至有时会出现反复或倒退的迹象。当前，人类社会正站在一个新的历史节点上，面临着诸多复杂而严峻的挑战。保护主义、单边主义和孤立主义的抬头，逆全球化思潮的蔓延，以及个别国家将世界问题简单归咎于经济全球化，并采取贸易和投资保护主义措施，试图将世界经济拉回孤立的时代，这些行为不仅违背了各国自身的利益，更损害了人类发展的根本利益。

面对日益加剧的全球性风险和挑战，面对开放与保守、合作与封闭之间的重大抉择，我们唯一且正确的选择是坚守互利共赢的原则，推动经济全球化朝着更加开放、包容、普惠、平衡、共赢的方向发展。这是我们对未来的坚定信念，也是我们对全人类共同命运的深切关怀。

（二）国内背景

1. 构建人类命运共同体倡议

在应对当今世界百年未有之大变局的背景下，构建人类命运共同体成为中国坚定不移的有效策略。党的二十大报告深刻指出，当前，世界之变、时代和历史之变正以前所未有的方式展开。全球产业链正在重构，世界秩序正面临深度调整，粮食与能源危机日益严峻，全球安全威胁不断上升。然而，令人遗憾的是，部分发达国家却将自身利益凌驾于全球利益之上。在经济层面，它们通过脱钩断链等手段，试图对他国施加极限压力，破坏全球产业链的均衡布局，并阻碍他国经济的正常发展和产业升级。在政治领域，它们以

“民主”为幌子，拉帮结派，成立排他性联盟，甚至以区域性联盟的形式侵害他国的主权和领土完整。在安全领域，它们重启冷战时期的军事同盟，并构建新的军事联盟，以破坏全球安全格局的稳定。

面对这百年未有之大变局，中国始终秉持人类命运共同体的理念对外交往，并通过实际行动推动构建这一共同体，致力于壮大世界和平与发展的力量，主动分享自身发展机遇，推动世界经济的复苏，维护联合国的权威，并坚持将谈判作为维护世界和平的主要手段。同时，在面对霸权主义、强权政治和冷战思维的挑战时，我们敢于斗争，坚决反对以任何形式干涉他国内政的做法，始终坚守公平与正义的立场。

构建人类命运共同体，是中国特色大国外交的坚定抉择。在深刻洞察到和平与发展将是长期时代主题的背景下，中国积极担当，展现大国风范。一方面，致力于解决历史遗留的领土问题，为世界的和平与稳定贡献中国智慧与中国力量；另一方面，积极融入国际大家庭，与国际规则接轨，积极参与国际组织事务，并在其中发挥举足轻重的作用。随着综合国力的稳步提升，中国特色大国外交成效日益显著，承担的国际责任也在增加。这一进程不仅提升了中国的国际影响力，也对中国外交提出了新的、更高的要求。

“一带一路”倡议不仅是中国提出的重大国际合作倡议，更是构建人类命运共同体的生动实践。这一倡议的核心理念是共商、共建、共享，通过开放、绿色、廉洁的原则，推动高标准、可持续、惠民生的国际合作。而互利共赢作为“一带一路”倡议中的一个原则，在过去几年的不断发展中，实现了共建国家之间的“硬联通”“软联通”“心联通”。该原则更成为一个汇聚国际共识、凝聚各方力量的重要实践路径，致力于促进各国经济的共同发展，推动构建开放型世界经济，实现互利共赢。

2. 对外开放

自党的十八大以来，党中央描绘了“改革开放再深化、大开放新策略”的宏伟蓝图，对经济发展新常态进行了重新界定，旨在实现国民经济从高速增长向高质量增长的平稳过渡，确保可持续发展与合理增长并行不悖。这一过程中，关键在于整合国内国际两种资源、两个市场，寻找经济发展的新动力和新增长极。为了引领这一历史性的转型，中央成立了以习近平同志为核心的党中央和全面深化改革委员会等具有全局视野的顶层决策机构，这充分展示了中央对于深化改革、扩大开放的坚定决心和强大魄力。从最初“摸着石头过河”的探索，到如今的积极应对、主动出击，这一转变不仅反映了历史的演进与时代的进步，也凸显了决策者面对复杂问题、巨大困难和严峻挑战时的坚定与智慧，体现了当前任务的艰巨性与重要性。在当前全球经济背景下，中国经济与世界经济的联系日益紧密。中国始终坚守对外开放的基本国策，致力于构建更为全面和深入的开放新格局，以深度融入全球经济体系。我们提出的“一带一路”倡议，旨在实现互利共赢，这不仅是中国深化和拓展对外开放的内在需求，也是加强与亚欧非及世界各国互利合作的必由之路。中国愿在能力范围内承担更多责任和义务，为人类的和平与发展作出更为显著的贡献。

三、“一带一路”互利共赢的重要内涵与中国贡献

作为一个发展的倡议、合作的倡议、开放的倡议，共建“一带一路”既发展了中国，也造福了世界。“一带一路”绝不仅仅是简单的过剩产能出口或资本输出，而是一种由中国主导的国家间合作新模式，是中国在坚持扩大对外开放，与世界其他国家进行良性互动的基础上，通过更高水平的开放引领更高质量的发展，在实现自身经济快速发展并成功开辟和推进中国式现代化的同时，为世界提供广受欢迎的国际公共产品和国际合作平台，从而推动各国共同走向现代化，推进更有活力、更加包容、更可持续的经济全球化进程，让发展的成果更多更公平地惠及世界各国人民。

“一带一路”合作所强调的互利共赢的理念，既体现中国对构建人类命运共同体的生动实践，又体现对构建利益共同体的不懈追求。共建“一带一路”旨在以中国脱贫攻坚、现代化发展之经验为广大发展中国家减贫脱贫、走向现代化提供中国智慧和中国方案，推动共建国家实现共同发展；共建“一带一路”同时旨在以更高水平对外开放促进更高质量发展，推动更多发展中国家和中小企业积极融入全球价值链分工，构建更加包容、更加稳定、更可持续的全球产业链供应链，与世界共享中国发展新机遇，实现共建国家共同繁荣。

（一）推动共建国家共同发展

1. 带动共建国家地区间经济发展

共建“一带一路”10年来，一大批基础设施建设项目相继落地生根。截至2023年9月，中欧班列已经连通中国境内112座城市，通达欧洲25个国家和地区的217座城市，累计开行7.8万列，运送货物超过740万标箱，合计货值超3000亿美元，极大程度提升了欧亚非地区货物贸易便利化。雅万高铁的通车运行使雅加达与万隆两城间的旅行时间由原先的3个多小时缩短至40多分钟，极大提升了两城间的通勤效率。[①] 瓜达尔港项目的落地不仅使港口具备全作业能力，带动发展当地其他港口、交通和配套基础设施的建设，同时吸引35家企业入驻，投资额已经超过30亿元。牙买加连接南北海岸的高速公路为岛内人员物资流动提供了便利，为沿途土地、矿产、旅游和人力资源的综合开发利用创造了良好的条件，有效带动牙买加中部地区发展和城乡经济协调发展。巴基斯坦默拉直流输电项目在投运后成为连接巴基斯坦南北电网的主干输电通道，对促进当地经济发展和民生改善，推进中巴经济走廊可持续发展、深化中巴能源合作具有重要意义。

共建“一带一路”项目的扎实推进，显著改善并带动地区经济发展。这些项目的落地与实施，是通过中国与“一带一路”共建国家进行优势分工与产能互补、完善区域基础设施建设、推动国家（地区）间产业贸易的深度融合，以及高水平、多领域、多层次的互联互通，从而显著带动共建国家、地区间经济发展。

2. 协助共建国家进行粮农治理

中国积极参与全球粮农治理，与相关国家发布《共同推进“一带一路”建设农业合作的愿景与行动》，与近90个共建国家和国际组织签署了100余份农渔业合作文件，与共建国家农产品贸易额达1394亿美元，向多个国家推广示范菌草、杂交水稻等1500多项农业技术（为80多个发展中国家培训超过1.4万名杂交水稻专业技术人才；在非洲援建20多个农业技术示范中心，推广作物良种、提供技术支持；与柬埔寨、老挝和缅甸共同启动东亚减贫示

① 唐怡，刘博，文凡，等．共建“一带一路”十周年 这份成绩单很亮眼［EB/OL］．中国一带一路网，（2023-10-11）［2024-06-29］．https：//www. yidaiyilu. gov. cn/p/087OQOQP. html.

范合作技术援助项目）。[1] 2022年7月，中国—太平洋岛国减贫与发展合作中心落户福建农林大学，将以菌草技术为主要载体，在减贫培训、经验交流、项目合作等方面发挥平台作用，助力太平洋岛国加快减贫脱贫。[2]

共建“一带一路”助力广大发展中国家解决粮食问题。粮食问题是一个国家处于贫困状态的根本性问题，粮食安全不仅关乎人们的生存和基本生活，还是农村经济发展的支柱，是社会经济稳定的核心。粮食产业链涉及农产品生产、加工和销售等多个环节，是整个农村经济保持良性循环和健康发展的核心和基础，一旦发生严重粮食安全问题，会因破坏粮食产业链的完整性和稳定性而影响社会经济的稳定与发展。许多亚洲、非洲、拉丁美洲国家受自然条件的制约，其粮食作物品种单一，抵御自然及人为因素带来的影响的能力较弱，国家本身农业生产技术的相对落后也进一步制约其农业的发展，使得国家粮食供应更多依赖外部供应，这是这些国家贫困率较高的原因之一。中国利用长期对粮食问题探索、实践和创新的经验，帮助亚洲、非洲、南太平洋、拉丁美洲和加勒比地区等国家（地区）缓解并进一步解决粮食问题，通过乡村减贫，促进共建国家实现现代农业的发展和农民增收。

3. 促进共建国家人文交流建设

10多年来，中国与“一带一路”共建国家广泛开展形式多样、富有特色的文化、体育交流活动和人才共育项目。中国创办的“汉语桥”夏令营项目累计邀请100余个国家近5万名青少年来华访学，支持143个国家10万名中文爱好者线上学习中文、体验中国文化；中国—东盟教育交流周已成为中国—东盟最具代表性的政府间教育合作平台，其中，中国国际教育巡回展累计吸引马来西亚、俄罗斯、匈牙利等56个国家和地区的2600多所院校参展；由中国教育部开办的旨在培育优秀职业人才的“鲁班工坊”，开设了自动化、云计算、电子信息、工业机器人等70多个专业，累计招收学历生6100余人，非学历生31000余人次，培训外方专业教师4000余人次；中国政府原子能奖学金项目已为26个共建国家培养了近200名和平利用核能相关专业的硕博士

---

① 《共建“一带一路”：构建人类命运共同体的重大实践》白皮书［EB/OL］. 中华人民共和国国务院新闻办公室，http：//www. scio. gov. cn/zfbps/zfbps_ 2279/202310/t20231010_ 773682. html.

② 龚鸣，赵益普，谢亚宏，等. 让共同发展的阳光照亮全球减贫之路［N］. 人民日报，2022-10-13（3）.

研究生。①

广泛推动共建国家进行文化交流与文化传播是对民心相通的生动实践，更是构成共建“一带一路”的人文基础。由于“一带一路”倡议覆盖了全球五大洲、150多个国家和地区，覆盖范围之广意味着不同国家和地区间的宗教信仰、文明根基、文化认同、价值理念、民族因素等有着巨大差异，会对中方提出的相关倡议及文化传播中出现的诸如“和合主义”“命运共同体”“包容性发展”等富含中国文化特色和中华文明底蕴的表述产生误解。无法准确有效地传递中方关于合作和发展的真实意愿，很容易落入西方政客和主流媒体所炮制的“中国威胁论”话语困境和意识形态陷阱，严重阻碍共建国家间的文化认同与文化融合。以共建“一带一路”为契机促进共建国家人文交流建设，是化解各方意识形态分歧、寻求各方利益最大公约数、实现共同发展的良好契机。通过不同文明间的文化传播与文化交流，使文化差异创造性转化和创新性发展，形成适应当今时代发展需要、与共建“一带一路”合作氛围相契合的优秀文化资源与全新文明形态。

（二）推动共建国家经贸高质量发展

1. 共建“一带一路”构建包容性全球价值链、产业链

共建“一带一路”构建包容性全球价值链，是以中国全球价值链发展与升级助力共建国家价值链攀升。中国是世界上最大的发展中国家，同时拥有最为完善的产业体系和较为现代化的工业体系，具有通过“一带一路”倡议构建包容性全球价值链的可行性。通过构建包容性全球价值链，一方面，可以共建国家产业之发展进一步推动中国相关产业优化分工布局，实现相关产业的全球价值链升级；另一方面，可通过共建国家参与全球价值链分工，显著提升国内相关行业和产业增值能力，构建并完善本国生产能力和工业体系，减少地区贫困并增进社会福利，推动技术进步和产业发展升级。

共建“一带一路”构建包容性全球产业链，是以中国全产业链国际化为依托促进共建国家参与以中国为主导的全球产业链分工体系。“一带一路”倡议正是以中国第一波“全球化红利”的成果为基础，抓住新一轮“全球化红

① 李萍．高质量推进共建“一带一路”教育行动——写在第三届“一带一路”国际合作高峰论坛召开之际［N］.中国教育报，2023-10-17（01）.

利”的机遇，通过对经贸、文化、医疗、教育等领域的全球布局提供制度支撑，依托沿线基础设施的互联互通整合和优化贸易与生产要素配置，将中国核心技术及相关产业推向亚太、欧洲乃至全球，构建由中国主导的开放包容的全球产业链和以中国为核心的更加广泛的地区经济增长体系，使中国经济发展与世界经济复苏企稳形成良性循环，共筑共同发展合作共赢的新的自由贸易体系；以国内国际双循环战略提升中国企业和行业的全球价值链增值能力和产业链上下游关联程度，推动国内产业升级并实现高质量发展的同时，促进沿线更多发展中国家参与以中国为主导的全新的区域/全球产业链分工体系，从而打破发达国家对发展中国家产业链升级的束缚，推动共建国家实现产业链上、中、下游的深度合作，提升中国产业竞争力、实现产业链升级的同时，也显著提升全球产业链、供应链的稳定性和抗风险能力，以中国发展之动力为世界经济发展稳定提供新机遇。

2. 共建“一带一路”推动全球供应链稳定与发展

以“共商、共建、共享”为价值理念，以全球产业链完善与优化、数字技术应用和绿色发展理念推动全球供应链稳定、数字化转型与绿色发展。共建“一带一路”以产业链的完善与优化构建以中国为主导的、完善且高效的全球产业链体系，以供应链的多元化、分散化布局为依托，以开放、绿色、高效为理念实现资源的合理分配与高效利用，从而有效降低供应链环节断裂以及供应链迟滞等风险，进一步强化全球供应链的韧性与稳定性。共建“一带一路”以加强共建国家数字、信息基础设施建设为基础，以密切共建国家间交流合作为依托，以加强数字技术在共建国家的应用与推广为核心，推动全球供应链数字化转型；并通过推广绿色发展理念，共享节能减排技术与经验，进一步实现全球供应链绿色、可持续发展。

第二节　“一带一路”互利共赢推动共同发展

为应对当今时代百年未有之大变局，促进世界经济迈向更加平衡和可持续的发展轨道，2013 年，习近平总书记提出了共建“丝绸之路经济带”和

“二十一世纪海上丝绸之路”的倡议。① 这一宏伟构想不仅是中国推动全球共同繁荣、构建人类命运共同体的重要举措，更在理念和实践层面展现了中国与世界互利共赢的发展道路。

众多“一带一路”参与国家，尤其以发展中国家为主，都将实现工业化和现代化作为共同的追求目标。特别是在亚洲新兴经济体的崛起背景下，“一带一路”倡议为各国提供了促进共同发展的新平台，创造了深化合作、实现共赢的历史性机遇。

在2015年9月28日出席第70届联合国大会一般性辩论时，中国国家主席习近平发表了深刻讲话，他强调：“唯有各国并肩前行，携手共进，方能实现真正的繁荣与发展。”这一论述凸显了中国对“共同发展”理念的坚定支持。在这一理念的指引下，各国应秉持开放包容、合作共赢的精神，深化彼此间的互助合作，共同开创一个更加繁荣、和谐的未来。

一、基础设施

自“一带一路”倡议提出后，中国与共建国家在基础设施建设方面开展了广泛而深入的合作，这些合作涵盖了铁路、公路、港口、航空、能源以及通信等多个领域。不仅显著提升了共建国家的基础设施建设标准，而且有效降低了区域间商品、资金、信息和技术等要素的流通成本。这一过程中，商品、资金、信息和技术等资源得以在更广阔的区域内自由流动，从而实现了资源要素的优化配置。最终，共同推动了共建国家的经济繁荣，实现了合作共赢、共同发展的宏伟目标。

（一）基础设施建设的成果

1. 交通基础设施

在铁路方面，以中老铁路、中泰铁路、匈塞铁路及雅万高铁为代表的重点合作项目正有力推动着区域与洲际铁路网络的发展，并取得了显著成就。与此同时，中欧班列的发展亦展现了多国的高效协作，通过不断地探索与实践，已形成了一套多国协作的国际班列运行机制。这一成果得到了中国、白

① 柴尚金.“一带一路”是中国与世界的互利共赢之路［N］.经济日报，2018-12-07（13）.

俄罗斯、德国、哈萨克斯坦、蒙古国、波兰和俄罗斯七国铁路公司的认可，共同签署了《关于进一步推进中欧班列合作的协议》，标志着中欧班列的发展迈入了新的阶段。[①]

在公路方面，中蒙俄、中吉乌、中俄、中越国际道路直达运输试运行活动先后成功举办。2018 年 2 月，中吉乌国际道路运输实现了常态化运行。中越北仑河公路二桥已经建成通车。[②] 此外，中国与 15 个共建国家签署了包括《上海合作组织成员国政府间国际道路运输便利化协定》在内的 18 个双多边国际运输便利化协定。《大湄公河次区域便利货物及人员跨境运输协定》的实施取得积极进展。[③]

港口方面，目前，我国已与全球 200 多个国家建立起航线联系，与 600 多个主要港口形成紧密的海运网络，持续保持海运互联互通指数的全球领先地位。巴基斯坦的瓜达尔港开通集装箱定期班轮航线，起步区配套设施已完工，吸引了超过 30 家企业入驻。斯里兰卡汉班托塔港经济特区已完成园区产业定位、概念规划等前期工作。此外，阿联酋的哈利法港二期集装箱码头于 2018 年 12 月正式开港，为中东地区的贸易往来提供了重要支持。[④] 截至 2021 年 12 月，中国已与 66 个国家和地区签署了 70 个双边和区域海运协定。

航空方面，国际民航运输航线网络不断拓展，截至 2023 年 9 月，中国已经与 131 个国家和地区达成了双边政府间的航空运输协定，同时，我们也在持续深化与卢森堡、俄罗斯、亚美尼亚、印度尼西亚、柬埔寨、孟加拉国、以色列、蒙古国、马来西亚及埃及等国家的航空运输合作，进一步扩大国际航空权。

2. 能源基础设施

在中巴经济走廊框架下，默拉输电项目已成功实现电力输送，为当地的工业生产提供了稳定的动力支持。中俄两国间的核能合作项目亦已启动，成为国际核能领域合作的杰出范例。此外，我们与沙特阿拉伯成功达成了红海

① “一带一路”国际合作高峰论坛成果清单［EB/OL］. 中国经济信息，2017-06-08.

② 李冉 . 基础设施：“一带一路”建设的先锋队急行军［J］. 人民交通，2019（5）：21-26.

③ 推进“一带一路”建设工作领导小组办公室 . 共建“一带一路”倡议：进展、贡献与展望［N］. 人民日报，2019-04-22.

④ 推进“一带一路”建设工作领导小组办公室 . 共建“一带一路”倡议：进展、贡献与展望［N］. 人民日报，2019-04-22.

新城储能项目的合作协议，这一举措对沙特阿拉伯实施“2030愿景”及“国家转型计划”具有至关重要的推动作用。2017年12月，中俄亚马尔液化天然气项目第一条生产线正式投产，提升了中俄两国在能源领域的合作水平。巴西美丽山±800千伏特高压直流输电项目是我国首个特高压“走出去”项目，标志着我国特高压输电技术在国际舞台上得到了一定的认可。一系列项目的成功实施，包括巴基斯坦的卡拉奇K-2和K-3核电站项目、卡洛特水电站，以及埃塞俄比亚的阿达玛风电项目、阿根廷的高查瑞光伏电站项目和黑山的莫祖拉风电项目，为当地经济社会发展提供了强大动力。

3. 通信基础设施

中国已在北京、上海、广州、昆明、南宁、乌鲁木齐、福州、哈尔滨、青岛、汕头、海口等城市获批设立国际通信业务出入口局。这些重要节点将借助大容量光缆，有效连接中国与东南亚、南亚、中亚等多个区域，极大地增强了中国与周边国家的国际语音和数据通信能力。中国移动参与建设的2Africa海底光缆项目加速推进。与此同时，腾讯、阿里巴巴等国内知名企业也在全球范围内积极布局，投入运营了多个海外云计算中心，为全球用户提供优质的云端服务，助力各国在数字化、智能化领域的转型。① 此外，中缅、中巴、中吉、中俄等跨境光缆信息通道的建设亦取得了显著成果。为进一步加强国际合作，中国与国际电信联盟签署了旨在强化“一带一路”框架下电信和信息网络领域合作的意向书，并与吉尔吉斯斯坦、塔吉克斯坦、阿富汗等国家签署了丝路光缆合作协议，标志着丝路光缆项目的实质性启动。②

（二）基础设施建设的具体案例

1. 雅万铁路

雅加达是印度尼西亚的首都，也是政治和经济中心，人口超过千万；万隆是西爪哇省的首府，印度尼西亚第四大城市，人口约200万。印度尼西亚雅加达与万隆间有一条修建于100多年前的老旧既有铁路，时速仅50多千米，旅客乘坐时间长，舒适度差。从首都雅加达到万隆，直线距离不过百余

---

① 国家发展改革委“一带一路”建设促进中心．高质量共建“一带一路”成绩斐然［N］．人民日报，2022-01-25（14）．

② 李冉．基础设施：“一带一路”建设的先锋队急行军［J］．人民交通，2019（5）：21-26.

千米，但乘车时间需 3 小时以上，如果天气或交通情况不佳，甚至需要 4～5 小时。而每逢开斋节等印度尼西亚重大节日前夕，往返雅加达和万隆之间的道路就会拥堵不堪，不论是开车还是骑摩托车，人们在路上都要花上近一天的时间。

2008 年，印度尼西亚政府提出，计划在雅加达和印度尼西亚第二大城市泗水之间修建高铁，规划路线全长 700 多千米，而雅万铁路正是这项计划中第一个被付诸实施的部分。2014 年 11 月，印度尼西亚总统佐科·维多多受邀体验京津城际铁路，高速、安全、舒适的中国高铁给佐科留下了深刻印象，中国与印尼合作建设雅万高速铁路的议程开启。2015 年 3 月，佐科总统再度访华，两国签署了《中印尼雅加达—万隆高速铁路合作谅解备忘录》；同年 4 月，习近平主席出席在印尼举行的亚非会议 60 周年纪念会议，两国元首签署了《关于开展雅加达—万隆高速铁路项目的框架安排》。2016 年 1 月 21 日，雅万高铁动工仪式在瓦利尼举行；3 月，印尼交通部将雅万高铁的特许经营权给予了中印尼高铁合资公司，双方签署协议，这为雅万高铁的建设运营提供了重要的法律保障。2017 年 4 月 4 日，雅加达至万隆高速铁路总承包合同（EPC）在雅加达签署，标志着雅万铁路进入全面实施阶段。雅万铁路采取建设、运营、移交融资模式（BOT 融资模式），中印尼高铁合资公司特许运营权原计划始于 2019 年 5 月 31 日，为期 50 年，特许运营权期限结束后将移交印尼政府运营。[①] 2023 年 10 月 2 日，雅万铁路正式启用。全长 142 千米、设计最高时速 350 千米的雅万铁路令当地交通体系实现升级，能够大幅加速沿线人员流动、货物流通，铺就融合之路、开放之路、共富之路。

雅万铁路的建设采用了全套中国技术、中国标准，展示了中国高铁技术的成熟度和全面实力，也是首个由政府搭台、两国企业合作建设的铁路“走出去”项目。从线路设计、施工建设到运营管理，中国都提供了全方位的技术支持。特别是在面对印度尼西亚复杂的地质环境和气候条件时，中国高铁技术展现出了卓越的适应性和稳定性。此外，雅万铁路还采用了智能化感知技术和地震监测预警系统等先进技术，进一步提升了列车运行的安全性和可

① 施张兵，蔡梅华. 中印尼雅万高铁面临的困境及其解决路径 [J]. 学术探索，2016 (6)：28-35.

靠性。

雅万铁路的成功建设和运营为中国高铁品牌树立了良好的国际形象。对于进一步打造“中国高铁”品牌，推动中国铁路“走出去”具有重要的示范效应。[①] 作为中国高铁“走出去”的标志性工程，雅万铁路不仅提升了中国高铁品牌的知名度和影响力，也为中国高铁在国际市场上赢得了更多机会和合作空间。同时，雅万铁路的建设还促进了中国与印度尼西亚等东南亚国家的经济和文化交流，加深了相互的理解和友谊。

2. 佩列沙茨大桥

克罗地亚是位于巴尔干半岛西部的国家，自古以来就因其独特的地理位置而被赋予了特殊的历史使命。它的南部领土，通常被称为达尔马提亚，与其余部分被邻国波斯尼亚和黑塞哥维那的一段狭窄海岸线所隔断。这种地理上的分割，造成了显著的经济和社会影响。由于缺乏直接的陆地连接，达尔马提亚地区在交通、经济发展乃至文化交流方面都与克罗地亚其他地区存在隔阂。在这样的背景下，佩列沙茨跨海大桥的建设，不仅是一个工程项目，还承载着几乎整个国家的期望。这座大桥旨在连接克罗地亚的陆地领土，特别是达尔马提亚地区与其余部分，从而结束长期以来的地理隔离状态。对于克罗地亚来说，这不仅是交通便利性的提升，更是国家一体化的重要步骤。

2017 年，克罗地亚就佩列沙茨大桥项目进行公开招标。除路桥外，奥地利知名建造商 Strabag 和由意大利 Astaldi 与土耳其 IcIctas 组成的联合体等八家企业参与竞标。中国路桥公司正是基于对自己优势的认识和把握，给出了自己能够承担而又相对较低的报价和较短的工期，力拔头筹，毫无争议地赢得了竞标项目。2019 年 1 月 10 日，佩列沙茨大桥试桩钢管打设成功；5 月 9 日，佩列沙茨大桥完成全桥钢桩打设。2020 年 1 月，佩列沙茨大桥 S3 号墩首根桩基混凝土浇筑成功；4 月 22 日，佩列沙茨大桥最高墩（S8 号墩）下塔柱最后一节墩身混凝土浇筑完成，标志着大桥最高墩下塔柱封顶。2021 年 3 月，佩列沙茨大桥主墩索塔全部封顶；7 月 28 日，佩列沙茨大桥成功合龙。2022 年 6 月，佩列沙茨大桥部分通过验收，标志着大桥项目主体工程竣工交验并进入

① 郭立校．动力集团华柴公司发电机组中标印尼雅万高铁项目［J］．中国军转民，2017（1）：39.

质保期，并于7月26日正式通车。该桥是一座位于克罗地亚的公路斜拉桥，横跨亚得里亚海的小斯通湾，连接克罗地亚大陆与佩列沙茨半岛。全长2440米、宽22.5米，桥面设计为双向两车道公路。

中克在佩列沙茨跨海大桥项目中的合作，具有重要的象征意义。从政治角度来看，这一合作是中国与欧洲国家在基础设施领域合作的一个典范，展示了中国在全球范围内参与高端基础设施项目的意愿和能力。此外，这种合作还反映了克罗地亚在多边外交中的灵活性和开放性，尤其是在寻求外部投资和技术支持以促进国家发展方面。从经济角度来看，中克合作在佩列沙茨跨海大桥项目中体现了共赢的原则。对克罗地亚而言，这座大桥的建设不仅提高了国内的交通效率和经济发展潜力，还吸引了中国的投资和技术，这对一个追求经济现代化和更广泛国际合作的国家来说至关重要。

3. 亚马尔液化天然气项目

我国作为世界第二大经济体，需要构建清洁低碳、安全高效的现代能源体系，为此应该以高质量的低碳能源作为支撑，加快推进天然气利用，提高天然气在一次能源消费中的比重①。目前世界能源格局由传统的“中东”地区向西转移，煤炭逐渐被低碳清洁能源——天然气取代，北极地区的能源地位上升，将成为能源“新中东”。对俄罗斯而言，霸权压力促使其向中国靠拢②。中国与俄罗斯协力打造的“冰上丝绸之路”将为中国提供一条通往欧洲的最快捷和最经济的蓝色经济通道③。打造“丝绸之路经济带”为中俄北极资源开发奠定了稳固的基础。因此，需要通过中俄双边合作获得北极资源的供给，这也是中国的经济安全探索新的空间和选择。④

2013年12月，由俄罗斯最大独立天然气生产商诺瓦泰克公司主导，法国道达尔公司、中国石油天然气集团有限公司（以下简称“中国石油”）和中国丝路基金参股的亚马尔LNG项目作出最终投资决定，四方分别占股50.1%、20%、20%、9.9%。该项目标志着全球纬度最高、规模最大、总投资约300

① 张景瑜，孟庆璐，缪云红，等．加快推进天然气利用助力中国经济高质量发展［N］．中国石油报，2018-06-29（1）．

② 王新和．推进北方海上丝绸之路“北极问题”国际治理视角［M］．北京：时事出版社，2017.

③ 王志明，陈远航．中俄打造“冰上丝绸之路”的机遇和挑战［J］．东北亚论坛，2018（2）：17-33，127.

④ 杨剑．北极航运与中国北极政策定位［J］．国际观察，2014（1）：123-137.

亿美元的极地超级工程正式启动。2017 年 12 月，亚马尔项目首条生产线投产。2018 年 7 月 19 日，江苏省南通市气温高达 40℃，一船“冰川上的来客”抵达如东 LNG 接收站——Vladimir Rusanov 号 ARC7 冰级运输船，满载来自亚马尔的 7.5 万吨液化天然气首抵中国，见证了中俄能源合作史上的又一重要时刻。2018 年 8 月，亚马尔项目第二条生产线投产，同年 12 月，第三条生产线投产，比计划整整提前一年。

构建“冰上丝绸之路”对于缓解中国天然气供应紧张的局面具有至关重要的战略意义。鉴于我国本土天然气产量远未能匹配迅速增长的消费需求，从海外大规模进口天然气已成为必要之举。[①] 亚马尔项目将北极的航道和能源资源充分结合起来，在一定程度上缓解了我国的“气荒”局面，也为全球各国在北极的能源开发起到了引领作用，是“一带一路”倡议的海外典范工程。它也是中俄在北极圈的首个全产业链合作项目，对中国海外能源合作、提升中国在世界能源市场上的话语权具有重要意义。

（三）基础设施建设的政策建议

1. 加强“一带一路”共建国家政府间的合作

“一带一路”共建国家政府间的合作具有至关重要的意义，不仅体现在各国政府层面，更深入地方各层级，形成了强大稳定的跨国区域网络和社会网络。地方合作作为共建“一带一路”的重要支撑，对于推动各国间的交流与合作、夯实互利合作基础发挥着不可替代的作用。通过深化地区间的合作，能够有效推动“一带一路”共建国家的经济蓬勃发展与社会全面进步，同时增进各国的相互信任与协作，共同迈向构建人类命运共同体的目标。加强“一带一路”共建国家政府间的合作应当聚焦于以下几个关键方面。

一是加强“一带一路”共建国家政府间的合作，增强互信，降低不确定性与风险。通过高层政治交往，签署“一带一路”共建国家的政府间合作协议，加强政策沟通协调，消除疑虑，达成共识，为“一带一路”共建国家的基础设施建设创造良好的环境。

二是加强基础设施标准和规范的协调。普遍认可的基础设施建设标准与

---

① 孙凯，马艳红．“冰上丝绸之路”背景下的中俄北极能源合作——以亚马尔 LNG 项目为例［J］. 中国海洋大学学报（社会科学版），2018（6）：1-6.

规范，有助于降低建设标准与规范的协调成本。因此，推进“一带一路”共建国家的基础设施建设，共建国家要在基础设施建设的标准规范上进行协调，包括技术标准、管理标准、制度标准等。

三是成立各种形式的国家间或地区间合作基金，强化利益绑定。可在“一带一路”共建国家政府层面，成立由这些国家出资的合作基金，专门用于基础设施建设。例如，亚洲基础设施投资银行就是一个能较好促进区域性基础设施建设的机构。今后可积极探索设立“一带一路”共建国家的双多边合作基金，推进相关基础设施建设。

2. 统筹考虑与周边国家经济合作的收益与风险，制定合适的战略

在中国的发展蓝图与外交布局中，周边国家的重要性显而易见。特别是在中国融入全球经济的征程中，与这些国家的经济合作扮演着至关重要的角色。因此，深化与周边国家的经济合作尤为重要，旨在实现更为广泛而深入的互利共赢，为中国的持续稳健发展创造一个更为有利的国际环境。考虑中国与周边国家的经济合作可能存在的风险，中国与周边国家在开展经济合作时，需要统筹考虑收益与风险，制定合适的战略。

一是争取早日达成中韩自贸区协议，充分发挥周边合作机制作用，进一步深化与周边国家的经济合作。积极推动上海合作组织成员国全面战略协作伙伴关系的深入发展，深化上合组织成员之间的经济合作；打造中国东盟FTA升级版，争取早日达成中韩自贸区协议，进一步提升与东盟国家及韩国的合作水平和层次。

二是在深化与周边国家的经济合作中，积极寻求并扩大从这些国家的进口规模，以此作为对周边国家经济发展的实质性支持。鉴于对外投资领域可能面临的风险，可以策略性地增加从周边国家的进口量，以促进双方更为健康、稳定的互动。这一举措不仅能降低潜在风险，还能为周边国家提供稳定的市场需求。更进一步地，通过签署长期供应合同，可以为周边国家在资源开发、生产制造等领域提供明确的市场预期，从而激发其投资活力。

三是对周边小国、经济欠发达国家实施“多予少取”策略和加大对当地居民的民生性援助力度。“多予少取”策略是将对方需要的交通运输、农业水利等项目列入投资重点，消除当地居民的疑虑，增加互信。对周边小国，尤其要注重对方的现实需求，采取合理的方式予以援助。

3. 撬动亚投行、丝路基金等社会资本参与基础设施建设

在“一带一路”倡议的积极推动下，亚洲基础设施投资银行和丝路基金等机构成立，它们通过提供资金支持和项目合作，成为推动共建国家基础设施建设的重要力量。亚投行和丝路基金通过贷款、投资等多样化的金融手段，为大量基础设施项目提供了强劲的资金保障，有力地推动了“一带一路”倡议的深入实施。在未来的发展中，要进一步发挥亚投行、丝路基金等机构在“一带一路”基础设施建设中的核心作用。除了传统的贷款和投资方式，还需积极探索和创新支持形式，比如公私合作（PPP）模式、政府和社会资本合作等，以吸引更多社会资本参与到“一带一路”的基础设施建设中来。亚投行和丝路基金参与“一带一路”基础设施的建设与运营，不仅为共建国家带来了资金援助，更通过这些合作项目，将“一带一路”共建国家紧密地联结成一个共享繁荣、共同发展的利益共同体。这将进一步促进区域经济一体化，推动全球经济的繁荣与稳定。这种利益的深度绑定，不仅能够加强各国间的经济合作，还能够为社会资本提供更明确的投资预期，从而降低投资风险，提高投资回报。当社会资本看到“一带一路”基础设施建设所带来的稳定收益和良好前景时，它们将更愿意参与其中。进一步推动“一带一路”基础设施建设逐步走向市场化运作，形成良性循环，提高项目的运作效率和投资回报率，吸引更多的资本和资源投入“一带一路”的伟大事业中。

二、人文交流

2013 年 10 月，习近平总书记在周边外交工作座谈会上强调，为了“巩固和扩大我国同周边国家关系长远发展的基础”，“要全方位推进人文交流”。人文交流，作为不同国家、地区社会和民意、民族间文化交流的核心要素，不仅是国际关系发展的桥梁和纽带，更在传播各国文化、塑造国家形象、增强国家软实力等方面发挥着不可或缺的作用。因此，以人文交流合作为动力源泉，推动“一带一路”倡议的深入发展。[①]

（一）人文交流的重要性

人文交流，涵盖了人员往来、思想碰撞和文化交融等多个层面，其核心

---

① 郭永真．以人文交流推动“一带一路”发展［N］．学习日报，2023-09-17.

价值在于加深各国人民之间的认知与理解，从而构建区域文化的共同认同、价值共鸣，并实现对区域政治合法性的有力支持。[①] 在 2017 年 7 月由习近平总书记主持召开的中央全面深化改革领导小组会议上审议通过的《关于加强和改进中外人文交流工作的若干意见》中明确指出，中外人文交流在我国对外工作中占据着举足轻重的地位，它不仅是稳固中外关系民意基础的关键环节，更是提升我国对外开放水平的重要途径。如今，人文交流已被提升至新的战略高度，与政治互信、经贸合作并列为推动中国与世界各国关系稳定发展的三大支柱。

此外，人文交流也是“一带一路”朋友圈的基础。“一带一路”秉持的是共商、共建、共享原则，无论是国际还是国内，要真正为世人所接纳，都必须尽量消除共建国家民众之间的隔阂，形成一个相互欣赏、相互理解、相互尊重、民心相通新的更紧密的朋友圈；[②] 也是化解资源民族主义的有效手段。资源供应国在与资源需求国进行资源交易时，出于本国资源保护或政治因素的考虑，会采取限制资源出口等措施，实行资源民族主义政策。这使得资源进口国措手不及，造成极大损失。在一些国家有针对性地鼓吹资源民族主义的情况下，中国要积极进行人文沟通，树立信誉良好的合作伙伴形象。

（二）人文交流的成果

自“一带一路”倡议启动以来，中国与共建国家在文化交流领域展现了丰富多彩的形式。不仅涵盖了艺术节、电影节、音乐节、文物展览和图书展等多种活动，还涉及图书、广播、影视等精品内容的联合创作、互译及播放。为深化这一合作，丝绸之路国际剧院联盟、博物馆联盟、艺术节联盟、图书馆联盟、美术馆联盟等相继成立，构建了一个广泛的合作网络。此外，还举办了丝绸之路（敦煌）国际文化博览会、丝绸之路国际艺术节、海上丝绸之路国际艺术节等一系列盛大的文化节会，并在共建国家设立了多个中国文化中心，以增进相互间的文化理解与交流。

第一，在文化遗产保护方面，中国与印度尼西亚、缅甸、塞尔维亚、新

---

① 王冠蒽，时遂营．“讲好中国故事”视域下内地与香港高校人文交流策略分析［J］．玉溪师范学院学报，2020，36（1）：38-43.

② 周璐铭．中国对外文化战略研究（2000—2015）［D］．北京：中共中央党校，2015.

加坡、沙特阿拉伯等国家签订了合作文件，共同致力于文化遗产的保护与传承。中国、哈萨克斯坦和吉尔吉斯斯坦三国成功联合申报了“丝绸之路：长安—天山廊道的路网”项目，将其列入《世界文化遗产名录》，彰显了“一带一路”共建国家共同的文化遗产保护意识。第二，在新闻合作方面，中国与“一带一路”共建国家积极推动新闻合作联盟的建设，共同拓展新闻传播的广度和深度。同时，丝绸之路沿线的民间组织合作网络也迅速发展，成员已达300余家，成为推动民间友好合作的重要桥梁和纽带。第三，在教育培训方面，中国积极推广“丝绸之路”中国政府奖学金项目，并与多个“一带一路”共建国家达成高等教育学历学位的互认协议。据统计，2017年，共计3.87万名共建国家的学生通过此奖学金项目来华深造，占中国政府奖学金学生总数的66%。第四，在推广汉语文化和教育方面，中国已在54个共建国家设立了153所孔子学院和149个孔子课堂，为当地学生提供了学习汉语和了解中国文化的平台。同时，中国科学院也在共建国家设立了硕士、博士生奖学金和科技培训班，至今已培训了超过5000人次的专业人才，促进了共建国家在科技和教育领域的深度合作。第五，在旅游合作方面，中国与多个国家共同举办了旅游年活动，并创办了丝绸之路旅游市场推广联盟、海上丝绸之路旅游推广联盟、“万里茶道”国际旅游联盟等旅游合作机制。此外，中国已与57个共建国家签署了互免签证协定，与15个国家达成了19份简化签证手续的协定或安排。2018年，中国出境旅游人数达1.5亿人次，外国游客到中国旅游的人数达到3054万人次，俄罗斯、缅甸、越南、蒙古国、马来西亚、菲律宾和新加坡等国家成为中国主要的客源市场。第六，在卫生健康合作方面，自首届“一带一路”国际合作高峰论坛召开以来，中国与蒙古国、阿富汗等国家及世界卫生组织等国际组织，以及比尔及梅琳达·盖茨基金会等非政府组织相继签署了56个推动卫生健康合作的协议。

（三）人文交流的具体案例

1. 孔子学院

孔子学院，即孔子学堂（Confucius Institute），它并非一般意义上的大学，而是推广汉语和传播中国文化的交流机构，是一个非营利性的社会公益机构，一般设在国外的大学和研究院之类的教育机构里。孔子学院最重要的一项工作就是给世界各地的汉语学习者提供规范的现代汉语教材；提供最正规、最主要的汉语教学渠道。孔子是中国传统文化的代表人物，选择孔子作为汉语教学品牌是中国传统文化复兴的标志。为推广汉语文化，中国政府在1987年成立了“国家对外汉语教学领导小组”，简称为“汉办”，孔子学院就是由“汉办”承办的。它秉承孔子“和为贵”“和而不同”的理念，以建设一个持久和平、共同繁荣的和谐世界为宗旨，推动中国文化与世界各国文化的交流与融合。

孔子学院作为连接世界与中国的重要桥梁，自“一带一路”倡议实施以来，其在培养语言人才、促进文化交流以及深化民间交往方面的作用日益凸显，成为推动“一带一路”建设不可或缺的力量。第一，在规模与分布方面，孔子学院自2004年诞生以来，数量增长迅速，影响力日益扩大。截至2019年底，中国已在162个国家（地区）设立了550所孔子学院及1172个中小学孔子课堂，覆盖了世界五大洲，为全球汉语学习者提供了广泛的学习机会。第二，在教育方面，孔子学院致力于汉语传播，为“一带一路”建设培养了大量精通汉语、了解中国的人才。学院立足大学、面向社区，构建了从基础教育到高等教育的完整汉语教学体系，满足不同学习者的需求。许多外国人因为对中国文化的热爱而学习汉语，孔子学院也成为他们了解中国文化的窗口。第三，在文化交流与合作方面，孔子学院积极组织各类文化活动，如“文艺巡演”“专家讲坛”“文化展览”等，加强了中外文化之间的交流与互动。经过多年发展，孔子学院不仅在语言传播方面取得显著成果，还逐渐发展为涵盖中医、商务、旅游、科技等多个领域的特色学院，为当地民众深入了解中国文化提供了重要平台。此外，孔子学院在推动民间交往方面也发挥了积极作用。每年，孔子学院都会组织来自“一带一路”共建国家的教育官员、校长、师生等参加“汉语桥”等交流活动，让他们亲身体验中国文化，感受当代中国的发展脉搏。同时，各国孔子学院还积极组织青少年参加“汉语桥”中文比赛，激发了他们学习汉语的热情。第四，在“一带一路”研究方面，为“一带一路”倡议提供智力支持。“孔子新汉学计划”招收各国多名优秀青年学者，来华攻读博士学位和访学研修，开展“一带一路”学术研究。各国孔子学院每年举办有关“一带一路”学术讲座、高端论坛、国际会议200多场。柬埔寨王家研究院孔子学院经过两年努力，翻译出版了柬文版

《习近平谈治国理政》；匈牙利罗兰大学成立“一带一路”研究中心；泰国曼谷博仁大学等26家教育机构联合承办“海上丝路孔子学院”，成为东南亚地区“一带一路”研究的重要基地，等等。

孔子学院在“一带一路”建设中发挥着举足轻重的作用，其培养的人才已成为推动这一宏伟倡议的主力军。各国孔子学院积极响应，为当地的中资机构培养培训本土员工、提供咨询服务。例如，泰国孔敬大学孔子学院特别设立了高铁汉语培训项目，以满足特定行业的需求；乌克兰孔子学院则专注于为乌航培养本土员工，确保其在国际航空领域的竞争力；白俄罗斯孔子学院致力于为中白工业园区内的中资企业输送汉语人才，促进双方经贸合作；塔吉克斯坦孔子学院则为海成集团的本土员工提供职业培训，增强他们在国际化舞台上的工作能力。这些举措不仅为“一带一路”建设提供了直接而有效的支持，还深化了参与国家之间的经济文化交流，产生了广泛而深远的社会影响。①

2. 丝绸之路（敦煌）国际文化博览会

在悠久的历史洪流中，亚欧大陆的各族人民凭借坚定的意志与无尽的辛勤，共同缔造了一条贯通亚欧非多元文明的古老通道——丝绸之路。丝绸之路不仅是一条贸易之路，更是一条友谊之路。在这条古老的通道上，各国人民通过贸易往来、文化交流，建立了深厚的友谊与合作关系。这条连接东西方的古老通道，见证了不同文明间的交流与碰撞，也见证了人类文明的繁荣与发展。

敦煌，不仅是历史的见证者，更是文化的传承者，作为丝绸之路上的重要节点，承载了丰富的历史文化遗产和深厚的文化底蕴。在这里，东西方文明相互交融，形成了独特而璀璨的敦煌文化。它以其独特的历史地位和丰富的文化内涵，吸引着世界各地的目光。因此，在敦煌举办国际文化博览会，不仅是对丝绸之路精神的传承和弘扬，也是对敦煌文化的展示和推广。

丝绸之路（敦煌）国际文化博览会（以下简称“敦煌文博会”），自2015年起正式被党中央、国务院批准，纳入国家“丝绸之路经济带和21世纪海上

---

① 周明阳．“一带一路”沿线已有53国建立137所孔子学院：从语言入手用心灵沟通［N］．经济日报，2018-09-11（08）．

丝绸之路建设战略规划”之中，成为唯一的聚焦于“一带一路”倡议下国际文化交流的国家级盛事。这一盛会由甘肃省人民政府、文化和旅游部、国家广播电视总局以及中国贸促会联合主办，自2016年9月首次举办以来，始终贯彻“和平合作、开放包容、互学互鉴、互利共赢”的丝路精神，遵循共商、共建、共享的基本原则。敦煌文博会的成功举办，在政治、经济、文化等多个领域均取得了显著成效，成为推动“一带一路”国际文化交流与合作的重要平台。

在过去的六届辉煌盛会中，敦煌文博会会聚了来自全球100多个国家、地区和国际组织的近万名尊贵嘉宾。盛会聚焦“一带一路”倡议、敦煌学研究的深化、丝绸之路文化交流的促进与遗产保护、文化创意产业的蓬勃发展以及文化旅游项目的洽谈与签约等核心议题。经过精心策划，一系列丰富多彩的文化论坛、展览展示、文化贸易洽谈和国际合作交流活动得以成功举办。这些活动不仅致力于向世界展现中国文化的独特魅力，传递中国声音，更在增进各国人民相互理解、加深友谊方面发挥了积极作用。敦煌文博会的成功举办，为深化“一带一路”共建国家和地区间的人文交流、战略互信和经贸合作提供了有力支持，为构建人类命运共同体奠定了坚实的人文基石。①

三、经贸合作

贸易畅通合作，作为共建“一带一路”倡议的核心引擎，对于推动各国经济的持续增长具有举足轻重的意义。多年来，我国与“一带一路”共建国家在贸易领域的合作不断深化，不仅实现了贸易自由化和便利化的显著提升，更通过持续创新的贸易模式，将我们的合作推向了新的高度。

（一）经贸合作的成果

随着“一带一路”倡议的深入推进，中国与共建国家在贸易、投资、产能合作及国际合作园区建设等领域取得了显著成就，主要体现在以下几个方面。

第一，贸易规模持续扩大，贸易与投资自由化、便利化水平不断提升。

---

① 丝绸之路（敦煌）国际文化博览会［EB/OL］. 丝绸之路国际文化博览会，https：//www.gswbj.gov.con/a/2024/01/15/19619.html.

中国与共建国家之间的服务贸易实现了从小到大的稳步发展。世界银行研究团队深入分析了共建“一带一路”倡议对71个潜在参与国贸易的影响，表明该倡议有望促进参与国之间的贸易增长4.1%。在推进贸易和投资自由化便利化方面，中国积极倡导并发布了《推进“一带一路”贸易畅通合作倡议》，吸引了83个国家和国际组织的积极参与。[①] 在海关检验检疫领域的合作也日趋深化。自2017年5月首届“一带一路”国际合作高峰论坛以来，双方已签署百余项合作文件，实现了50余种农产品食品的检疫准入。为营造更高标准的国际营商环境，中国积极放宽外资准入领域。为此，中国设立了12个面向全球的自由贸易试验区，并积极探索建设自由贸易港，以吸引更多“一带一路”共建国家来华投资。同时，中国已将关税水平从加入世界贸易组织时的15.3%降至2019年的7.5%，进一步降低了贸易壁垒。此外，中国还与东盟、新加坡、巴基斯坦、格鲁吉亚等多个国家和地区签署了自由贸易协定或进行了贸易升级，与欧亚经济联盟也签署了经贸合作协定，逐步构建了一个与共建国家的自由贸易网络体系，为贸易的顺畅流通奠定了坚实基础。[②]

第二，国际产能合作与第三方市场合作稳步推进。迄今为止，中国已与哈萨克斯坦、埃及、埃塞俄比亚、巴西等四十多个国家签署了产能合作文件，并进一步深化了与东盟、非盟、拉美和加勒比国家共同体等区域组织的合作关系，共同推进了一系列机制化的产能合作项目。同时，中国也积极寻求与法国、意大利、西班牙、日本、葡萄牙等国家在第三方市场上合作的机会，共同探索更广泛、更深层次的国际合作。

第三，合作园区蓬勃发展。中国各类企业秉持市场化与法治化原则，自发地前往“一带一路”共建国家，共同构建合作园区。这些园区不仅促进了共建国家学习中国改革开放以来通过开发区和工业园区实现经济增长的宝贵经验，更在推动当地经济繁荣、创造税收新来源和就业新渠道中扮演了关键角色。与此同时，中国与哈萨克斯坦、老挝等国家合作建立了具有标志性的项目，如中哈霍尔果斯国际边境合作中心和中老磨憨—磨丁经济合作区，此

---

① 王海燕.“一带一路”开启中国与世界良性互动的新模式［EB/OL］. 中国一带一路网，（2019-06-18）［2024-06-29］. https：//www. yidaiyilu. gov. cn/p/94284. html.

② 梁敏. 中国发表《共建“一带一路”倡议：进展、贡献与展望》报告 共建“一带一路”开启新征程［N］. 上海证券报，2019-04-23（2）.

外，与其他国家的跨境经济合作区建设也在有序推进中。

（二）经贸合作的具体案例

1. 中埃·泰达苏伊士经贸合作区

首先，在地理位置方面，中埃·泰达苏伊士经贸合作区（以下简称“泰达合作区”或“经贸合作区”）位于“一带一路”和“苏伊士运河走廊经济带”的交汇点上，具有得天独厚的地理优势。这种地理位置的优势为企业提供了良好的投资环境，也有利于促进中国与埃及之间的经贸合作。其次，在经贸合作方面，中国和埃及有着长期的友好合作关系。双方一直在寻求深化经贸合作的机会，而泰达合作区的建立正是为了推动两国经贸合作的进一步发展。通过这一平台，中国企业可以更加便捷地进入埃及市场，同时也有助于提升埃及的工业化水平。此外，泰达合作区还得到了中埃两国领导人的高度重视和支持。多位领导人曾为泰达合作区的建设项目揭牌或授牌，这也表明了双方推进这一项目的决心和信心。

泰达合作区于2008年正式成立，由天津泰达控股和中非基金联合打造，成为中埃两国经贸合作的重要桥梁。该合作区位于“一带一路”倡议与“苏伊士运河走廊经济带”的交汇点，地理位置十分优越。[①] 它毗邻埃及第三大港口——因苏哈那港，与之相距仅有两千米之遥，且拥有便捷的陆路交通网络，距离埃及首都开罗120千米、苏伊士城40千米，以及新首都项目60千米。目前，泰达合作区是埃及国内唯一实现全方位基础设施配套的工业园区，可直接接纳企业入驻，因此备受中埃两国政府的高度关注。2013年12月，合作区扩展区6平方千米的土地合同正式签署，象征着项目的深入推进。到了2016年1月，中国国家主席习近平与埃及总统塞西共同为泰达合作区扩展区项目举行揭幕仪式，这一重要时刻标志着该合作区已成为中国企业布局“一带一路”倡议和“苏伊士运河走廊经济带”的关键平台。[②] 经贸合作区总面积达7.34平方千米，其中起步区占地3.4平方千米，已完成建设并投入运营。目前，起步区已初步形成四大主导产业：新型建材、石油装备、高低压设备以

① 肖天祎．“中埃合作之城”——中埃·泰达苏伊士经贸合作区的腾飞与展望［N］．光明日报，2018-08-06（12）．

② “一带一路”绿色发展案例研究报告［EB/OL］．北京：生态环境部，2019-09-24.

及机械制造，经济效益持续增强。至2020年6月，扩展区一期工程已圆满完成，包括2平方千米的基础设施建设，各类配套设施运转顺畅。这一成就成功吸引了包括大运摩托、厦门延江在内共计15家企业的大型项目入驻。这些项目的入驻不仅推动了扩展区内上下游配套企业的集聚，还加快了产业集聚的步伐，对推动中埃两国的经贸合作具有重大意义。

经过十余载的精心耕耘与卓越发展，泰达合作区已跃升为两国企业投资合作的优选之地，取得显著的经济效益与社会效益。截至2020年6月底，该合作区已成功吸引96家企业入驻。首先，在就业方面，泰达合作区直接创造了约4000个就业岗位，并通过产业链的联动效应，间接带动了超过3万人的就业。泰达合作区的卓越表现赢得了埃及政府的高度赞誉，被誉为“梦想启航的圣地”。其次，在人才培养与社会责任担当方面，合作区更是倾注了巨大心力。定期举办多样化的培训项目，组织埃及的优秀员工和管理者来华深造，让他们亲身体验中国文化的独特魅力，为埃及培养并储备了一批高素质的管理和技术人才。此外，合作区还积极与中国驻埃及大使馆及当地福利机构携手，共同举办了一系列社会公益慈善活动，充分履行了企业的社会责任。如今，泰达合作区已成为埃及政府及企业员工了解中国先进经验与文化的重要窗口，为推动中埃两国的经贸合作与文化交流发挥着重要作用。

2. 埃塞俄比亚东方工业园

埃塞俄比亚，作为“一带一路”倡议的战略要地，不仅占据着非洲的政治核心地位，更因其庞大的劳动力储备和低廉的电力成本而备受关注。这里为中国商品进军非洲、中东乃至欧美市场提供了得天独厚的条件。通过东南非共同市场（COMESA），中国产品能够轻松进入其涵盖的21个成员市场。更值得一提的是，埃塞俄比亚享有美国《非洲增长与机遇法案》以及欧盟等针对非洲产品的免税免配额政策，这些优势使中国企业在此投资能够有效规避反倾销等贸易壁垒的困扰。因此，埃塞俄比亚无疑具备成为江苏乃至中国“中非产能合作”战略中的核心节点的巨大潜力。

埃塞俄比亚工业园于2007年11月成功通过商务部与财政部的境外经贸合作区招标流程，随后在两国政府及地方层面的积极指导和支持下，于2008年成立了东方工业园有限公司，并正式启动了其规模化的建设与发展。经过商务部与财政部的严格评估，该工业园于2015年4月获得正式认证。该工业园规划总面积达5平方千米，其中4平方千米已获土地权证，包括一期2.33平方千米与二期1.67平方千米。截至2020年，一期工程已全面竣工，总投资额达2.5亿美元。园区内建设了总面积达30万平方米的标准厂房，以及18500平方米的员工宿舍楼，并配备了3000平方米的综合办公及生活服务设施。此外，还构建了长达12千米的园区主干道，绿化面积达6万平方米，同时配置了600吨/小时的供水系统、日处理能力为13000吨的污水处理站以及总容量为25.2万kVA的变电站。目前，该工业园二期工程已开工建设，正积极推进基础设施的完善工作。到2021年1月，已有120家企业入驻该工业园，涵盖建材、鞋帽、纺织服装、汽车组装和金属加工等多个行业。在追求经济效益的同时，埃塞俄比亚工业园亦积极承担社会责任，为当地学校、孤儿院等提供捐助，并允许未开发土地供农民进行耕作。此外，该工业园还免费提供工程机械协助园区周边地区进行水利和工程建设，为当地社区带来了实质性的利益，因此获得了当地民众和政府的高度赞誉与认可。①

四、经济走廊

自中国提出“一带一路”倡议以来，“一带一路”已从顶层设计进入务实推进阶段。作为“一带一路”倡议的有机组成部分，“一带一路”经济走廊的贸易创造效应、投资促进效应、产业集聚效应和空间溢出效应将会对共建国家间区域生产网络的完善与重构、价值链的延伸、贸易和生产要素的优化配置起到积极的促进作用，也为共建国家提升经济发展质量、促进合作共赢带来了新的机遇。

（一）中蒙俄经济走廊

中蒙俄经济走廊是在“一带一路”主体框架下构建的国际经济合作的重要平台。首先，作为丝绸之路经济带的重要组成部分，中蒙俄经济走廊的建设有助于推动中国与中亚、欧洲等地区的经贸合作与交流。其次，中蒙俄经济走廊的建设旨在加强三国在口岸建设和能源领域的合作。通过优化交通基础设施和能源网络布局，提升区域互联互通水平，促进贸易和投资便利化，

① 齐冠钧. 埃塞俄比亚东方工业园［J］. 中国投资，2020（Z3）：63.

从而增强三国经济的互补性和竞争力。再次，中蒙俄经济走廊的建设还顺应了全球经济格局调整和转型的趋势。在全球经济增长乏力、贸易保护主义抬头的背景下，中蒙俄经济走廊的建设为三国提供了新的增长动力和发展空间。最后，通过加强区域经济合作，中蒙俄经济走廊也有助于提高三国在国际舞台上的话语权和影响力。

在2014年9月11日的中俄蒙三国元首会晤中，习近平主席提出了一个宏伟的构想，即将中国的“丝绸之路经济带”与俄罗斯的“跨欧亚大铁路”以及蒙古国的“草原之路”倡议进行战略性的对接，旨在联手打造中蒙俄经济走廊。[①] 到2018年，三国共同签署了《关于建立中蒙俄经济走廊联合推进机制的谅解备忘录》，这一备忘录的签署进一步强化了三方合作的工作机制。同时，三国还签署并核准了《关于沿亚洲公路网国际道路运输政府间协定》，该协定的正式生效为三方在交通领域的深入合作提供了坚实的法律支撑。[②]

近年来，中蒙俄三国在推动经济走廊建设方面取得了令人瞩目的成就。首先，在基础设施互联互通方面，[③] 三国已构建了一个以铁路、公路和边境口岸为核心的跨国基础设施网络。其次，在铁路建设方面，中俄之间的滨洲铁路经过电气化改造后，已经实现了与俄罗斯西伯利亚大铁路的无缝对接。莫斯科至喀山高铁项目也被纳入俄罗斯国家交通战略规划，预示着两国铁路交通的进一步融合。中蒙之间，白阿铁路、长白铁路成功实现了转线贯通，为两国间的货物运输提供了更加便捷的通道。而策克口岸跨境铁路通道项目的启动，更是预示着未来口岸贸易量的显著增长，为中蒙两国经济合作注入了新的活力。再次，在公路建设方面，中蒙俄三国成功签署了《关于沿亚洲公路网国际道路运输政府间协定》，并组织了卡车试运行活动[④]，为三国间的公路运输提供了法律保障。目前，中国境内与蒙古国相连的四条公路已建成通车，为两国间的贸易往来提供了便利。此外，乌兰巴托新国际机场高速公路在2018年10月全线贯通，进一步提升了蒙古国的交通基础设施水平。最后，在口岸建设方面，中俄两国拥有六个陆路边境口岸，其中四个主要口岸承担

① 丁蕾蕾．“一带一路”六大经济走廊规划启动［N］．自贸区邮报，2015-05-28.
② 共建“一带一路”倡议：进展、贡献与展望［N］．人民日报，2019-04-23.
③ 毕吉耀．推动中蒙俄经济走廊高质量发展［J］．北方经济，2019（7）：18-19.
④ 汤莉．六大经济走廊成果丰硕［N］．国际商报，2017-05-15.

了中俄间陆路运输货物总量的65%，成为两国贸易往来的重要通道。中蒙两国则拥有包括二连浩特在内的13个陆路边境口岸，其中9个主要口岸承担了中蒙货运总量的95%，这些口岸在促进两国贸易合作中发挥着举足轻重的作用。另外，在国内层面，内蒙古地区已建成满洲里、二连浩特、甘其毛都和策克四大口岸，这些口岸的年进出境货运量均超过1000万吨，为地区经济发展作出了重要贡献。

中蒙俄经济走廊是丝绸之路经济带的重要组成部分，旨在推动"一带一路"倡议同俄罗斯的"跨欧亚大铁路"倡议、蒙古国的"草原之路"倡议实现对接，为三国深化务实合作搭建顶层设计平台，以便发挥三方的潜力和优势，建设和拓展互利共赢的经济发展空间，推动地区经济一体化，提升三国在国际市场上的联合竞争力。

（二）新亚欧大陆桥经济走廊

亚洲和欧洲作为两个重要的大洲，拥有广阔的领土和人口资源，以及巨大的经济潜力。然而，由于地理位置的限制，亚欧之间的经济合作与交流一直面临着困境。为了解决这一问题，亚欧各国开始密切合作，共同建设一条连接两大洲的大陆桥。为此，新亚欧大陆桥的建设应运而生，旨在打造一条高效便捷的交通通道，加强亚欧之间的经济联系与合作。2015年，国家发展改革委、外交部与商务部联合发布了一份重要文件，名为《推动共建丝绸之路经济带和21世纪海上丝绸之路的愿景与行动》。该文件深刻阐述了共建国际大通道和经济走廊的战略意义，并将新亚欧大陆桥经济走廊置于重要地位①。这一决策旨在进一步推动区域经济一体化，加强共建国家的互联互通与合作。这一走廊的建设被视为"一带一路"在贸易畅通领域以及设施相通中的关键一环，为货物便捷化的通关提供有力的保障。

新亚欧大陆桥又名"第二亚欧大陆桥"，由中国东部沿海向西延伸，经中国西北地区和中亚、俄罗斯抵达中东欧。它是连接中国与欧洲经济圈的核心通道，比西伯利亚大陆桥缩短了2000~5000千米陆上运距，缩短了上万千米海运距离。新亚欧大陆桥，作为一条跨越国界的铁路干线，连接着中国江苏

---

① 岳西宽."一带一路"硕果累累［J］.唯实，2017（5）：92-96.

省的连云港市与荷兰的鹿特丹港。这条大陆桥主要由中国的陇海铁路和兰新铁路构成，其路线穿越江苏、安徽、河南、陕西、甘肃、青海、新疆七个省区，直至中哈边界的阿拉山口出境。对于出境，新亚欧大陆桥提供了三条不同的国际线路通向荷兰鹿特丹港。其中，中线与俄罗斯铁路的友谊站实现无缝连接，之后融入俄罗斯广阔的铁路网络，途经斯摩棱斯克、布列斯特等城市，最终抵达华沙、柏林，并延伸至荷兰的鹿特丹港。这条线路全长达 10900 千米，其深远的影响力辐射至全球超过 30 个国家和地区。2019 年新亚欧大陆桥经济走廊上中欧班列开行 8225 列，国内开通城市达 60 多个，连通亚欧大陆 110 多个城市，网络覆盖欧洲全境。

新亚欧大陆桥区域的经济互补性尤为突出。对于日本、西欧等发达经济体而言，该地区因其庞大的人口基数和富饶的自然资源，成为资本、先进技术和管理经验输出的优选之地。与此同时，中国、中亚及东欧国家则通过沿桥开放策略，积极引进国际资本、尖端科技与管理智慧，从而加快其经济振兴进程。亚太地区的经济正迅速崛起，急需进一步开拓欧洲市场，而欧盟亦在探寻新的增长机遇，积极在亚太地区寻求贸易伙伴和投资标的。这种亚太与欧洲的双向互动趋势越发显著。新亚欧大陆桥的发展为沿桥国家及亚欧两大洲间构建了一个高效的经济贸易交流平台。它不仅有助于陆桥经济走廊的逐步成型，还极大地拓宽了亚太地区与欧洲的经贸合作领域，对于促进亚欧经济的共同发展繁荣，乃至推动世界经济格局的革新，都具有深远而重大的意义。

（三）中国—中亚—西亚经济走廊

中国—中亚—西亚经济走廊是在“一带一路”主体框架下构建的国际经济合作六大经济走廊之一，被视为丝绸之路经济带的重要组成部分，表明了中国推动区域合作的决心和战略考虑。该经济走廊涉及的国家众多，地域空间广阔，工程项目繁杂。它从中国的新疆出发，经过中亚五国（哈萨克斯坦、吉尔吉斯斯坦、塔吉克斯坦、乌兹别克斯坦、土库曼斯坦），抵达波斯湾、地中海沿岸和阿拉伯半岛。这种广泛的地理覆盖和多元的国家参与体现了其建设的重要性和复杂性。此外，中国与外高加索地区的阿塞拜疆、格鲁吉亚和亚美尼亚三国有着巨大的合作潜力。外高加索三国目前人口总共 1400 万左右，市场总体规模并不很大。但该三国独立后都经历过不同程度的内斗和战乱，经济发展滞后问题比较突出。三国都需要对陈旧的基础设施进行更新换代，都需要对包括石油、天然气在内的多种资源进行综合开发，都需要提升公共服务设施和民生保障体系的现代化水平。这就为中国整合与该三国早已存在的务实合作，将外高加索地区纳入中国—中亚—西亚经济走廊建设总体进程，提供了难得的历史机遇。①

2014 年 6 月 5 日，在中国—阿拉伯国家合作论坛第六届部长级会议上，中国国家主席习近平提出了一个开创性的合作框架，即中阿“1+2+3”合作模式。该模式以能源合作为主轴，以基础设施建设和贸易投资便利化为两翼，并以核能、航天卫星、新能源三大高新领域为突破口②。这一倡议为中国与中亚、西亚国家之间的经济合作指明了发展方向。在 G20 杭州峰会期间，中国与哈萨克斯坦两国元首共同见证了《“丝绸之路经济带建设”与“光明之路”新经济政策对接合作规划》的签署③。此外，中国还分别与塔吉克斯坦、吉尔吉斯斯坦、乌兹别克斯坦等国签订了关于共建丝绸之路经济带的合作协议，并与土耳其、伊朗、沙特、卡塔尔、科威特等国家达成了共建“一带一路”的合作备忘录，进一步稳固了与这些国家的经济合作关系。

近年来，中国—中亚—西亚经济走廊在基础设施互联互通方面取得了显著的进展，特别是在交通、民航、能源和通信等关键领域。首先，在交通领域，中国积极实施《中亚区域运输与贸易便利化战略（2020）》的中期规划，不仅完成了《上海合作组织成员国政府间国际道路运输便利化协定》的起草、谈判、签署及生效流程，还与中亚各国开展了国际道路运输协议的磋商，签署了《中哈俄国际道路临时过境货物运输协议》并进行了试运行。其次，在民航领域，中国已与哈萨克斯坦、土耳其、沙特阿拉伯、阿联酋、卡塔尔、阿曼等国家建立了直飞航线网络，覆盖了中亚和西亚多个国家，极大地增强了区域间的互联互通能力。再次，在能源领域，中亚地区作为中国管道天然

---

① 于洪君．共建“中国—中亚—西亚经济走廊”［EB/OL］．澎湃网，（2020-09-16）［2024-06-29］．https：//www.thepaper.cn/newsDetail_ forward_ 9318853.

② 刘水明，王云松，韩晓明．“丝绸之路”见证中阿友好［N］．人民日报，2016-01-20.

③ 上官丕亮．“一带一路”建设中的宪法问题［J］．苏州大学学报（法学版），2017，4（3）：36-45.

气进口的主要供应地，其战略地位尤为重要。中国—中亚天然气管道 C 线已于 2014 年投入运营，而 D 线的建设也在稳步推进中。预计 D 线投产后，中国从中亚进口的天然气输气能力将显著提升，从现有的每年 550 亿立方米增加到 850 亿立方米。2016 年 8 月，哈尔滨电气国际工程有限公司成功完成了乌兹别克斯坦“安格连 1×150MW 燃煤火电厂总承包项目”的并网发电，这一项目成为“一带一路”倡议下的重要里程碑项目。同时，中国与塔吉克斯坦的重大合作项目——杜尚别 2 号热电厂的一期和二期工程也分别于 2014 年和 2016 年成功竣工。最后，在通信领域，华为与哈萨克斯坦电信公司携手合作，成功构建了覆盖哈萨克斯坦全境的 4G 通信网络。此外，中国还建立了四条跨境信息通道，分别穿越新疆的霍尔果斯、阿拉山口口岸至哈萨克斯坦，通过阿图什口岸至吉尔吉斯斯坦，以及经过喀什口岸至塔吉克斯坦，为区域内的信息流通提供了强有力的支持。

（四）中国—中南半岛经济走廊

中南半岛，作为东南亚的地理核心，是连接太平洋与印度洋的关键陆上枢纽。该区域不仅坐拥丰富的自然资源，包括矿产、农业和旅游资源，更因其毗邻南海这一战略性的海上交通要道，展现出巨大的市场增长潜力。建设中国—中南半岛经济走廊，旨在充分利用这一地区的地理优势和资源优势，推动中国与东南亚、南亚地区的经济合作和贸易往来，实现互利共赢。在当前的国际环境下，地缘政治格局复杂多变，美国等外部势力在该地区的影响力不容忽视。通过构建经济走廊，中国旨在深化与东南亚及南亚国家的经济合作，进而稳固地区和平与稳定，打破美国主导的传统地缘政治架构，有效制衡其在地缘经济领域的战略部署。

2014 年 12 月 20 日，时任国务院总理李克强在曼谷主持大湄公河次区域经济合作第五次领导人会议，并发表重要讲话。他针对次区域经济合作的战略方向及核心议题，提出了三项建设性意见，旨在发掘新的增长引擎与合作范式，并深化中国与中南半岛五国的双边关系。这些建议包括共同策划和建设一个全面覆盖的交通运输网络，推动产业合作项目，以及构建创新的融资合作机制，以实现经济社会的可持续发展。2016 年 5 月 26 日，第九届泛北部湾经济合作论坛暨中国—中南半岛经济走廊发展论坛在广西南宁隆重召开。

论坛期间，《中国—中南半岛经济走廊建设倡议书》的正式发布，标志着该走廊的建设已迈入全面执行的新阶段。

近年来，中国—中南半岛经济走廊在基础设施建设领域取得了显著的进步。

首先，在铁路合作方面，印度尼西亚雅万高铁的共建堪称里程碑式的项目。它不仅象征着“21 世纪海上丝绸之路”倡议的显著深化，更是印度尼西亚“全球海洋支点”战略具体落实的关键一步。① 这条连接印度尼西亚首都雅加达与重要城市万隆的铁路线，全长约 142.3 千米，设计最高时速可达 350 千米。建成后，原本需 3 小时以上的旅程将被大幅缩短至仅 40 分钟，极大地提升了交通效率。中老铁路于 2016 年 12 月全面开工，是中国“一带一路”倡议与老挝“变陆锁国为陆联国”战略的对接项目，北起中老边境口岸磨丁，南至老挝首都万象，全长 414 千米。其次，在公路合作方面，为增强中国与中南半岛国家间的人员和货物流通，大湄公河次区域便利货物及人员跨境运输协定得到了全面且有效的实施，并取得了显著成效。其中，昆曼公路小磨高速公路——这条连接中国、老挝和泰国的重要交通线路，于 2017 年 9 月正式开通试运营，极大地缩减了中老泰三国间的人员和货物往来时间。此外，2019 年 3 月，中越芒街口岸的北仑河公路二桥顺利完成建设并通车。最后，在航运合作方面，中国与中南半岛多国成功签订了双边政府间的航空运输协议，并与柬埔寨、马来西亚等国在航权安排上达成了更深层次的共识。2017 年 10 月，中柬合资的澜湄航空（柬埔寨）股份有限公司正式启动了航班服务。仅仅 4 个月后，即 2018 年 2 月，暹粒至石家庄的航线作为中国大陆首条直飞中南半岛的航线正式开通。至 2019 年 1 月，中国建筑集团有限公司负责建设的泰国素万那普机场扩建项目取得了显著进展，卫星厅新候机楼的主结构成功封顶。②

中南半岛与中国陆海相连，有几千年的历史渊源，有很强的地缘、人缘和文缘关系，是联通“一带一路”的重要桥梁和纽带。中国—中南半岛经济走廊，作为连接中国与中南半岛的陆上主干线，同时也是推动中国与东盟深

---

① 岳西宽．“一带一路”硕果累累［J］．唯实，2017（5）：92-96.

② 方志斌．中国—中南半岛经济走廊建设的发展现状、挑战与路径选择［J］．亚太经济，2019（6）：21-25，144.

化合作的跨国经济动脉。该走廊以沿线中心城市为基点，铁路和公路为重要连接纽带，有效促进了人员、物资、资本与信息的自由流通。通过这一走廊的建设，开辟新的战略通道和拓展发展空间，以加速构建优势互补、区域分工明确、共同发展的区域经济体系。[①] 携手共建中国—中南半岛经济走廊有利于打造新的区域增长点，促进中南半岛共建国家的共同繁荣发展，也有利于构建中国—东盟命运共同体。

（五）中巴经济走廊

中巴两国之间，政治与经济领域的友谊深厚且合作广泛。2013 年，时任国务院总理李克强访问巴基斯坦时，提出了一个旨在深化两国在交通、能源及海洋等多领域交流合作的构想。这一构想的核心在于加强互联互通，共同推动两国的持续发展。[②] 作为“一带一路”倡议的典范项目，中巴经济走廊的建设对于两国关系具有举足轻重的意义。通过全方位、多维度的深度合作，中巴经济走廊不仅强化了两国之间的联系，更成为巩固和深化中巴全天候战略合作伙伴关系的重要纽带。在全球经济日新月异的背景下，中巴两国均面临着崭新的发展机遇与未知的挑战。而中巴经济走廊的建设，无疑为两国提供了新的经济增长点和强大的发展动力，有助于双方携手应对挑战，实现互利共赢。

2013 年 5 月，时任国务院总理李克强访问巴基斯坦，与巴方领导层深入交换了关于深化中巴全天候战略合作伙伴关系的意见。中方重申，中巴关系在中国外交战略中占据优先地位，并愿与巴方共同维护传统友谊，拓展全面合作，实现共同发展与繁荣。2015 年 4 月，中巴两国政府初步制定了“四位一体”通道建设规划，旨在连接新疆喀什市至巴基斯坦西南港口瓜达尔港，涵盖公路、铁路、油气管道及光缆等多个领域。这一规划涉及交通运输和电力设施的建设，预计总投资额高达 450 亿美元，并计划于 2030 年全面完成。在 2024 年 5 月举行的中巴经济走廊联合合作委员会第 13 次会议上，双方确定了五条新走廊的建设方向，包括增长走廊、民生走廊、创新走廊、绿色走廊

---

① 丁蕾蕾．“一带一路”六大走廊启动规划［N］．东方早报，2015-05-28.

② 周斌，刘斌，詹亮．中巴经济走廊重要地理要素监测研究［J］．测绘与空间地理信息，2020，43（6）：160-164+171.

和开放走廊。这些新走廊的建设均紧密契合巴基斯坦的经济发展框架，预示着中巴经济走廊将迈向更高层次、更广泛领域的合作与发展。①

在项目推进的历程中，双方在基础设施建设、能源资源开发、电信网络互联及农业现代化等关键合作领域，均取得了显著且积极的成果。

首先，在基础设施建设的关键节点上，中巴经济走廊的重要项目——巴基斯坦白沙瓦至卡拉奇（PKM）高速公路的苏库尔至木尔坦段，于 2016 年 5 月 9 日正式启动建设。2019 年 11 月 5 日，举行中巴经济走廊项目——巴基斯坦 PKM 高速公路项目（苏库尔—木尔坦段）落成仪式，路线全长 392 千米，设计时速 120 千米，是巴基斯坦首条具有智能交通功能的双向六车道高速公路。通车后，两地行车时间从 11 小时压缩至 4 小时以内。②③ 其次，在能源领域，至 2018 年 1 月底，中巴经济走廊项目的积极推进带来了显著的成果。多个能源项目成功完工，为巴基斯坦提供了总计 182 万千瓦的电力，极大地缓解了电力供应的紧张局面。这些项目的实施不仅助力巴基斯坦优化电力能源结构，还在降低发电成本方面发挥了重要作用。④ 2021 年 12 月，中国已在中巴经济走廊框架下启动了一系列电力工程，帮助巴基斯坦满足其国内民用及工业用电需求。与此同时，总装机容量达 387 万千瓦的一些发电厂的建设工作正在进行中。由于输电系统也需要改进和翻新，中方又帮助巴基斯坦建成一个额定输电容量 400 万千瓦的工程。最后，在农业领域，到 2020 年上半年，中巴经济走廊在巴基斯坦推广的北京杂交小麦项目取得了引人注目的成就。尽管其播种量仅为当地品种的 1/10，但其收获量却高达当地品种的 120%，显著展现了其高效种植的优越性能。而在 2023 年 12 月 19 日，中巴经济走廊辣椒种植农业产业示范与推广项目的首批中国干辣椒出口启运仪式圆满举行，这一里程碑事件标志着两国在农业合作领域又取得了重要突破和成果。⑤

① 富博．中巴经济走廊建设进入新阶段［EB/OL］.中国经济网，2024-05-28.

② 苗苏．中巴经济走廊最大交通基础设施项目——PKM 高速公路落成［EB/OL］.中国经济网，2019-11-06.

③ 马常艳．中巴经济走廊“苏木段”高速公路提前竣工［EB/OL］.中国经济网，2019-07-24.

④ 徐伟．中巴经济走廊，连接中巴友谊的桥梁［N］.人民日报，2018-02-04.

⑤ 武乐之．中巴经济走廊农业合作项目首批出口中国干辣椒启运［EB/OL］.新华网，（2023-12-20）［2024-06-29］. http：//m. xinhuanet. com/2013-12/20/c_ 1130037463. htm.

目前，中巴经济走廊的建设已经迈入了一个以高质量发展为引领的全新阶段。展望未来，中巴经济走廊建设将继续以改善民生为立足点，不断拓宽合作领域。巴基斯坦各界高度关注并看好中巴经济走廊发展前景，期待中巴继续深化各领域合作，不断推进中巴命运共同体建设，助力构建人类命运共同体。

（六）孟中印缅经济走廊

孟中印缅四国，地理位置毗邻，自古以来便享有悠久的友好交流历史。作为发展中的经济体，四国经济互补性显著，为彼此间的合作奠定了坚实基础并孕育了巨大的发展潜力。当前，各国均站在经济发展的重要关口，共同致力消除贫困、提升民生福祉，并迫切希望推动经济结构的转型升级。在全球区域经济一体化趋势越发明显的背景下，利用地缘优势，加强政治互信、深化投资与贸易的合作关系、推动基础设施互联互通以及丰富人文交流，已成为四国共同面临的重要使命。这一努力将有力促进四国的合作与发展，共同掀开互利共赢的新篇章。

2013 年 5 月，时任国务院总理李克强在印度访问期间，正式提出了孟中印缅经济走廊的建设倡议，此举迅速得到了印度、孟加拉国和缅甸三国的积极响应。2015 年 5 月 15 日上午，时任国务院总理李克强在京同印度总理莫迪会谈时表示，要加紧推进孟中印缅经济走廊建设，推动区域经济发展。做好铁路、产业园区等重点领域务实合作，打造旗舰项目，推动双边贸易动态平衡。2020 年 6 月 16 日，中联部当代世界研究中心（“一带一路”智库合作联盟秘书处）与中国（昆明）南亚东南亚研究院（“一带一路”智库合作联盟孟中印缅经济走廊分网络牵头单位）共同举办云端专题论坛。会议期间，“一带一路”智库合作联盟孟中印缅经济走廊国际智库合作网络发布了《孟中印缅经济走廊智库合作机构关于共同推进新冠疫情防控国际合作与孟中印缅经济走廊高质量发展的倡议》。

近年来，相较于多边合作，中缅、中孟等双边合作在诸多领域取得了丰硕成果，对促进区域互联互通和多边合作起到积极作用。

中缅经济走廊建设正在加快推进。首先，在设施联通方面，昆明至瑞丽、昆明至腾冲猴桥、昆明至临沧清水河等高速公路已全线贯通或接近贯通，昆明至大理、大理至临沧、大理至保山铁路已开通运营，昆明机场开通了至仰光、内比都、曼德勒的航线。其次，在产能合作方面，中缅油气管道、莱比塘铜矿、达贡山镍矿等重大项目建成投产，为中缅互利共赢树立了典范。中缅油气管道包括原油管道和天然气管道，是我国能源进口四大战略通道之一。原油管道起于缅甸皎漂港马德岛，止于昆明安宁市，设计年输送能力为2300万吨；天然气管道起于缅甸兰里岛，止于广西贵港，设计年输送能力为120亿立方米。中缅油气管道的建设为缅甸带来了诸多显著的经济利益，涵盖了税收增加、投资回报、道路通行费以及过境费用的收益等多个经济层面。除此之外，缅甸还从中获得了培训基金及社会经济援助等额外福利。①

中国与孟加拉国的双边合作取得了瞩目的成果。在2016年中国领导人对孟加拉国的访问中，两国共同达成了27项协议与谅解备忘录，这些重要文件涵盖了贸易投资、海洋产业、基础设施建设、电力能源、海事领域的协同以及通信技术的合作等多个国民经济的关键领域，② 两国在上述领域的合作将极大提升孟加拉国工业生产能力和社会治理水平。作为象征中孟友谊的标志性项目，由中国企业承建的帕德玛大桥于2022年6月25日建成通车。帕德玛大桥全长9.8千米，跨越帕德玛河，连接孟加拉国首都达卡和孟加拉国南部21个地区，被孟加拉国人民称为“梦想之桥”。预计该大桥每年能为国内生产总值带来1.23%的增长贡献，并有助于将贫困率降低0.84%。围绕帕德玛大桥，新的经济区和高科技园区正在紧锣密鼓地规划与建设中。这些新兴区域不仅将成为吸引国内外投资的热土，更将作为国家工业化进程的重要推动力，加速国家经济的转型升级。③

孟中印缅经济走廊的辐射效应显著，预期将极大地促进南亚、东南亚及东亚三大经济板块实现协同发展。鉴于中国西南地区、印度东部、缅甸及孟加拉国在经济发展层面上的相对滞后状态，以往省级层面的合作动力略显不足。然而，当“经济走廊”的构建提升至国家战略高度时，这种深度的国际合作将有力推动这三个亚洲重要经济区域实现联动发展，从而带来更为显著

① 宋阳．中缅“通气”，多方共赢［N］．中国经济导报，2013-10-29（A03）．

② 姚遥，贺先青．孟中印缅经济走廊建设的现状及前景［J］．现代国际关系，2018（8）：46-55.

③ 伍晓阳，严勇．建设孟中印缅经济走廊［N］．瞭望，2023-01-29（4-5）．

的经济效益和地区繁荣。

第三节 “一带一路”互利共赢推动经贸高质量发展

当前经济全球化的历史大势不可逆转，各国应该朝着更加开放、包容、普惠、平衡、共赢的方向发展，中国是经济全球化的受益者，也是经济全球化的贡献者。“一带一路”是中国首倡的国际合作新模式，是广受欢迎的国际公共物品和国际合作平台，中国在共建“一带一路”过程中深度参与经济全球化进程，在与世界的良性互动中实现了经济快速发展，为全球经济稳定和增长、构建开放型世界经济提供了重要动力。

共建“一带一路”旨在以脱贫攻坚之经验、经济快速发展和持续推进改革开放之进程，为广大发展中国家减贫脱贫、加速国家工业化和走向现代化提供中国智慧和中国方案，以中国之更高水平对外开放促进中国与世界更高质量发展，推动更多发展中国家和中小企业积极融入由中国所构建的更加包容、更加稳定、更可持续的全球价值链、全球产业链、全球供应链，与世界共享中国发展新机遇，实现共建国家经贸繁荣发展。

一、构建包容性全球价值链、产业链

（一）全球价值链、产业链概述

1. 价值链与全球价值链

价值链这一概念最早是由 Porter 提出的，其认为企业的生产过程就是价值创造的过程，创造出的价值通过不断累积和分解，形成一系列互不相同却彼此关联的经济活动，这种经济活动被称为“增值活动”；而从事该活动的经济体总和被称为“价值链”。Gereffi 在此基础上提出“全球价值链”这一术语，旨在考察全球范围内国际生产网络的组织架构与企业之间的价值传导与分布。

贸易全球化、跨国直接与间接投资、跨国服务贸易与外包共同推动全球价值链从发展走向成熟。第一，贸易全球化是全球价值链形成的重要基础。

随着国际贸易模式逐渐从最终品贸易转向中间品贸易，中间品贸易占全球贸易比重显著提升，表明跨国生产分工伴随着单个商品所包含的跨国生产节点不断增多以及生产节点分散化程度的不断深化。生产过程中产生的价值增值会不断增加，单个产品的价值链也会由于不断分散的生产节点而遍布不同的国家、产业及企业，进而形成全球价值链。第二，跨国直接投资与间接投资进一步深化全球价值链生产分工。跨国公司通过收购、并购他国公司以及建立子公司等方式，使本国生产环节向国外延伸，不同国家利用自身资源禀赋和成本优势从事比较优势生产环节，从而降低生产成本、获得长期竞争优势和资源的最优配置，实现更加细化的全球价值链分工。而以国际证券、购买国外企业发行的股票和债券的跨国间接投资，为跨国公司的经济活动提供了资金支持，推动参与方全球生产服务体系的跨国布局与延伸，加速全球化进程。第三，跨国服务贸易与外包成为全球价值链拓展与升级的重要动力。服务要素投入会显著推动价值链沿产业链方向在全球范围内拓展，从而实现全球价值链的升级。

2. 产业链与全球产业链

产业链是指一种产品经历从产品设计研发、零部件生产、产品组装加工、产品销售和售后服务这一系列过程，从而形成由数个产品研发企业、产品生产企业、产品销售企业及平台、消费者所构成的完整的生产链条。由此，产业链本身的结构可以分为设计研发部分、加工生产部分、销售及服务部分，分别对应产业链的上游、中游、下游。国际贸易的出现使产品链得以跨越国家界限，从而形成跨越企业、区域、国家的全球产业链。在自由贸易条件下，全球产业链促进了从要素到商品在全球范围内的自由流通，形成了全球统一的交易与流通市场，有助于实现全球性市场一体化与产业分工体系，形成高效、有序的国际市场竞争体系。

全球产业链的分工整合方式可具体分为垂直型分工整合和水平型分工整合。垂直型分工整合是指产品的生产过程涉及不同的跨国分工，每个国家专注于产业链不同环节的产品内分工模式，这种方式有利于充分发挥不同国家在生产过程中的比较优势，从而提高生产效率。水平型分工整合则是指基于产业链某一环节进行差异化的生产分工，利用产品差异性和多样化强化不同企业水平层面的竞争优势，即产品间及产业内分工模式。

3. 全球价值链与全球产业链的二维融合及升级路径

"微笑曲线"理论是实现全球价值链与全球产业链融合的基础。"微笑曲线"理论最早由施振荣（1992）提出，其反映了企业或部门的生产增加值在产业链上的分布情况。"微笑曲线"包含两重维度：横向即沿产业链方向表示企业或部门在产业链的嵌入位置，偏向两端意味着企业或部门主要从事核心零部件的制造、产品的设计与研发、技术的迭代创新以及产品的分销及售后服务，掌握着产业链整体的价值增值能力和整体创新收益的分配权。纵向即沿价值链方向表示增值能力（获利能力），其衡量了企业或部门在生产过程中单位投入所能获得的价值收益，向上表示企业或部门位于价值链上游，主要从事高附加值生产环节；向下表示企业或部门位于价值链下游，主要从事低附加值生产环节。

如图 4-1 所示，从水平方向来看，在单一产业链上不同的生产环节增值能力会有所不同。越偏向"微笑曲线"两端的企业或部门，其生产中技术和服务要素投入越高，单位产品技术和服务要素含量越高，生产要素投入的边际增值能力越强；越偏向中间部分的企业或部门则主要从事增值能力最弱的产品加工和组装生产环节，在产业链中是以劳动密集型的 OEM 生产模式为主。从垂直方向来看，不同产业链沿价值链方向分布的位置不同，增值能力也会有所不同。图 4-1 中 $A-A'$ 产业链整体嵌入价值链下游，意味着该产业链上不同生产环节分布的企业的增值能力普遍较弱；$C-C'$ 产业链整体嵌入价值链上游，故该产业链上不同生产环节分布的企业的增值能力整体较强。

全球价值链升级主要有工艺流程升级、产品升级、功能升级和链条升级四种路径。

工艺流程升级和产品升级的核心是企业在原有生产节点上通过提升加工、制造工艺，拓展产品功能，利用产品差异性获取较同类产品更高的生产附加值，使企业在全球价值链的嵌入位置得以提升。但这两种升级路径的效率低，长期发展潜力非常有限，难以与其上下游关联企业产生有效联动，且从根本上没有摆脱低端锁定效应。

而功能升级和链条升级是基于全球价值链与全球产业链二维融合关系的全新升级路径，对一国企业和产业高质量发展具有决定性作用。功能升级是彻底摒弃企业原先的生产节点和价值链嵌入位置，通过直接改变在产业链上

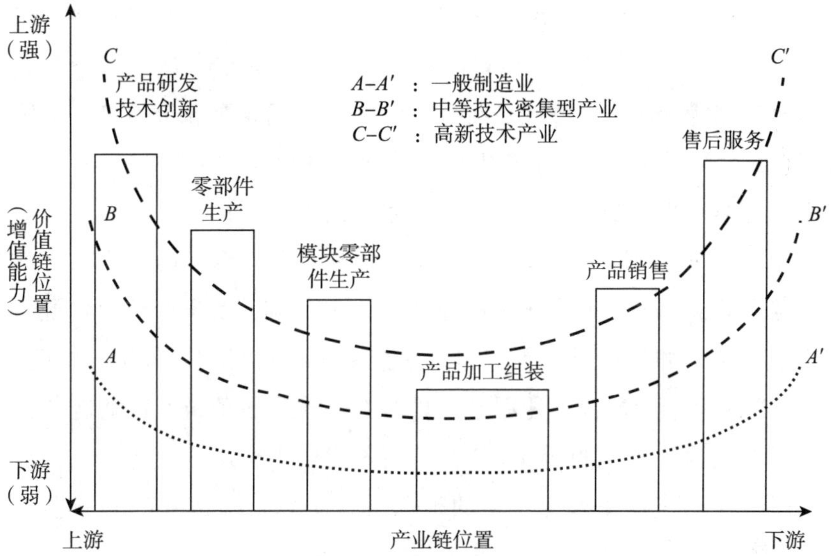

图 4–1 价值链与产业链二维融合微笑曲线

的生产分工模式，并提升与上下游企业关联性，实现企业向产业链两端移动和延伸，进而提升企业在价值链的嵌入位置和增值能力；链条升级则是从原有产业链的生产经营活动中剥离，依靠技术进步和科技创新提升企业增值能力，从而进入更高位置的生产链条，实现产业间的价值链攀升，并进一步实现产业整体的全球价值链升级。

（二）共建“一带一路”构建包容性全球价值链

1. 构建包容性全球价值链的背景与意义

参与全球价值链分工对世界经济发展的驱动作用，主要体现在提升相关行业和产业增值能力、减少地区贫困、增加就业和收入、推动技术进步和产业发展升级等多个方面。尤其对于发展中国家而言，在构建本国生产能力、完善产业体系、增进社会福利等方面都具有重要作用。但传统全球价值链分工中的利益分配不平衡性问题在发达国家和发展中国家间日益凸显。发达国家凭借先发优势、较强的工业实力和金融权力构建多数产业体系的框架，凭借水平专业化分工长期保持高附加值增值能力。而发展中国家由于资本原始积累不足、工业化起步较晚、工业化水平较低、产业发展不平衡不充分长期被发达国家压制在低附加值生产阶段，形成发达国家对发展中国家产业的低端锁定和俘获效应，很大程度上限制了发展中国家的产业升级和在全球价值链上的攀升。

构建包容性全球价值链就是在全面深度参与现有全球价值链分工体系的基础上，抓住新一轮“全球化红利”和全球价值链重构机遇。①

中国的第一波“全球化红利”主要体现在改革开放后，特别是加入 WTO 之后。在这期间，中国通过积极参与全球经贸合作，深度融入全球价值链分工和全球产业链生产。但中国大陆是凭借人口红利、廉价劳动力资源、土地等要素禀赋带来的生产低成本优势，承接大量来自日本、韩国、中国台湾、新加坡的落后产能，取代上述国家（地区）在全球价值链、产业链分工地位成为“制造大国”和“世界工厂”，从而深度融入全球价值链分工，是属于由发达国家（地区）需求主导型的被动融入全球价值链、产业链生产分工体系。

而中国新一轮的“全球化红利”在于，中国制造业凭借第一波“全球化红利”得到全面发展，已经具备主动融入并布局全球价值链的能力。中国已经建成世界上产业门类最为完善、现代产业体系较为完整的产业生产分工体系。中国制造业在电子信息产业、机械制造业、纺织服装业、化工产业的国际竞争优势明显，伴随不断增长的本土的市场容量，中国可以凭借将传统生产过程与数字化、智能化进行创新融合，进一步满足国内市场需求和实现进口替代；通过区域生产网络整合分散的资源、生产、服务、消费，扩大对外投资规模，以高水平对外开放为依托将中国制造的标准、产品及服务推向世界，从而实现国内外产业联动发展，形成以中国为主导的贯通产业链上、中、下游的全球价值链分工体系。

共建“一带一路”正是以中国第一波“全球化红利”的成果为基础，基于发展过程中暴露的一系列问题，抓住新一轮“全球化红利”的机遇，以国内国际双循环战略提升中国企业和行业的全球价值链增值能力和产业链上下游关联程度，推动国内产业升级并实现高质量发展。同时，促进沿线更多发展中国家参与以中国为主导的全新的区域/全球价值链、产业链分工体系，打破发达国家对发展中国家在价值链和产业链升级上的束缚，以中国发展之动

① 赵忠秀，等．中国对外开放与全球价值链升级［M］．广州：广东经济出版社，2019.

力为世界经济发展稳定提供新机遇。

2. 以中国价值链升级推动构建包容性全球价值链

在共建“一带一路”背景下，以中国价值链升级推动构建包容性全球价值链的核心思路在于：行业及产业的全球价值链升级是以企业内部的价值链重构和升级为基础，以“一带一路”倡议所提供的制度保障为纽带，结合企业全球价值链升级，推动企业深度融入国际市场，并与东道国相关产业体系形成优势互补，从而推动本国企业带动相关产业实现产业链升级与全球价值链攀升，将更多共建国家纳入中国主导的产业分工体系和区域及全球生产网络，共建国家的加入也进一步推动中国实现价值链、产业链升级，打破发达国家对中国产业发展的低端锁定，通过主导产品内贸易和强化产业间贸易，实现中国在全球生产分工模式由垂直专业化分工为主向水平专业化分工过渡。

首先，参与“一带一路”建设可以显著提升企业技术实力和科技创新能力，推动企业内部实现链条升级；同时可以扩大企业国际营销和服务网络，提升企业的国际品牌价值和国际竞争力，推动企业内部实现功能升级。以链条升级和功能升级的相互融合，促进企业向产业链两端延伸，并向价值链高端攀升。具体来说，第一，企业通过参与共建“一带一路”可以与共建国家及地区的相关企业进行技术、经验交流，推动企业在众多技术领域持续进行创新升级，不断优化企业的研发、生产、销售、服务活动，为内部价值链重构进而实现价值链升级打下基础。第二，企业可以将自身业务分类重组，根据“一带一路”具体市场特点对应划分业务组织，推行“一国一策”的本土化设计研发和营销服务架构，根据客户差异提供具有针对性的解决方案，实现企业业务架构变革与升级。第三，企业仍以技术创新为抓手，将互联网、物联网等数字、信息技术与传统产品生产制造相融合，提高企业生产体系的自动化、数字化、信息化水平，增强企业的区域营销能力及售后服务能力，提升企业内部管理水平和资源配置效率，以企业生产价值创造及内部业务闭环，推动企业在更高价值链实现规模效应。

其次，中国企业参与“一带一路”建设可以推动企业由内部价值链升级迈向全球价值链升级。第一，共建“一带一路”可以拓宽企业国际化道路。“一带一路”倡议的提出与实践加强了中国同共建国家和地区更深层次的经贸合作，促进中国不同产业及企业深度融入新一轮全球科技革命进程，通过企业技术升级与创新联结共建国家经济发展诉求，实现企业内部价值链与全球价值链对接，进一步带动共建国家技术进步、经济发展与相关产业建设，共同推动相关国家产业、价值链升级。第二，共建“一带一路”推动企业间共商互补。中国企业可以凭借技术的创新积累、高质量产品、完善的营销服务体系和覆盖全球的经销网络占据该行业在全球价值链具有高附加值的技术研发营销服务环节，在巩固国际市场地位、提升国际竞争力的同时，带动共建国家技术进步，形成优势互补合作共赢的局面。第三，共建“一带一路”推动企业以价值导入实现价值共享。企业通过自主品牌建设、打造本地化的营销和服务体系，在嵌入全球价值链的高附加值环节，推动品牌由中低端市场向高端市场延伸，实现企业的全球价值链升级的同时，在当地建立的子公司、分支机构和销售服务网点与当地政府和企业进行合作，推动当地经济发展和相关产业建设，服务当地民众，从而实现价值共享。①

（三）共建“一带一路”构建包容性全球产业链

1. 构建包容性全球产业链的背景与意义

全球产业链正在经历新一轮的重构期，美国率先实施“先进制造业战略”，通过吸引本国制造业企业和国外先进企业在美国本土建厂生产，以推动制造业回流和本国产业升级；德国“工业 4.0”战略的推出旨在利用物联数字信息系统，整合产业链中产品研发、生产制造、供应销售、个人消费等各个环节，实现产业链升级；法国和英国也分别实施“未来工业”计划和“高新价值制造”战略，以新能源开发、数字经济、智能互联等领域与传统的高铁、航空、汽车产业相结合，推动制造业产业的现代化发展。

新的经济全球化重心已经从多边主义转向区域主义，原先由发达国家主导和构建的，发展中国家只能被动接受甚至被排挤在外的经济全球化格局被显著改变，发展中国家可以此为契机更好地利用外部环境和经贸规则变动，加强区域间发展合作。在全球产业链重构期和经济全球化出现重大变革的时代背景下，中国产业发展目前面临的问题表现在：当产业进入深度发展和结构升级的新时期，原先的单一产业结构和低附加值生产模式已无法满足技术

① 祝继高，孙玮，王稳华，等．中国企业共建“一带一路”典型案例［M］．北京：中国人民大学出版社，2023：176-180.

迭代和产品更新的需要，相关行业已难以适应全球经济发展新趋势和中国经济发展新常态；目前中国国内基础设施建设已经趋于饱和，建筑业、制造业产能明显过剩，一旦出现贸易摩擦、地缘政治突变、公共卫生等突发性事件，中国产业链和供应链将遭受巨大损失，[①] 因而全球产业和贸易格局的变革既是对中国传统产业发展升级的巨大挑战，也是借助区域发展活力和合作潜力，通过产业国际化推动中国产业升级的新机遇。

推动中国全产业链走向海外是构建包容性全球产业链的关键所在。其意义在于：第一，全产业链走向海外可以有效解决国内产能过剩的问题，推动制造业产业健康可持续发展，为中国全球产业链升级和构建包容性全球产业链提供重要支撑。第二，全产业链走向海外并不是简单的过剩产能出口或者资本输出，而是基于“一带一路”共建国家基础设施建设普遍落后的现状，以满足当地人民对基础设施切实需求为目的，通过产业链各项目的开展辐射带动当地周边产业发展合作，从而促进当地经济和产业发展。第三，中国企业无论是基础设施建设的能力与经验，还是装备制造业的技术与经验，都在国际上具有较强竞争力，这也是中国全产业链有能力走向海外的重要基础。[②]

2. 以中国产业国际化推动构建包容性全球产业链

以中国产业国际化推动构建包容性全球产业链，首先是以企业内部组织架构变革为基础，通过将企业内部组织架构变革与外部组织架构变革相结合，进一步优化企业在相关产业链中分工协作模式；通过参与共建“一带一路”更好地与国际接轨，逐步推动全产业链走向海外，以“五通”建设内容为纽带充分推动产业链企业同当地企业互商互通，以标准联通为跨国多边全产业链建设提供动力，从而实现以中国为主导的更加包容的全球产业链体系。

首先，企业内部组织架构优化为企业国际化奠定重要基础。第一，企业在大力巩固和全面发展其主业的基础上，通过“大经营”模式开展多元化业务，初步实现在业务范围上向海外拓展和接轨。第二，逐步优化海外项目管理体制。企业从顶层设计层面出发，在优化政策制定和资源分配等制度安排

---

① 国家统计局.2024 年 1—3 月份全国固定资产投资增长 4.5%［EB/OL］.中国政府网，（2024-04-16）［2024-06-29］.https：//www.gov. cn/lianbo/bumen/202404/content_ 6945509.htm.

② 祝继高，孙玮，王稳华，等.中国企业共建“一带一路”典型案例［M］.北京：中国人民大学出版社，2023：34-37.

的同时，将海外业务置于优先地位，从而为海外市场规模化拓展及业务运营发展提供强有力支撑。企业在制度框架的引导与支持下积极寻求海外经营模式的创新，不断更新海外经营发展理念，逐步摒弃传统的以技术和劳务输出为主导的工程承包模式。取而代之的是以标准输出、资本和管理运营为核心，致力于为海外项目运营提供全面而精准的解决方案，从而提升企业在国际市场的竞争力，推动海外业务健康、持续发展。

其次，企业外部组织架构变革进一步优化企业在全球产业链发展模式。根据产业链关联理论，依据增值能力的不同，产业链可划分为上游、中游、下游，相应地，产业链上游的企业从事产品研发、设计咨询等业务，生产增值能力较强；产业链中游的企业负责产品的加工生产与制造，生产增值能力较弱；产业链下游的企业负责项目运营、物流与管理、产品维护等业务，生产增值能力较强。因而上述的子公司及子公司联合体和中外企业联合的国际化模式就主要从事产业链中游的生产活动，增值能力不足且难以与产业链上下游企业形成有效联合。随着全球产业和贸易格局的变革，企业可以通过产业链企业联合，与产业链上下游企业寻求联合共同走向国际市场，推动标准联通和全产业链走向海外，从而增强全产业链的增值能力和国际竞争优势。

最后，将企业内部与外部组织架构变革相结合，以共建“一带一路”为基础，带动中国全产业链走向国际市场，构建包容性全球产业链。企业对内部组织架构进行调整，以优化企业内部生产经营环境，降低企业内部交易成本，不断调整海内外生产经营目标；企业对外部组织架构进行变革，以产业链企业联合强化企业全产业链关联性，增强全产业链增值能力和国际竞争能力。企业内部与外部组织架构变革的结合将推动企业全产业链国际化，强化全产业链对地区产业、经济发展的辐射带动作用。结合共建“一带一路”所提出的“要努力实现高标准、可持续、惠民生”这一目标，以规则标准“软联通”为重要支撑，伴随产业发展与标准建设，企业可以通过寻求与产业链上下游企业进行合作，积极向产业链上下游延伸；以项目为核心，以设计咨询、规则标准、融资投资、生产建设、运营维护的全产业链为主体，通过与东道国政府和相关企业合作，辐射带动项目配套产业建设与其他相关项目运行，从而在带动本国全产业链“走出去”的过程中，更好地与东道国企业、产业链推进项目建设与运营，推动本国产业价值链升级和构建更加包容的全球价值链、产业链。

二、维护与推动全球供应链稳定与发展

（一）供应链与全球供应链

供应链是一个涉及多个供应环节且包含多个实体的紧密联系彼此协作的复杂网链结构。供应链将供应商、生产商、分销商、消费者进行有机整合，以核心企业为基础，从原材料、配套零部件的供应开始，以中间产品流转为依托完成产品的生产分工，直到最终产品通过各种营销渠道送达消费者手中。

供应链的本质是物流、信息流和资金流的整合，物流、信息流和资金流的整合程度决定了供应链上各企业协同运作的效能，而供应链高效整合的核心在于供应链的管理。供应链管理从微观层面来看，是以各企业为节点，以供应链中承担的不同职能为环节，通过优化和整合企业内部资源以及与关联企业间的资源流动，实现企业内部和企业之间的高效协同。而从宏观层面来看，供应链管理上升为国家治理和全球治理层面，旨在通过宏观经济和产业政策改善整个供应链的运作效率，改善供应链流程并增强供应链的可操作性，从而降低供应链成本和风险，保证供应链稳定与健康发展。

全球供应链则是在全球范围内进行组织和管理供应链的一种模式，企业需根据自身的战略需求，在全球范围内选择最具竞争力的合作伙伴，以构建高效、稳定的供应链网络。全球供应链管理不仅限于传统的供应链管理范畴和单个企业的整个生命周期，更强调在全面、精准地把握全球消费者需求的基础上，进行系统的计划、协调、操作、控制及优化，从而提高管理效率和组织绩效，充分利用各企业资源实现利润最大化。在这一过程中，借助现代数字、信息技术的强大支撑，可以实现供应链的一体化管理并迅速响应市场变化，确保物流、信息流和资金流在全球范围内的协调与畅通。

（二）全球供应链未来发展趋势

目前，全球供应链亦呈现明显近岸化、本土化、区域化、短链化的趋势，贸易保护主义的抬头、突发性全球公共卫生事件的影响、地缘政治博弈的加剧、世界局部地区军事冲突频发等都深刻影响全球供应链的安全与稳定。2017 年以来，各国指定的贸易保护措施不断增加，仅 2018 年和 2019 年全球

贸易保护措施共发起2051项，其中多数是针对电子信息产品、有色金属、钢铁等对全球供应链依赖度较高的产品；截至2023年10月，美国商务部产业与安全局对中国发布实体清单和其他出口管制清单共32次，涉及中国747家企业及政府单位、科研机构，严重扰乱国际贸易秩序，破坏全球产业链供应链稳定；2020年在全球范围暴发的新冠疫情导致全球供应链中断和重置，企业生产停工、原材料供应中断、商品无法按时交付导致全球供应链、产业链运行一度出现瘫痪状态；2022年爆发的俄罗斯与乌克兰军事冲突导致许多国家和地区出现粮食、天然气供应危机；2023年的巴勒斯坦与以色列军事冲突使中东地区局势骤然升级，也门对曼德海峡的封锁使波斯湾与苏伊士运河航线被彻底切断，海运成本迅速上升，阻碍了全球约12%的货物和约10%的原油贸易。

习近平总书记在亚太经合组织第三十次领导人非正式会议上提出，"维护全球产业链供应链安全稳定，做大合作蛋糕，让发展成果更好惠及各国人民"①。党的二十大报告中也提出，"着力提升产业链供应链韧性和安全水平"②。而随着数字技术的迅猛发展与应用拓展，全球供应链正在加快数字化进程，数字化已经成为维护供应链安全与稳定的重要力量。2020年发布的《关于进一步做好供应链创新与应用试点工作的通知》中明确指出，要"加快推进供应链数字化和智能化发展"③；2021年《关于开展全国供应链创新与应用示范创建工作的通知》再次提出，"加快物联网、大数据、边缘计算、区块链、5G、人工智能、增强现实/虚拟现实等供应链新技术集成应用，推进数字化供应链加速发展"④。

《2023数字化采购发展报告》中表明，2022年中国企业采购规模超过173万亿元，电子商务采购总额为14.32万亿元，数字化采购率升至8.26%；超

① 习近平出席亚太经合组织第三十次领导人非正式会议并发表重要讲话［EB/OL］. 新华社，https：//baijiahao. baidu. com/s? id=1782850042115026575&wfr=spider&for=pc.

② 卓贤. 着力提升产业链供应链韧性和安全水平［EB/OL］. 人民网，（2023-02-07）［2024-06-29］. http：//theory. people. com. cn/n1/2023/0207/c40531-32618976. html.

③ 商务部等8部门印发关于进一步做好供应链创新与应用试点工作的通知［EB/OL］. 中华人民共和国商务部，http：//www. mofcom. gov. cn/article/i/jyjl/l/202004/20200402955622. shtml.

④ 商务部等8单位关于开展全国供应链创新与应用示范创建工作的通知［EB/OL］. 中国政府网，https：//www. gov. cn/zhengce/zhengceku/2021-04/01/content_ 5597349. htm.

40%的央、国企表示数字化采购渗透率已经超过 50%，形成了央、国企先行，引发供应链各环节企业参与数字化创新变革的发展态势。[①] 在显性成本方面，数字化采购可以平均降低约 13%的价格成本、缩短 29%的采购时间；在隐性成本方面，数字化采购可以降低约 34%的采购成本以及 46%的供应链运营成本[②]。上述均表明，在全球供应链出现重大变革和重塑中，供应链数字化是保证全球供应链未来健康、稳定发展的趋势，并且中国已经逐步通过供应链数字化、智能化实现供应链稳定发展。

（三）共建“一带一路”推动全球供应链发展的内涵

首先，“一带一路”倡议以“共商”推动全球供应链发展。“共商”是强调全球供应链的参与主体就供应链运行理念、相关建设领域以及供应链的体制机制等方面达成共识，并且在全球供应链的参与机会、规则制定、治理机制上享有平等权利。“一带一路”倡议为全球供应链的稳定、发展与治理打下了良好基础。“共商”既体现全球供应链发展的民主理念，又为广大发展中国家积极参与全球供应链提供价值共识。“共商”以对话协商、政策沟通构建全球供应链发展机制与治理规则，以更加包容、更加平衡、更可持续的发展理念助力全球供应链稳定发展。

其次，“一带一路”倡议以“共建”推动全球供应链发展。“共建”强调全球供应链参与主体在全球供应链的发展与治理方面进行共同建设与创新，并且享有平等的权利与义务。“一带一路”倡议是中国首倡的国际合作新模式和广受欢迎的国际公共物品和国际合作新平台，其不仅体现了全球供应链发展的合作理念，还是广大共建国家参与全球供应链的行动导向。“共建”凝聚全球供应链参与主体的行动力量，以开放、绿色、高效为行动准则为世界参与全球供应链发展提供新机遇。

最后，“一带一路”倡议以“共享”推动全球供应链发展。“共享”强调全球供应链的参与主体平等享有全球供应链发展与治理的成果。“一带一路”倡议以各国共同参与全球供应链发展为根本路径，推进更有活力、更加包容、

---

① 我国数字化采购市场发展动力充足 数字经济成为稳增长重要引擎［EB/OL］. 央视网，https：//news. cctv. com/2023/07/12/ARTIxrP9NQtEHB9BryvpfMKs230712. shtml.

② 中国发展改革 . 亿邦智库联合重磅发布《2023 数字化采购发展报告》［EB/OL］.（2023-07-16）搜狐网，https：//www. sohu. com/a/700698252_ 157778.

更可持续的全球化进程，进而实现共建国家共同走向现代化这一最终目标，体现了全球供应链发展的普惠理念。“共享”充分提升各国参与全球供应链发展与治理的能力与实力，符合构建人类命运共同体的价值理念，让全球供应链的发展成果更加民主、更加公平、更加公正地惠及世界各国人民。

（四）共建“一带一路”维护与推动全球供应链稳定与发展

首先，共建“一带一路”以全球产业链发展维护全球供应链稳定。作为全球生产网络的重要组成部分，全球产业链的建立与完善是全球供应链稳定运行的基础架构，进而共同支撑全球经济的稳定运行与健康发展。第一，共建“一带一路”以产业链的完善与优化提升供应链的稳定性。共建“一带一路”在打破发达国家对发展中国家产业链升级束缚的同时，以推动共建国家实现产业链上、中、下游的深度协作，构建以中国主导的、完善且高效的全球产业链体系。这种全球产业链体系通过产业链各环节进行紧密配合和协同工作，有效降低外部因素导致的供应链环节断裂及信息不通畅引发的供应链迟滞等风险，进一步强化全球供应链的稳定性。第二，共建“一带一路”以产业链发展增强全球供应链韧性。在经济全球化重构时期以及国际政治、经济环境复杂多变的情况下，全球供应链面临如军事冲突、自然灾害、公共卫生问题、贸易摩擦等诸多不确定因素，以共建“一带一路”构建包容性全球产业链，可以有效实现供应链的多元化、分散化布局，以有效应对外部不确定因素，保持并强化全球供应链的稳定运行与韧性。第三，共建“一带一路”以全球产业链发展实现全球供应链可持续发展。共建“一带一路”以构建开放、绿色、高效的全球产业链实现资源的合理分配与高效利用，在降低全球供应链环境风险的同时，加强供应链企业的社会责任与道德建设，推动全球供应链的稳定与可持续发展。

其次，共建“一带一路”推动全球供应链数字化转型与绿色发展。第一，共建“一带一路”通过数字基础设施建设强化供应链体系。共建“一带一路”通过加强共建国家数字、信息基础设施建设，包括宽带网络、大数据中心、云计算平台等，为全球供应链数字化提供必要的现实支持。以移动支付、互联网金融、远程医疗等数字技术在共建国家的应用与推广，提升生产资源的高效配置和创新集聚，为供应链的数字化转型提供了技术支持。同时，通过鼓励共建国家构建线上线下、全流程一体化的供应链体系，通过工业互联网、物联网以实现广连接、全覆盖，有效提高供应链的灵活性和响应速度。第二，共建“一带一路”通过强化共建国家间交流与合作，推动全球供应链数字化转型。共建国家间合作的强化可以有效拓展国际市场，并提升自身供应链创新能力与治理水平，这种深度合作有助于构建紧密关联的区域供应链，使商品、资金、信息等要素与云计算、大数据、物联网等数字技术应用相融合，提升供应链的协同效率与可追溯性。第三，共建“一带一路”推动全球供应链绿色发展。中国通过共建“一带一路”将节能减排、绿色低碳的发展理念和成熟先进的技术推向共建国家，以绿色物流、风能及水能发电、减少塑料制品使用、电子化数字化应用等方式全方位降低供应链对环境生态的负外部性，进一步推动全球供应链绿色、可持续发展。

第四节　“一带一路”互利共赢面临的挑战与机遇

一、国际形势对建设“一带一路”互利共赢的挑战①

当前，全球正处于百年未有之大变局之中，国际形势错综复杂，世界经济陷入低迷。全球产业链与供应链正经历着前所未有的重塑，其间的不稳定性和不确定性大幅上升。与此同时，国家间的联系日趋紧密，彼此间依存和影响达到前所未有的高度。相较于过去十年，“一带一路”倡议所处的全球政治、经济和社会背景已发生深刻转变。在此背景下，互利共赢的原则正面临着前所未有的挑战与风险。

（一）地缘政治风险上升

在中美关系日趋紧张的大背景下，“一带一路”倡议所倡导的互利共赢理念正遭受显著的地缘政治压力。美国在其地缘政治和军事安全策略中，两大关键支柱分别是北约东扩与“印太战略”。自“冷战”结束以来，美国持续

① 张屹峰，开鑫．新形势下，共建“一带一路”面临新挑战［R］. 上海：复旦发展研究院，2023-09-26.

推动北约向东扩张，并试图联合日本、韩国等国家构建所谓“亚洲版北约”，旨在将北约的全球影响力拓展至更广泛的地区。同时，美国还积极携手日本、印度、澳大利亚等国家，共同打造以印度洋和太平洋为焦点的“印太战略”。北约东扩主要聚焦欧亚大陆的地缘政治格局，而“印太战略”专注于印度洋和太平洋区域，两者均直接针对“一带一路”倡议中的两大重要区域——中亚至西亚地区与东南亚地区。美西方势力试图通过陆地和海洋两个层面，对“丝绸之路经济带”与“21 世纪海上丝绸之路”形成包围态势，在地缘政治和军事安全层面对参与“一带一路”建设的国家施加压力，以阻碍其进一步推进与发展。

除此之外，美西方势力还试图利用地区热点问题来冲击“一带一路”的建设进程。它们善于通过炒作、制造和激化地区热点问题，制造紧张的安全局势氛围，并加剧大国间的地缘政治竞争和冲突，这已成为其在地缘政治博弈中的常用手法。以 2022 年 2 月的乌克兰危机为例，这一事件引发了“冷战”后欧洲地缘政治格局的剧烈变革。美国领导的西方国家对俄罗斯实施了全面制裁，导致俄罗斯与欧洲的经济联系断裂，直接能源合作陷入停滞，波兰及波罗的海国家甚至关闭了与俄罗斯和白俄罗斯的边境口岸和运输通道，这无疑对中欧班列的跨境运输造成了严重阻碍，进而影响了“一带一路”共建中的产业链和供应链的稳定运行。同样地，美西方在台海、南海、朝鲜半岛等地区加大军事部署，其意图显而易见，在于破坏亚太地区的和平稳定，从而抑制共建“一带一路”国家间的直接合作与发展。

在美西方持续强化对华遏制策略的背景下，一些原本积极参与“一带一路”倡议的国家开始表现出立场的动摇。随着大国间战略博弈的加剧，地区中等强国的影响力逐渐上升，部分国家开始在大国间“择木而栖”，试图通过投机行为最大化自身利益。近年来，这一趋势越发显著。例如，日本和韩国紧跟美国的对华政策，不断在中国台湾地区等涉及中国核心利益的问题上试探底线；印度则以中巴经济走廊穿越巴控克什米尔地区为由，声称这是对其领土主权的“挑战”，进而对“一带一路”倡议表示反对；而意大利也宣布不再延长与“一带一路”相关的合作文件。这些杂音虽无法阻挡全球各国政府及企业积极参与“一带一路”倡议的整体潮流，但也形成了一定程度的干扰。

（二）外部经济环境恶化

在“一带一路”倡议的深入实施过程中，参与国家所面临的金融风险日益凸显。当前，全球主要经济体的增长动力疲软，整体经济复苏进程呈现迟滞态势。面对联邦债务不断攀升的挑战，美国采取了“以邻为壑”的货币政策，这导致美元的国际信用危机越发严重，进一步动摇了以美元为主导的国际金融货币体系的稳定性。鉴于“一带一路”共建国家对国际金融货币体系的深度依赖，美联储持续的大幅度加息举措使得国际融资环境日趋紧张。在这一背景下，部分共建国家的本币大幅贬值，债务负担急剧攀升，经济复苏的步伐显著减缓，甚至濒临经济危机的边缘。

全球产业链和供应链的重组对“一带一路”倡议构成了显著冲击。新冠疫情的暴发严重动摇了全球产业链和供应链的稳定，同时，经济全球化的步伐也因地缘政治特别是大国之间的博弈受到深刻影响。美西方以“风险规避”为理由，在产业链和供应链中实施“去中国化”战略，旨在重塑全球产供链格局，减少对中国经济的依赖，从而稳固美国在全球经济体系中的主导地位。当前，多链化和短链化成为新的发展趋势，国际贸易格局的碎片化现象也越发明显。此外，乌克兰危机的升级也对部分“一带一路”参与国家，特别是中东欧国家的产业链和供应链造成了阻碍，导致贸易成本大幅上升。在地缘政治与经济因素的双重影响下，“一带一路”建设的产业链和供应链不得不向更加区域化演进，以适应全球经济形势的深刻变革。

美国不仅严厉打压中国的高科技战略产业链供应链，更将“一带一路”参与国家对高新技术、高端产业及其产业链供应链建设的热切期望视为重大战略威胁。为破坏中国以“一带一路”为核心的产业链供应链布局，美国企图通过实施高新技术禁运和推动相关产业链供应链的“脱钩断链”策略，来限制中国在全球经济合作中的发展空间，进而削弱中国在全球经济体系中的核心影响力。

与此同时，美西方在全球基础设施建设领域亦积极寻求与“一带一路”倡议的竞争地位。尽管面临债务沉重和财政紧张的普遍挑战，这些国家仍不断推出全球基础设施领域的合作倡议。美国还试图通过设立全球基础设施建设与可持续发展认证标准框架，为“一带一路”倡议的基础设施建设设置障碍，还积极推动建立“印太经济框架”。在2022年5月，美国正式启动了这一框架，打着“经济安全”的幌子，旨在贸易、供应链、环保、基础设施、税收与反腐败、新兴技术治理、国际技术标准以及清洁能源等多个领域推动西方国家集体“去中国化”。韩国、日本、印度、澳大利亚、新西兰、印度尼西亚等13国为初始成员国。然而，由于美西方国家普遍缺乏大规模投入资源的意愿和实力，它们所提出的合作倡议往往显得空洞无力，更像“空头支票”。同时，这些倡议往往缺乏对发展中国家实际发展困境的深刻理解和同情。以“印太经济框架”为例，其中包含的关于环保、劳工、人权等问题的附加条件，与广大发展中国家的实际需求相去甚远，成为这些国家参与合作的障碍。

（三）共建国家内部挑战趋向复杂化

在参与“一带一路”倡议的国家中，有一部分面临着显著的结构性发展赤字问题，这成为其基建投资可持续性的主要障碍。这些国家以发展中国家为主，普遍面临工业化与产业发展水平较低、产业链和供应链基础薄弱的困境，导致经济发展内生动力不足。尤其是那些能源资源型国家，过度依赖能源资源导致经济结构失衡。与此同时，这些国家还面临政治生态脆弱和经济转型困难的双重挑战。政府治理能力不足与投融资困难并存，加剧了结构性发展赤字问题。在“一带一路”项目中，基建投资占据核心地位，占总投资量的七成以上。然而，这些基建项目通常具有投资额度大、建设周期长、短期回报率低的特点。在全球经济复苏乏力、国际金融货币体系波动加剧的背景下，这些共建国家的基建投入面临巨大缺口，这无疑对相关项目的持续推进构成了严峻挑战。

此外，一些共建国家内部长期累积的中央与地方矛盾、民族宗教冲突及地方利益纷争等不稳定因素，正逐步加剧其国家政治安全风险，对“一带一路”倡议的稳定性和互利共赢目标构成严峻挑战。特别是东南亚、中亚、南亚、中东、非洲和拉丁美洲等地区，作为“一带一路”倡议的战略要地，它们位于世界主要文明的交汇点，民族宗教多元，思想文化繁杂，历史遗留问题与现实矛盾交织。在这种复杂背景下，地区国家间的关系错综复杂，充满不确定性。在全球地缘政治的激烈博弈中，部分共建国家内部出现了政治极端化趋势、贫富差距进一步扩大、社会分裂加深、民粹主义思潮泛滥等现象，这些都对它们参与“一带一路”倡议的稳定性和连续性产生了直接影响。

值得注意的是，美西方国家不仅乘机加大了对特定国家内部事务的干预和渗透，还进一步将其拖入国内危机的泥淖与复杂的舆论旋涡。利用其在国际舆论舞台上的话语权，美西方国家持续散布关于中国与其他国家共建“一带一路”倡议的负面观点，诸如“债务危机”“新型殖民扩张”“制度输出”等不实言论，试图抹黑和贬损这一旨在互利共赢的倡议。更为甚者，它们煽动一些国家的非政府组织，以环保标准、劳工权益、民族宗教等议题为幌子，对相关的建设项目进行阻挠和破坏，意图阻碍“一带一路”倡议的顺利推进。

二、共建国家实现“一带一路”互利共赢合作新机遇

随着中国特色社会主义新时代的到来，中华民族伟大复兴的新征程已然启航，同时开启了中国与世界深度融合、携手共进的全新篇章。在此过程中，中国坚定奉行互利共赢的开放战略，致力于通过“一带一路”倡议，推动共建国家的经济繁荣与区域间合作的深化。积极促进不同文明之间的交流互鉴，努力将“一带一路”打造成为开放包容、互利共赢的国际合作典范。

开放是推动社会进步的永恒动力，而封闭必然导致停滞与落后。回顾中国过去四十余年的经济腾飞历程，其背后的核心动力正是持续不断的开放。展望未来，要实现经济的高质量发展，须继续在更加开放的环境中探索前行。习近平总书记曾明确指出，中国将坚守对外开放的基本国策，以更加开放的态度推动国家的全面进步。他强调：“中国的开放之门不会关闭，反而会持续敞开，更加宽广。”在全球化进程中，面对单边主义和贸易保护主义的挑战，以及逆全球化思潮的涌动，我们更应坚定信念，在更广泛的领域、以更高的标准、在更深的层次上推动开放合作、交流互鉴和深度融合。只有这样我们才能增强“一带一路”共建国家的发展能力，确保“一带一路”建设的成果惠及所有参与国家，让每一个国家都能分享到经济全球化的红利，共同迈向更加繁荣的未来。

实现人心相通是共商、共建、共享理念能够落地生根的基础，而文化交流是构建这一基础不可或缺的支柱。习近平总书记曾深刻阐述，文明间的交

流互鉴是人类文明进步、世界和平稳定的强大动力。这一论述对于“一带一路”建设的深入推进具有极其重要的指导意义。“一带一路”倡议作为新时代国际合作的新模式，在推进过程中自然会面临各种声音和观点，这是合作过程中不可避免的现象。然而，只要各方坚持并遵循共商、共建、共享的原则，就能够化解分歧、凝聚共识、深化合作，共同迈向繁荣与进步。共建“一带一路”不仅是一幅宏大的蓝图，更是一幅需要细心勾勒的精致画卷。这幅画卷中，不同国家的利益交织，不同地区的文明相互辉映，共同绘就了这幅画的独特色彩。面向未来，我们需要聚焦关键领域，追求卓越，携手各国共同努力，将这一宏伟愿景变为现实，让世界的每个角落都能感受到其带来的福祉。“一带一路”建设是习近平新时代中国特色社会主义在和平、发展、合作、共赢理念下结出的丰硕果实。它不仅将推动全球经济的持续增长，更将为构建人类命运共同体贡献新的、更大的力量。

第五章　可持续发展

（张蓉蓉　马　浩）

第一节　“一带一路”绿色发展概述

一、“一带一路”绿色发展背景及意义

（一）“一带一路”绿色发展背景

2013年，中国首次提出共建“一带一路”倡议，并陆续在多元化领域取得显著进展，它不仅成功地成为跨国经济合作中的璀璨典范，更是为全球经济的共同繁荣贡献了关键力量。这一倡议中，生态与环境的合作占据着举足轻重的地位，催生了绿色“一带一路”构想，并赢得了国际社会的广泛认可与支持。党的二十大报告强调，坚定推动“一带一路”高质量发展。作为我国在生态环境领域国际合作的核心内容，绿色“一带一路”的推进需要更加深入和务实，通过实际行动为全球环境治理体系的现代化和治理能力的提升注入了新的活力。

绿色“一带一路”是习近平生态文明思想与共建“一带一路”实践的融合体，自从2013年习近平主席在访问哈萨克斯坦和印度尼西亚期间首次提出共建“一带一路”倡议以来，该倡议展现出稳步推进的态势，并已成为全球绿色发展跨国合作的关键平台。倡议具有鲜明的绿色理念，秉承“绿水青山就是金山银山”的核心信念，深刻指导着共建“一带一路”的推进。2016年6月，习近平主席进一步提出了共建“绿色丝绸之路”的构想。随后，中国

与联合国环境规划署签署了《关于建设绿色“一带一路”的谅解备忘录（2017—2022）》，并与30多个共建国家达成生态环境保护的合作协议。2017年5月，中国环境保护部、外交部、国家发展改革委、商务部共同发布了《关于推进绿色“一带一路”建设的指导意见》①，从政策层面正式总体规划了绿色“一带一路”的建设。同月，环境保护部制定了《“一带一路”生态环境保护合作规划》，详细规划了生态环境保护合作的各项内容。习近平主席在2017年5月的“一带一路”国际合作高峰论坛上提出，将建立生态环保大数据服务平台，倡议建立“一带一路”绿色发展国际联盟，并为相关国家应对气候变化提供援助。② 为引导企业重视环境保护问题，生态环境部推动相关企业发布《履行企业环境责任，共建绿色“一带一路”》倡议。2019年4月，生态环境部与中外合作伙伴共同发起成立“一带一路”绿色发展国际联盟，为共建国家实现绿色可持续发展目标提供支持。2022年3月，国家发展改革委等部门发布了《关于推进共建“一带一路”绿色发展的意见》（以下简称《意见》），明确提出了共建绿色“一带一路”的具体任务，并规划到2030年共建“一带一路”绿色发展格局的基本形成。

（二）“一带一路”绿色发展意义

“一带一路”倡议自提出以来，就成为促进国际经济合作与发展的重要平台。随着全球化的深入发展，环境保护与可持续发展已成为全球共同面临的挑战。在这一背景下，“一带一路”绿色发展不仅具有重要的战略意义，更是对全球环境治理和可持续发展作出了积极贡献。

首先，绿色“一带一路”是推动新时代我国绿色发展的重要突破口。绿色“一带一路”倡议凸显了人类与自然和谐共生的核心理念。历史长河中，我国曾经历了一段以粗放型经济增长为主导的发展阶段，在一定程度上对生态环境构成了显著压力，如空气污染、水质下降和固体废弃物堆积等问题，均成为阻碍可持续发展的重要障碍。随着中国经济步入新常态，发展的重心从单纯追求高速增长逐渐转向追求高质量发展。在此转型之际，如何通过创

① 环境保护部，外交部，国家发展改革委，商务部．关于推进绿色“一带一路”建设的指导意见［EB/OL］．中华人民共和国生态环境部，https：//www.mee.gov.cn/gkml/hbb/bwj/201705/t20170505_413602.htm.

② 习近平．习近平谈治国理政（第二卷）［M］．北京：外文出版社，2017.

新引领，转变发展方式，从而有效应对和解决环境污染问题，成为我国面临的关键挑战。共建“一带一路”倡议作为我国对外开放的重要战略，为我们提供了一个独特的机遇。将绿色“一带一路”建设作为关键突破口，通过构建国际合作平台，激励企业向绿色转型，促进绿色经济的发展，与共建国家共同应对工业文明所带来的环境挑战，提升资源利用效率，增强环境承载能力，并推动绿色发展能力的提升，最终共同推动构建人与自然和谐共生的中国式现代化进程。

其次，绿色“一带一路”是促进全球生态文明建设的重要推动力。生态文明的建设对于构建人类命运共同体至关重要。在发展中国家工业化的进程中，环境污染问题日益凸显，摆脱“先污染后治理”的陈旧模式已成为这些国家迫切需要攻克的难题。中国秉持着习近平生态文明思想，积极探索并实践出一条绿色发展道路，为发展中国家提供了绿色、低碳、可持续发展的中国智慧和中国方案。在“一带一路”倡议的实施过程中，中国将绿色发展理念全面融入其中，不仅推广了绿色发展制度和理念，还构建了完善的绿色发展体系，并将其推广到共建国家。这一举措显著提升了共建国家的资源利用效率、绿色技术创新能力和生态环境质量，极大地推动了这些国家的生态文明建设进程。同时，这也为全球生态环境领域的国际合作树立了典范，掀开了全球生态文明建设的新篇章。

最后，绿色“一带一路”是展现中国负责任大国形象的重要平台。“一带一路”倡议作为新时期我国深化国际合作的关键平台，其推进过程中不可避免地遭遇了国际社会的审视与质疑。一方面，对于生态环境较为脆弱的共建国家而言，它们担忧合作项目可能带来的环境污染和生态破坏风险。因此，在跨国经济合作中，需更加重视环境保护问题，确保绿色“一带一路”建设的顺利推进，通过绿色基础设施的建设、绿色投资的引导以及绿色金融的支持，降低经济活动对环境的负面影响，从而助力共建国家实现绿色转型。另一方面，部分西方媒体将“一带一路”倡议视为“新殖民主义”，并抛出“中国威胁论”，指责中国追求贸易利益而忽视人权问题，如劳工权益等。对此，中国外交部发言人明确表示，这是对中国的无端指责和对共建国家的污蔑。生存权和发展权作为基本人权，是各国人民的共同追求。当今世界许多问题的根源在于发展的不充分和不平衡。中国推动“一带一路”倡议的初衷，是基于相互尊重、平等互利的原则，与共建国家开展合作，旨在助力其经济发展、摆脱贫困，这正是这些国家最为迫切需要的人权。

二、“一带一路”绿色发展概念

“一带一路”绿色发展是指在推进“一带一路”倡议的过程中，注重生态环境保护，坚持绿色、低碳、循环的发展方式，实现经济、社会和环境的协调发展。这包括在共建“一带一路”国家中推广绿色发展的理念和实践，加强环保合作和应对气候变化等方面的合作，促进共建国家的可持续发展和共同繁荣。绿色“一带一路”的内涵是动态的和不断发展的。

2017 年，在首届“一带一路”国际合作高峰论坛的主旨演讲中，中国国家主席习近平着重强调了绿色发展的重要性，倡导采用绿色、低碳、循环且可持续的生产与生活方式，深化生态环保领域的合作，共同构建生态文明，以实现 2030 年可持续发展目标。同年 5 月，环境保护部、外交部、国家发展改革委和商务部联合出台了《关于推进绿色“一带一路”建设的指导意见》，明确提出在“政策沟通”“设施联通”“贸易畅通”“资金融通”“民心相通”等方面推动绿色化进程的指导方针。2019 年，第二届“一带一路”国际合作高峰论坛上，习近平主席强调坚持开放、绿色、廉洁的核心理念，以绿色为底色，推动绿色基础设施、绿色投资以及绿色金融的全面发展，保护我们共同居住的地球家园。2020 年 9 月，中国国家主席习近平在第七十五届联合国大会上宣布，中国将加大国家自主贡献力度，实施更为有力的政策和措施，力求在 2030 年前实现二氧化碳排放达到峰值，并努力争取在 2060 年前实现碳中和的目标。[①] 2022 年国家发展改革委等四部门联合发布《意见》，《意见》聚焦绿色基础设施建设对绿色基建、绿色能源、绿色金融等推进共建“一带一路”绿色发展的重点合作领域作出部署意见。经过近年来的实践，绿色“一带一路”倡议充分展示了中国在全球治理体系完善中的独到智慧和策略，成为一把解锁当今世界复杂难题、化解全球乱象的“中国钥匙”，不仅为中国积极参与全球治理提供了实质性途径，也为改革全球治理体系注入了新的活

---

① 习近平在第七十五届联合国大会一般性辩论上的讲话［EB/OL］. 央广网，（2020-09-23）［2024-06-29］. http：//news. cnr. cn/native/gd/20200923/t20200923_ 525272428. shtml.

力，并构筑起一个推动全球发展合作的机制化平台，对于构建更加和谐繁荣的国际秩序具有重要意义。在新冠疫情背景下的全球治理体系改革与经济复苏中，绿色“一带一路”的生态文明特色愈加凸显。进入后疫情时代，如何在保障经济社会稳健发展的同时，有效应对气候与环境治理挑战，并推动绿色转型，已成为我们面临的重要课题，更是深化绿色“一带一路”倡议内涵的核心要义（见表5-1）。

表5-1　“一带一路”绿色发展的含义

“一带一路”绿色发展	具体含义
推广绿色发展的理念和实践	通过政策沟通、经验分享和技术转让等方式，推动共建“一带一路”国家树立绿色发展观念，采取绿色生产方式和生活方式，减少资源消耗和环境破坏
加强环保合作	在政策法规出台方面，明确提出相关政策和措施，如《“一带一路”绿色投资原则》① 等，鼓励和支持在“一带一路”建设项目中对可再生能源的投入和使用，促进环保产业的发展和绿色基础设施的建设
应对气候变化	为积极应对全球气候变化而努力，推动共建“一带一路”国家加强在清洁能源、碳排放减少等方面的合作，为应对气候变化作出积极贡献
促进共建国家的可持续发展和共同繁荣	通过推动绿色发展，提高共建国家的生态环境质量和人民生活水平，促进经济社会的可持续发展和共同繁荣。同时，这也有助于增强各国之间的互信和合作，构建人类命运共同体

三、“一带一路”绿色发展全球合作与责任

（一）全球合作机制

“一带一路”绿色发展全球合作机制是一个旨在推动绿色发展和环境保护的国际合作平台。该机制强调通过政策沟通、经验分享和技术转让等方式，促进共建“一带一路”国家树立绿色发展理念，采取绿色生产方式和生活方式，减少资源消耗和环境破坏。目前，中国在推进“一带一路”倡议方面已

① “一带一路”绿色投资原则（GIP）是由中国金融学会绿色金融专业委员会和伦敦金融城共同发起，并联合责任投资原则、可持续银行网络、“一带一路”银行家圆桌会、绿色“一带一路”投资者联盟、世界经济论坛以及保尔森基金会共同制定，旨在推动“一带一路”投资绿色化和可持续发展，并在自愿的基础上采纳和实施的原则性倡议。

取得了显著进展，与152个国家及32个国际组织签订了超过200份合作文件。在全球多边层面，中国积极巩固与联合国工业发展组织、联合国环境规划署、联合国开发计划署、世界银行、二十国集团、金砖国家等国际组织的合作关系，通过实施联合研究项目、促进人员交流培训、深化环保国际合作与学术交流，构建起一个广泛的环境与发展全球合作网络。

在双边环境合作方面，中国特别重视与法国、德国、意大利、俄罗斯、蒙古国、新加坡、柬埔寨等国的合作，强化了生态环境保护与应对气候变化战略的对接。这些合作共同推动了基础设施、国际贸易、金融服务等领域的绿色化转型。绿色“一带一路”在“一带一路”经济走廊建设中已取得了积极且广泛的成果（见表5-2）。

表5-2 “一带一路”经济走廊中的绿色发展

签订文件名称	合作范围	主旨内容
《中国—东盟环境合作战略（2016—2020）》《中国—东盟环境合作行动计划（2016—2020）》①	中国—东盟	在中国与中南半岛经济走廊方向，中国与东盟在《中国—东盟环境合作战略（2016—2020）》和《中国—东盟环境合作行动计划（2016—2020）》的指引下，已启动了一系列合作项目，包括构建中国—东盟生态友好城市伙伴关系、搭建中国—东盟环境信息共享平台等，在环境政策研究、生物多样性保护以及环境技术交流等多个领域，双方取得了显著的积极成果
《澜沧江—湄公河环境合作战略（2018—2022）》②	澜湄国家	构建澜湄区域持久稳定的环境合作网络，促进绿色澜湄流域经济带的发展。在中国—中亚—西亚经济走廊的框架下，以上海合作组织等平台为核心，积极推动多边绿色合作的深化
《上海合作组织至2025年发展战略》③	上海合作组织成员	明确提出“重视环保、生态安全、应对气候变化消极后果等领域的合作”

① 薛飞．中国与东盟将进一步深化和拓展环境合作［EB/OL］. 新华网，（2017-09-13）［2024-06-29］. http：//www. xinhuanet. com//world/2017-09/13/c_ 1121659262. htm.

② 澜沧江—湄公河环境合作中心．澜沧江—湄公河环境合作战略（2018—2022）［EB/OL］. 生态环境部对外合作与交流中心，http：//www. lmec. org. cn/lmzx/zlyjz/lmhjhzzl/201711/t20171106_ 111204. htm.

③ 上海合作组织. 上海合作组织至2025年发展战略［EB/OL］. 上海合作组织，http：//chn. sectsco. org/documents.

续表

签订文件名称	合作范围	主旨内容
《上合组织成员国环保合作构想》①	上海合作组织成员	上海合作组织宪章框架下第一份关于生态环保合作的纲领文件，致力于提升区域环境治理能力和协作水平
《关于中国—中东欧国家环境保护合作的框架文件》②	中国—中东欧国家	为深化中国与中东欧国家在环境领域的合作，构建了中国—中东欧国家环保合作部长级会议机制。旨在强化双方在应对气候变化、环境保护等关键领域的政策协同，携手培育绿色经济增长的新动力，共同推动可持续发展
《联合国2030年可持续发展议程》、非盟《2063年议程》③	中国—非洲	中国、肯尼亚与联合国共同推进中非环境合作中心的建立，旨在深化中非环境伙伴关系，进而提升发展中国家在环境治理与绿色发展方面的能力。协同推进《联合国2030年可持续发展议程》、非盟《2063年议程》以及共建绿色“一带一路”倡议的落实，共同为全球可持续发展贡献力量

在绿色“一带一路”的建设中，除了强化国家层面的全球环境、气候变化及绿色发展合作，还展现出多元化的参与主体和层次化的发展趋势。地方、城市、企业以及智库等各方在共商共建共享原则下广泛参与到这一进程中，成为绿色“一带一路”的积极推动者和建设者。大中小微企业通过商业行业合作、政企伙伴关系等多种方式，在绿色“一带一路”的进程中找到了适合自身的定位，积极履行企业环保责任，不仅提升了自身的绿色竞争力，也为经济发展与环境保护的双赢贡献了力量。详见表5-3。

---

① 上海合作组织成员国元首理事会会议新闻公报［EB/OL］. 新华网，（2018-06-10）［2024-06-29］. http：//www. xinhuanet. com/world/2018-06/10/c_ 1122964631. htm.

② 王慧娟 . 中国—中东欧国家建立“16+1”环保合作机制［EB/OL］. 新华网，（2018-09-21）［2024-06-29］. http：//www. xinhuanet. com/world/2018-09/21/c_ 1123465183. htm.

③ 中非环境合作中心启动活动在京举行［EB/OL］. 生态环境部网站，（2020-11-24）［2024-06-29］. http：//www. mee. gov. cn/xxgk2018/xxgk/xxgk15/202011/t20201124_ 809612. html.

表 5-3 “一带一路”绿色发展全球合作机制的合作领域

全球合作机制	主旨内容与作用
绿色“一带一路”建设的蓝图和指导文件	包括《推动共建丝绸之路经济带和 21 世纪海上丝绸之路的愿景与行动》《关于推进绿色“一带一路”建设的指导意见》《“一带一路”生态环境保护合作规划》等，充分考虑到生态环境的可持续性和绿色发展的重要性
国际合作网络	绿色“一带一路”的参与者和建设者形成了广泛的合作网络，这一网络不仅展现了显著的示范效应，还促进了绿色竞争力的显著提升，进一步强化了其在全球绿色发展中的引领地位
绿色发展国际联盟	发布前沿的绿色发展报告，并精选来自不同国家和行业的杰出绿色发展案例进行深度剖析与分享，从而为全球范围内的绿色发展实践提供了宝贵的经验和重要的参考，展现了多样化的绿色发展路径，促进了绿色技术和政策领域的国际交流与合作
绿色供应链合作平台	在推动“一带一路”倡议下的基础设施投资绿色化进程中发挥了关键作用，在分享环境治理的先进经验与最佳实践案例方面扮演了桥梁和纽带的角色，促进了全球范围内的绿色交流与合作
绿色金融体系建设	推进绿色金融市场双向开放策略。鼓励金融机构和业内企业积极参与国际市场的绿色融资活动，支持国际金融机构和跨国公司在本土市场发行绿色债券，并推动其进行绿色投资，以此促进绿色金融的全球化发展
绿色技术与标准合作	加大绿色技术的研发力度与应用范围，强化基础研究和前沿技术布局，确保先进且适用的技术能够快速研发并推广。倡导企业优先采用低碳、节能、节水、环保的材料与技术工艺，以推动绿色技术的广泛应用和行业的绿色转型
应对气候变化合作	在促进全球气候治理的进程中，推动各方全面遵循《联合国气候变化框架公约》及其《巴黎协定》的准则，积极寻求与共建“一带一路”参与国家在应对气候变化领域的合作机会。旨在构建一个更加公正合理、互利共赢的全球气候治理体系，共同应对全球气候变化挑战
绿色发展政策对话和沟通平台	积极搭建政策对话平台，加强生态环保大数据服务平台建设，发挥“一带一路”能源合作伙伴关系、“一带一路”可持续城市联盟等合作平台作用
人才和能力建设	深化环保领域的合作与交流，开展绿色丝路使者计划，加强环境管理领域的专业人才和技术人员之间的沟通与互动。提升共建国家的环境保护能力和水平，促进环境管理知识和技术的共享与传递，进一步推动绿色“一带一路”倡议的深入发展
“一带一路”国际科学组织联盟（ANSO）	已纳入 58 家成员单位，支持在绿色技术领域开展多元化合作，涵盖了人文交流、科研联合、平台建设等关键领域，共同推动绿色技术的发展与应用

这些机制体现了中国在推动“一带一路”绿色发展方面的积极努力，以及与国际社会合作、共同应对全球环境挑战、促进可持续发展的意愿和行动。

（二）中方的责任与贡献

在“一带一路”倡议下，中国致力于推动绿色发展，积极履行国际责任，为构建人类命运共同体作出了重要贡献。在绿色发展理念指引下，中国坚持以生态优先为导向，并努力推动绿色丝绸之路的构建与联合国可持续发展目标的紧密融合。通过一系列重大合作项目的实施，中国已在绿色基础设施、绿色生态保护、清洁能源应用、绿色交通建设以及绿色金融服务等领域取得了令人瞩目的成就。这些成果不仅彰显了中国在绿色发展领域的坚定决心和实际行动，也为全球绿色发展事业注入了新的活力。同时，中国还大力拓展绿色发展合作空间，依托和完善“一带一路”绿色发展国际联盟等重要平台，落实好“一带一路”绿色投资原则，与共建国家共谋绿色发展，共筑清洁美丽世界。

1. 科技创新合作交流

科技创新是“一带一路”建设的核心内容之一。与相关国家开展科技合作是共建“一带一路”的重要内容。2018 年 11 月，“一带一路”国际科学组织联盟成立大会在京举行。习近平总书记在贺信中强调，要“发挥好‘一带一路’国际科学组织联盟的平台作用，加强科技创新政策和发展战略对接，开展重大科技合作，培养创新创业人才，提升科技创新能力，为促进民心相通和经济社会可持续发展，为推动建设绿色之路、创新之路，为推动构建人类命运共同体作出重要贡献”。经济全球化趋势下，科技创新合作是应对气候变化、自然灾害等全球性问题的根本出路。中国积极参与全球环境治理与合作，举办了中国—阿拉伯国家环境合作论坛、中国—东盟环境合作论坛等活动，设立中国—东盟环境保护合作中心等机构，推动环保领域先进技术的国际交流与应用。此外，中国还与联合国环境署等组织签署相关备忘录或合作协议，加强在绿色基建、生态文明建设和环境保护等领域的合作与交流。

2. 绿色发展合作交流

为加快绿色“一带一路”建设进程，我国持续强化顶层战略规划。中国政府相继出台了《关于推进绿色“一带一路”建设的指导意见》和《“一带一路”生态环境保护合作规划》等一系列政策文件，为绿色“一带一路”建设确立了全面的战略框架、具体的规划蓝图与核心任务。文件也详细规划了当前及未来一段时期内绿色“一带一路”的发展路径和时间节点。黄润秋强调，未来将通过“一带一路”绿色创新大会、绿色丝路行等活动，实施环保人才交流计划，聚焦绿色基础设施、清洁能源、绿色投融资等关键领域，深化政策交流与实践经验分享，共同推动“一带一路”的绿色低碳转型。中国已与多个国家共同发起“一带一路”绿色发展伙伴关系倡议，并成立了绿色发展国际联盟。“促进绿色发展”行动强调，中国计划进一步深化在绿色基建、绿色能源、绿色交通等领域的国际合作，同时加大对“一带一路”绿色发展国际联盟的支持力度，并定期举办绿色创新大会，以促进光伏产业的交流及构建绿色低碳领域的专家网络。中国还将执行“一带一路”绿色投资原则，计划于2030年前为合作伙伴国家提供10万人次的绿色发展培训。出席论坛的多国政要对“一带一路”倡议给予了高度评价，期望“绿色丝路”项目能为全球生态保护和气候变化应对贡献中国智慧。

3. 经济与贸易合作交流

在经济全球化背景下，通过“一带一路”平台，各国共同推动了经济合作区和经贸合作区的建设，促进了贸易和投资的便利化。截至2023年8月底，已有超过80个国家和国际组织响应并加入中国倡议的《“一带一路”贸易畅通合作倡议》。中国已与28个国家和地区签署了共计21个自由贸易协定，这些协议为经贸往来提供了更为便利的框架。在双边投资领域，中国已与135个国家和地区建立了投资协定，与112个国家和地区达成了避免双重征税的协议，有效减少了跨国投资的税收障碍，与35个共建国家实现了“经认证的经营者”（AEO）互认，进一步提升了贸易便利化水平。在第三方市场合作方面，中国与14个国家签署了合作文件，共同探索互利共赢的商业模式。中国还与新加坡、巴基斯坦、蒙古国、伊朗等国家建立了“单一窗口”合作机制，并签署了海关检验检疫合作文件，极大地提升了口岸通关效率，促进了贸易流通。为了支持“一带一路”项目的实施，中国还建立了多元化的融资体系，包括亚洲基础设施投资银行（AIIB）等金融机构，为项目提供了强有力的资金支持。

4. 国际科技合作倡议

在全球科技合作领域，中国提出了《国际科技合作倡议》，旨在推动建立一个基于开放、平等、公正以及非排他性的国际合作环境，以助力构建全球性的科技共同体，强调了在科技领域进行国际合作时，应当摒弃任何形式的歧视和偏见，确保各国都能在平等的条件下共享科技进步的果实。①共建联合实验室：中国已与 80 多个共建国家签署政府间科技合作协定，共建了 50 多家“一带一路”联合实验室。②技术转移平台：针对东盟、非洲及拉美等地区建成 9 个跨国技术转移枢纽，成功举办了超过 300 场技术交流对接活动，有力推动了上千合作项目的实施与落地，显著加强了国际技术交流与协作。③人才培养与交流：在“一带一路”倡议下，已有超过万名青年科学家获得支持，来华参与短期科研工作和学术交流，已累计为共建国家的科技与管理人员提供了超过 1.6 万人次的培训机会。④《国际科技合作倡议》：中国首次提出该倡议，包括 6 方面的具体内容，如完善全球科技治理、加强知识产权保护、共建全球创新网络等。

5. 文化交流

在推动绿色发展的过程中，中国注重促进共建国家的经济发展和社会进步。通过加强基础设施互联互通、推动贸易和投资便利化等措施，中国帮助共建国家提高经济发展水平和生活质量。同时，中国还关注共建国家的民生福祉问题，积极参与教育、医疗等公共服务领域的合作与交流。中国积极分享自己在生态文明建设、环境保护、污染防治、生态修复、循环经济等领域的最新理念和实践经验。通过举办各类论坛和活动，中国与共建国家共同探讨绿色发展的路径和模式，为推进全球绿色发展提供了有益借鉴和参考。

第二节　中方关于“一带一路”绿色发展的倡议与举措

在 2022 年 3 月，国家发展改革委、外交部、生态环境部、商务部四个部门联合发布了《意见》。《意见》指出，到 2025 年，共建“一带一路”生态环保与气候变化国际交流合作将进一步深化，绿色丝绸之路理念将得到各方认可，绿色基建、绿色能源、绿色交通、绿色金融等领域务实合作扎实推进，绿色示范项目的引领作用更加显著。同时，《意见》明确了聚焦绿色基建、绿色能源、绿色金融等重点领域合作的具体部署，本节将分别从绿色基建、绿色能源、绿色交通三个方面进行阐述。

一、中方关于绿色基建的合作倡议与举措

（一）总体布局

《意见》中对绿色基建做出了指导意见：要加强绿色基础设施互联互通，不断提升基础设施运营、管理和维护过程中的绿色低碳发展水平，打造跨尺度、多层次、相互连接的绿色网络结构，提供全面的生态系统服务。具体而言，要引导企业推广基础设施绿色环保标准和最佳实践，在设计阶段合理选址选线，降低对各类保护区和生态敏感脆弱区的影响，做好环境影响评价工作，在建设期和运行期实施切实可行的生态环境保护措施，不断提升基础设施运营、管理和维护过程中的绿色低碳发展水平；引导企业在建设境外基础设施过程中采用节能节水标准，减少材料、能源和水资源浪费，提高资源利用率，降低废弃物排放，加强废弃物处理。

（二）绿色基建

1. 绿色基建相关概念

绿色基建，迄今尚未形成一致的定义。随着联合国提出可持续发展目标、签署《巴黎协定》以及各国提出气候变化应对目标，其概念日益丰富、广泛。

当前，部分国际组织就绿色基建的概念和范围进行了研究和说明。全球基础设施中心在2021年的《中国主要城市充电基础设施监测报告》中从项目类型角度对其进行了定义，指出绿色基建是能够促进环境可持续发展和实现二氧化碳“净零排放”的基础设施项目，包括可再生能源发电，电动汽车充电设施，碳捕集、利用与封存（CCUS），绿色建筑，城市公共交通系统等。国际能源署（IEA）的《2050年净零排放：全球能源行业路线图》报告从能源供给和需求两个维度对各基建领域实现“净零排放”的路径进行了明确和细化，能源供给端涉及化石燃料供应、低排放燃料供应及发电部门，能源需求端涉及工业、交通运输和建筑部门。其中，能源供应绿色转型是绿色基建的核心驱动力，电力、工业、交通、建筑等领域是绿色基建的重点领域。

综上所述，绿色基建可被理解为以能源绿色转型和绿色低碳技术创新为核心推动力，旨在降低温室气体排放、实现环境可持续发展的基础设施转型。

2. 绿色基建合作主要相关领域

全球绿色基建国际合作主要聚焦于绿色电力、绿色工业、绿色交通、绿色建筑等多个行业，并包括多个细分领域（详见表 5-4）。

表 5-4　绿色基建合作领域

行业	主要细分领域
绿色电力	（1）可再生能源发电：如太阳能、风能、水力、生物能发电等； （2）碳捕集、利用和封存，电厂发电； （3）氢、氨与燃煤、燃气混合发电； （4）核电
绿色工业	（1）化学制品生产：塑料回收再利用、CCUS 技术应用、电解制氢技术应用等； （2）钢铁生产：塑料回收再利用、煤炭结合 CCUS 技术应用、氢基还原铁技术应用、铁矿石电解技术应用等； （3）水泥生产：熟料占比提升、CCUS 技术应用、可再生能源利用等
绿色交通	（1）公路交通运输：石油与生物燃料混合利用、电池及混合电力汽车； （2）铁路：电力和氢能源利用、电气化铁路路线等； （3）航空航运：合成氢基燃料、生物燃料利用等； （4）其他：电池储能、电动汽车充电桩等
绿色建筑	（1）建筑物：零碳就绪改造、零碳就绪建筑等； （2）加热和冷却：热泵数量、太阳能热力住宅等； （3）电器和照明：LED 照明、降低电器能耗等； （4）能源普及：分布式太阳能光伏发电、清洁能源烹饪等

资料来源：根据国际能源署资料整理得到。

（三）相关项目案例

1. 斯瓦克大坝项目

肯尼亚斯瓦克大坝项目①由中国能建葛洲坝集团总承包，葛洲坝路桥公司以及葛洲坝国际公司施工建设，是中肯共建“一带一路”的先锋项目，也是实现肯尼亚 2030 年远景发展规划和“四大发展目标”的重要举措。作为迄今为止肯尼亚规模最大的水利民生工程，大坝位于斯瓦克河和阿西河交汇处下游 1 千米处，设计蓄水高度可以达到 80 米深，大坝总高 78.5 米，长 1.5 千米，总填筑方量约 1200 万立方米，相当于 12 个“水立方”的大小。在建设

① 王冠森．探访肯尼亚斯瓦克大坝及周边惠民设施［EB/OL］．新华社，（2023-10-19）［2024-06-29］．https：//baijiahao．baidu．com/s？id＝1780194788412950284&wfr＝spider&for＝pc．

过程中，项目采取了废料回收和排水检测等措施，保护了周边环境及野生动物的栖息地，实现了经济、生态和社会效益的兼顾，彰显了“一带一路”倡议的绿色发展理念。目前，项目正处于第一期大坝土建工程阶段，主要包括大坝、导流洞和溢洪道的建设。

斯瓦克大坝项目的建设对于肯尼亚具有重要的意义。首先，该项目将解决孔扎新城以及马库埃尼郡、基图伊郡和马查科斯郡300万左右人口的供水、饮水和灌溉问题，对改善当地居民的生活质量产生直接影响。其次，该项目的兴建将推动肯尼亚东南部地区的供水、供电和农业灌溉事业的蓬勃发展，为当地带来巨大经济利益。大坝的建成将提高当地的水资源利用率，推动农业生产的增长，增加当地居民的收入。再次，斯瓦克大坝项目还为当地带来了2000多个工作岗位，其中肯尼亚当地员工占90%以上，为当地居民提供了就业机会，促进了当地经济的发展。最后，项目部还为周边社区提供了多种便利，如钻井取水、修缮学校教室和食堂、新建医院等，深度参与肯尼亚的经济社会发展。斯瓦克大坝项目不仅是一项重要的水利工程，也是肯尼亚实现可持续发展目标的重要项目之一。

2. 马尔代夫垃圾转运站项目

马尔代夫垃圾转运站项目①是一项旨在改善当地垃圾处理效率和环保管理服务的重大项目。该项目由亚洲开发银行及马尔代夫财政部出资共建，包含两岛共计8个单体，占地约6.5万平方英尺（约6039平方米），旨在提供现代化的垃圾分类、转运和行政环保管理服务。项目内容涵盖了地质勘探、设计、建造及设备采购等多个方面，配备了先进的现代化设施，预计日综合垃圾处理能力将大幅提升。

马尔代夫垃圾转运站项目的建成对马尔代夫当地生态环境保护和居民生活环境的改善具有深远意义。首先，该项目将有效解决马累岛和维利马累岛的垃圾分类与转运问题。大马累地区的生活垃圾须先经垃圾转运站收集，再用船运至垃圾岛进行处理。原有的垃圾转运站场地狭小、功能单一，缺乏现代化转运设施，不具备集装箱运输等现代化转运能力。新项目的建成将极大

① 中国建筑集团．中国建筑承建的马尔代夫垃圾转运站项目竣工［EB/OL］．（2023-09-19）［2024-06-29］．国务院国有资产监督管理委员会，http：//www.sasac.gov.cn/n2588025/n2588124/c28898997/content.html.

提升垃圾转运效率，缩短转运时间，降低运输成本。其次，该项目将为马尔代夫未来利用垃圾发电提供可靠保障。随着垃圾处理能力的提升，马尔代夫将有更多的垃圾可以用于发电，实现废物的资源化利用，减少环境污染，推动可持续发展。再次，该项目的建成还将改善马累地区居民的生活环境。垃圾转运站的建设将缩短垃圾在市区内的堆积和滞留时间，降低垃圾对居民生活的影响，提高居民的生活质量。最后，项目的建设还带动了当地的就业和经济发展，为马尔代夫的经济社会发展注入了新的活力。通过中马合作，将现代化技术和环保理念引入项目中，为东道国保护生态环境、加快实现“双碳”目标奉献了中国智慧。

二、中方关于绿色能源的合作倡议与举措

（一）总体布局

《意见》中对绿色能源合作做出了指导意见：要加强绿色能源合作，鼓励太阳能发电、风电等企业“走出去”，推动建成一批绿色能源最佳实践项目。能源合作是“一带一路”倡议的重要领域，我国支持的绿色能源合作项目有助于为共建国家发展绿色经济、减少碳排放、促进经济量质齐升。

一是加强绿色能源基础设施建设（以下简称“绿色能源基建”）。将发展绿色能源基建纳入“一带一路”建设项目的总体布局，统筹规划、设计、建设和运营风电、太阳能、生物能等新能源基础设施，兼顾生态环境、资源保护和环境保护，为共建国家能源结构转型和现代化奠定坚实基础；在“一带一路”国际合作高峰论坛、上海合作组织等平台的基础上，举办基于“一带一路”绿色能源基建的多边对话，加强绿色能源基建的专业技术和经验分享，建立多边合作体系，促进区域资源部署的协调整合，增强绿色能源基建的规模经济效益。

二是因地制宜发展绿色能源。按照“一点一策、一国一策”原则制定与“一带一路”共建国家的绿色能源合作方案，根据各地区基础设施的发展水平、自然地理条件和可利用资源，结合“能源+”“绿色低碳+”多维融合的综合发展需求，分门别类地开展新能源、可再生能源和清洁能源的研发投资建设，探索各地区“油气+新能源”“海上油气+风电”“煤电+新能源”等能

源融合发展新模式。

三是加强绿色能源战略合作。与“一带一路”共建国家建立能源对话交流机制，与当地能源企业共建多层次合作渠道，增强“点对点”的资源系统整合优势，打造优质高效的产业链和能源合作共赢生态圈，形成常态化的沟通机制和成熟的能源合作模式，加强绿色能源联合制造能力；鼓励绿色能源企业、高等院校和科研机构积极与共建国家共建形式多样、机制灵活的绿色能源研究中心、清洁能源联合实验室等聚焦“双碳”目标的新型能源研发机构，加速释放能源创新动能。

（二）绿色能源

1. 绿色能源相关概念

绿色能源，作为能源领域的重要议题之一，指的是在能源的生产和利用过程中排放较少、污染较轻的环保能源类型。它囊括了多种可再生能源形式，包括风能、太阳能、水能、生物质能、地热能、潮汐能以及核能。目前，绿色能源的定义侧重于通过现代化的技术开发和利用，实现能源的清洁、高效、系统化应用。

实现低碳能源的目标需要在能源的各个环节，包括开发、运输和利用等方面实现零碳和低碳排放，即建立一个低碳产业体系。这一构想强调了对整个产业链条的综合优化，以减少温室气体排放并实现可持续发展。因此，绿色能源和低碳能源的目标及包含的能源类型非常相似，可统称绿色低碳能源。目前，绿色能源和低碳能源的概念经常被结合使用，被视为能源转型和经济可持续发展的重要方向。

2. 绿色能源合作模式与技术支持

（1）能源投融资水平不断提升

过去十年间，共建“一带一路”倡议推动了近万亿美元的投资规模，孕育出超过 3000 个合作项目，为参与国家创造了 42 万个就业岗位，促进了越来越多国家的经济发展。在能源领域，累计投资额约占我国对“一带一路”国家总投资额的 40%，其中电力部门约占一半。“一带一路”能源合作的推动极大地促进了当地相关产业和社会经济的发展，提升了国家的民生福祉。

丝路基金与亚洲基础设施投资银行相继成立，为推动“一带一路”建设以及双多边互联互通提供了投融资支持。截至2022年底，承诺投资金额超过200亿美元，涉及60多个国家和地区；亚投行会员国从起初的57个增长到目前的106个，亚投行已批准的项目达202个，融资额超过388亿美元，成为共建“一带一路”倡议的重要融资平台。人民币国际化也为“一带一路”能源合作带来了强有力的金融支持。本币互换和跨境结算量持续增加。截至2022年底，中国已与17个合作国签署了人民币清算协议，人民币跨境支付系统（CIPS）的参与方数量、业务量和影响力不断提升，有助于推动中国与合作国在能源大宗商品交易、能源基础设施融资等方面的合作。

（2）能源贸易规模逐步扩大

从2013年到2022年，我国与“一带一路”共建国家货物贸易额年均增长8%，从1.04万亿美元翻一番到2.07万亿美元。与此同时，我国从“一带一路”国家的能源进口量也在逐步增加，其中石油进口占比超过半数，这不仅有力地推动了相关国家和地区的能源共赢发展，也为全球能源市场的安全和稳定发挥了重要作用。

能源资源贸易规模稳步上市。截至2022年底，在石油贸易方面，通过中哈石油管道输送到中国的石油超过1.6亿吨；在天然气贸易方面，中亚A/B/C管道向中国输送总计超过4200亿立方米的天然气，服务于中国25个省、市和自治区的约5亿人口。数据显示，2022年，中亚天然气管道向我国国内输气432亿立方米，中俄东线天然气管道向我国国内输气突破150亿立方米，为我国国内天然气供应提供了有力保障。自2023年1月起，中俄东线输气量进一步提升至6100万立方米/日，是我国东北及华北、华东地区冬季保供的重要支撑，2023年全年输气量突破220亿立方米。

清洁能源产业贸易规模逐步扩大。我国光伏产品出口全球200多个国家和地区，2022年光伏产品出口额约512.5亿美元，同比增长80.3%。其中，光伏组件出口量约153.6吉瓦，同比增长55.8%；硅片出口量约36.3吉瓦，同比增长60.8%；电池片出口量约23.8吉瓦，同比增长130.7%。我国风电机组出口全球49个国家和地区，2022年风电机组出口量为229万千瓦，截至2022年底累计出口量达到1193万千瓦。风电光伏产品的出口有效支撑全球新能源需求，我国成为稳定全球清洁能源产业链供应链的重要力量。①

（三）相关项目案例

1. 巴基斯坦卡拉奇 K—2/K—3 核电项目②

自 2013 年中国提出共建“一带一路”倡议以来，该倡议不仅旨在促进共建国家的基础设施建设和经济发展，而且在环境保护和清洁能源的推广方面也发挥了显著作用。其中，中巴卡拉奇 K—2/K—3 核电项目是这一倡议的典型代表，体现了“一带一路”在促进绿色能源发展和环境效益方面的重要成就。

首先，从环境效益来看，K—2/K—3 核电站的建成对于改善地区环境质量具有重要意义。该核电站每年可提供近 200 亿千瓦时的清洁电力，满足约 200 万当地人口的电力需求，相当于每年减少约 1632 万吨的二氧化碳排放。其次，在经济效益方面，该项目不仅为巴基斯坦提供了稳定的电力支持，促进了当地经济的稳定发展，还推动了高技术和制造业的进步。通过核电项目的实施，当地制造业获得了发展，能够自主生产大型设备和核级设备。最后，中巴核电项目还促进了技术和人才的交流。中国的核电技术和经验的引入，加深了巴基斯坦对核电安全和运营的认知，提高了当地核电人才的专业技能，为巴基斯坦核能事业的自力更生和持续发展奠定了坚实基础。

2. 阿根廷胡胡伊省高查瑞光伏电站③

阿根廷高查瑞地区拥有极为优越的日照条件，全年平均日照超过 2500 小时，使其成为全球最适合光伏发电的地区之一。然而，胡胡伊省长期面临电力供应不足的困境，因缺乏兴建光伏电站所需的资金和技术而不得不依赖外省购电，从而限制了地区经济的发展。直到 2017 年，中国电建集团和上海电力建设有限责任公司联合中标阿根廷高查瑞光伏电站项目。中国团队在高海拔、严寒的自然环境中进行施工，严格执行环保标准，建立了完善的环境影

---

① 数据来源：“一带一路”能源国际合作报告（2023）。

② 谷业凯．我国华龙一号海外首台核电机组通过巴基斯坦最终验收［EB/OL］. IT 之家，（2024-05-21）［2024-06-29］. https：//baijiahao. baidu. com/s？ id = 1799654710239943131&wfr = spider&for = pc.

③ 宋庆然，程是颉，李强，等．清洁能源合作助力打造绿色丝绸之路［N］. 人民日报，2023-10-09（17）.

响评价制度，并多次修改设计方案以最大限度地保护当地生态环境，避免项目施工对当地动物，如羊驼等的自由活动造成影响。

该光伏电站采用了120万块太阳能光伏板，设计总装机容量达315兆瓦，每年可减排二氧化碳32.5万吨。2020年9月，高查瑞光伏电站正式并网发电，不仅解决了胡胡伊省长期以来的电力短缺问题，还减少了化石燃料的消耗，优化了当地的能源结构，为地方经济的可持续发展提供了支持。

三、中方关于绿色交通的合作倡议与举措

（一）总体布局

《意见》中对绿色交通合作提出了指导意见：加强绿色交通合作，推广新能源和清洁能源车、船等节能低碳型交通工具，助力共建“一带一路”国家发展绿色交通。

习近平总书记指出：“要加快形成绿色低碳交通运输方式，加强绿色基础设施建设，推广新能源、智能化、数字化、轻量化交通装备，鼓励引导绿色出行，让交通更加环保、出行更加低碳。”① 交通是经济社会的重要支撑，绿色交通则成为推动可持续交通建设和促进低碳生活方式转型的关键环节之一。关注“一带一路”倡议下的绿色交通发展，不仅可以推动沿线地区的互联互通，提高贸易效率，促进区域经济一体化发展；还可以减少污染、降低碳排放，助推交通与自然之间的和谐发展。这将对整个区域产生积极的影响。

（二）绿色交通相关概念

绿色交通，是指为了降低交通拥挤、降低环境污染、促进社会公平、节省建设维护费用而发展低污染、有利于城市环境的多元化城市交通运输系统。然而，在“一带一路”背景下，绿色交通指的是通过环保和可持续的交通方式，在共建国家之间促进经济合作和交流的同时，减少对环境的不良影响。绿色交通在“一带一路”倡议中扮演着重要的角色，旨在通过提高交通效率、减少碳排放和污染物排放等方式，实现可持续发展目标。

---

① 习近平：要加快形成绿色低碳交通运输方式［EB/OL］．央广网，http：//news.cnr.cn/dj/20211014/t20211014_525633694.shtml.

具体来说，“一带一路”绿色交通可以包括以下方面。①基础设施建设：在建设交通基础设施时，采用环保材料和技术，设计更加节能、环保的交通网络；②推广清洁能源交通工具：鼓励使用电动汽车、混合动力汽车等清洁能源交通工具，减少对传统燃油车的依赖；③跨境合作：促进共建国家间在交通规划、技术创新和经验分享方面的合作，共同推动绿色交通发展；④信息技术应用：利用信息技术提高交通系统的智能化和管理效率，减少交通拥堵和能源浪费。

（三）相关项目案例

1. 蒙内铁路

蒙内铁路项目作为连接蒙古国和中国内蒙古自治区的重要交通枢纽，不仅显著提升了两国之间的经济合作与发展，同时也成功实践了绿色发展理念，实现了可持续发展与生态保护的双重目标。

在经济效益方面，蒙内铁路为两国带来了巨大的经济利益和发展机遇。铁路的开通极大地促进了两国之间的贸易往来和人员流动，加速了资源、商品和人员的流通，促进了区域内外市场的互通互济，进一步推动了蒙古国经济的多元化发展，同时也提高了内蒙古自治区的对外开放水平。例如，蒙内铁路为内蒙古自治区的煤炭、矿产等资源型产业打开了新的出口通道，同时为蒙古国的粮食、畜产品等农产品提供了便捷的市场接入。

在社会经济效益方面，项目的实施为当地居民提供了大量的就业机会和稳定的收入来源，提升了他们的生活品质和幸福感。同时，铁路的开通也带动了周边产业的发展，如物流、旅游、餐饮等，进一步促进了当地经济的全面发展和繁荣。

在环境效益方面，项目始终坚持生态保护和环境友好型设计的原则，避开重要生态保护区和敏感生态环境，最大限度地减少对生态系统的影响。例如，在铁路沿线，项目进行了植被恢复和保护，建立了生态廊道和野生动物通道，保护了珍稀植物和动物的生存环境，促进了生态系统的稳定性和多样性。

蒙内铁路开工前和建成后沿线 5 千米缓冲区内生态资源面积与占比见表 5-5。

表 5-5　蒙内铁路开工前和建成后沿线 5 千米缓冲区内生态资源面积与占比

年份	项目	林地	草地	耕地	其他
2013（开工前）	面积	118.45	2230.9	1822.21	557.32
	占比（%）	2.50	47.17	38.54	11.79
2017（建成后）	面积	346.89	2275.22	1439.99	167.87
	占比（%）	7.33	58.68	30.44	3.55

数据来源：刘卫东，等．“一带一路”建设案例研究：包容性全球化的视角［M］．北京：商务印书馆，2021.

2. 中巴经济走廊[①]

中巴经济走廊交通基础设施项目是“一带一路”倡议的重要组成部分，旨在加强中国与巴基斯坦之间的经济联系，促进两国之间的贸易合作与发展。在这一项目中，绿色发展理念被视为至关重要的考量因素之一，体现在项目的规划、设计、建设以及运营的全过程中。

首先，项目的绿色理念体现在规划和设计阶段。在确定交通基础设施的路线和布局时，会考虑尽量避开敏感生态区域、保护重要生态系统和野生动植物栖息地。例如，在铁路和公路的设计中，会采用最佳工程技术来最大限度地减少对自然环境的干扰，确保生态系统的完整性和稳定性。同时，在设计阶段就会充分考虑节能减排的方案，如采用环保材料、优化设计以降低建设和运营成本。

其次，绿色技术的应用是项目中的重要一环。项目会引入和应用各种绿色技术，以降低对环境的影响并提高资源利用效率。举例来说，项目可能会采用再生材料，如再生混凝土和再生沥青，用于路面建设，从而减少对原始资源的消耗。同时，为了降低交通设施的能耗，项目也会广泛采用节能技术，如 LED 路灯、智能交通信号灯等，以减少能源消耗和碳排放。

最后，生态环境保护是项目实施中的另一个重要考虑因素。在工程实施过程中，项目会采取各种措施来保护和修复当地的生态环境。例如，在公路和铁路沿线设立绿化带，种植各种树木和植被，以改善环境质量和提高空气清新度。同时，项目还会采取建立野生动物通道、保护珍稀物种等措施，以保护当地生态系统的完整性和多样性。

---

① 施普皓．中巴经济走廊建设步入新阶段［N］．经济日报，2024-05-30（04）．

第三节 “一带一路”绿色发展过程中的绿色创新与技术推动

一、绿色创新与技术推动研究支持

作为全球生态文明的关键构成，“一带一路”倡议下的绿色创新是我国“一带一路”建设的关键焦点。关于该倡议对城市绿色创新影响的系统性研究尚处于起步阶段，公开文献较为有限。相关研究主要涵盖三个维度。

一是着眼于“一带一路”倡议对共建国家绿色创新的作用。研究表明，自倡议提出以来，中国的对外直接投资（OFDI）已显著提升共建国家的绿色创新能力，且这种提升随着互联互通合作水平的深化而愈加显著。此外，科研创新、经济发展与开放程度的提高，同样对共建国家的绿色创新产生了显著的正向影响。①②

二是探讨“一带一路”倡议对中国沿线省份绿色创新的影响。结果显示，倡议提出后，沿线省份的创新要素投入变动对绿色创新产生了显著影响。尤其是 OFDI 的增加、研发人员和资本的流入，以及信息的流出均对绿色技术研发效率起到了提升作用。然而，研发人员和资本的流出，以及信息的流入，却在一定程度上抑制了绿色成果转化的效率。③

三是研究“一带一路”倡议对中国沿线企业绿色创新的影响。研究发现，该倡议显著推动了沿线企业绿色创新水平的提升，特别是对研发难度和技术

① 苏涛永，郁雨竹，潘俊汐．低碳城市和创新型城市双试点的碳减排效应——基于绿色创新与产业升级的协同视角［J］．科学学与科学技术管理，2022，43（1）：21-37.

② CHEN Y，YAO Z，ZHONG K. Do environmental regulations of carbon emissions and air pollution foster green technology innovation：Evidence from China's prefecture-level cities［J］. Journal of Cleaner Production，2023（350）：131537.

③ 朱洁西，李俊江．数字经济如何赋能城市绿色发展——基于区域创新产出和要素配置效率的视角［J］．兰州学刊，2023（1）：31-48.

苏涛永，郁雨竹，潘俊汐．低碳城市和创新型城市双试点的碳减排效应——基于绿色创新与产业升级的协同视角［J］．科学学与科学技术管理，2022，43（1）：21-37.

要求较高的企业，其绿色创新活动受到了更为积极的推动。进一步聚焦于沿线工业企业，研究发现研发人员的流入、基础设施的完善程度以及贸易开放度，均对工业企业的绿色研发效率产生了显著的正向影响。[①]

二、绿色创新与绿色技术应用现状

（一）绿色基础设施

在“一带一路”倡议的推进过程中，基础设施的互联互通被赋予了至关重要的先导性地位，绿色基建成为推动高质量共建“一带一路”的关键抓手。以哈萨克斯坦为例，中国与当地企业合作投资建设的札纳塔斯风电场、图尔古松水电站、谢列克风电场等新能源项目，有效缓解了当地电力短缺问题，并极大地推动了当地的绿色低碳发展。在肯尼亚，蒙内铁路的绿色环保设计和建造理念，成为区域互联互通的绿色典范。印度尼西亚的雅万高铁项目，将雅加达与万隆之间的旅行时间缩短至 40 分钟，显著促进了绿色出行的发展。[②] 在沙特阿拉伯的红海公用基础设施项目中，中国的海底自动机器人在海底作业中采取了严格的环保措施，大幅减少了对海洋生物的影响，并通过创新的“污水处理厂”实现了生活污水的循环利用。在塞内加尔，中国积极参与达喀尔污水处理项目，改善了周边水质，并重建了海滩生态，为当地数十万居民带去了福祉。在加纳，中国协助完成的深能安所固电厂项目，满足了加纳 25%的电力需求，通过绿色清洁能源缓解了当地电力紧张状况。随着这些清洁高效绿色能源合作项目的落地，中国在共建国家的绿色低碳能源投资已显著超过传统能源项目，彰显了其在绿色能源领域的积极贡献。

（二）绿色能源

在全球能源结构趋向清洁低碳的转型背景下，绿色能源合作已成为“一带一路”倡议的关键组成部分。中国作为世界领先的清洁能源市场及装备制

---

① 陈喆，郑江淮．绿色技术创新能够促进地区经济高质量发展吗？——兼论环境政策的选择效应［J］. 当代经济科学，2022，44（4）：43-58.

郭凌军，刘嫣然，刘光富．环境规制、绿色创新与环境污染关系实证研究［J］. 管理学报，2022，19（6）：892-900，927.

② 年终报道·镜观 2023 雅万高铁飞驰爪哇岛［EB/OL］．新华网，http：//www. news. cn/asia/2023-12/21/c_ 1130038931. htm.

造国，在可再生能源、节能环保及清洁生产等多个领域拥有显著优势。凭借强大的制造能力和丰富的工程建设经验，中国通过加大绿色能源投资、提供环境技术援助与合作，积极推广清洁能源装备、技术和服务，与共建国家共同迈向绿色低碳的发展道路。《新时代的中国绿色发展》白皮书（2023 年国务院新闻办公室发布）显示，中国可再生能源产业蓬勃发展，风电、光伏发电等清洁能源设备的生产规模全球领先，多晶硅、硅片、电池和组件等关键部件的全球市场份额超过 70%。根据中央财经大学绿色金融国际研究院（CUFE）2023 年的研究报告，自 2015 年以来，中国在"一带一路"共建国家的煤炭相关投资持续下降，而可再生能源领域的投资，如光伏、风电、水电等，占比已增至 57%。2022 年，中国可再生能源发电量高达 2.7 万亿千瓦时，相当于减少了约 22.6 亿吨的国内二氧化碳排放。同时，中国出口的风电光伏产品帮助其他国家减排了 5.73 亿吨二氧化碳，合计减排量达到 28.3 亿吨，约占全球同期可再生能源折算碳减排量的 41%。

（三）绿色交通

随着全球对可持续发展和碳减排的日益重视，交通运输领域作为化石能源消耗的主要阵地，正面临深刻的转型挑战。绿色交通的崛起已成为全球范围内推动碳减排和促进可持续发展的重要共识。中国车企作为世界领先的电动车制造商和运营商，正以其庞大的规模和创新能力引领这一变革。自 2015 年成为全球最大新能源汽车市场以来，中国车企在 2022 年超越德国成为第二大汽车出口国，进一步巩固了市场地位。[①] 上汽集团、比亚迪、江淮汽车等中国车企加速在"一带一路"共建国家的本地化生产和核心供应链布局，将先进的新能源汽车技术推向全球市场，实现从传统制造向高附加值产能的转型升级。以江淮汽车为例，其出口产品已覆盖全球 132 个国家和地区，累计出口量超过百万辆，在"一带一路"共建国家出口量超过 80 万辆，充分展现了中国制造的强大实力。[②] 在绿色航空制造业领域，面对国际航空运输协会（IATA）和航空运输行动小组（ATAG）提出的 2050 年净零碳排放目标，中

① "一带一路"十年中国汽车成全球汽车业绿色引擎［EB/OL］. 中国一带一路网，http：//ydyl.china.com.cn/2023-10/27/content_ 116778102.shtml.

② 袁小康．江淮汽车为"中国制造"出海贡献力量［N/OL］. 经济参考报，（2023-10-27）［2024-06-29］. http：//www.jjckb.cn/2023-10/27/c_ 1310747548.htm.

国正积极探索可持续航空燃料等减排技术，相较传统化石燃料，至少减少80%的二氧化碳排放。中国还计划推动航空制造业向高端化、智能化和绿色化方向发展，力争到2025年实现电动通航飞机的商业应用，进一步推动绿色航空生产体系和运营体系的建设。

三、绿色创新与绿色技术发展机遇与挑战

（一）绿色创新与绿色技术的机遇

1. 绿色技术的重要性日益凸显

绿色技术的重要性日益凸显，这主要得益于全球对可持续发展目标的共同追求，以及对环境保护和气候变化问题认识的不断深化。随着工业化和城市化的加速推进，自然资源的过度开发和环境污染问题日益严重，不仅威胁到地球的生态平衡，也对人类的生存和发展构成了严峻挑战。因此，发展绿色技术，实现经济社会发展与生态环境保护的协调，已成为全球共识和紧迫任务。

绿色技术是推动经济高质量发展的重要支撑。随着全球经济的发展，资源环境约束日益加剧，传统高投入、高消耗、高污染的经济发展模式已经难以为继。发展绿色技术，可以促进产业结构优化升级，推动经济向绿色经济、循环经济、低碳经济的方向发展。例如，通过发展节能环保技术，可以降低企业的生产成本，提高资源利用效率；通过发展绿色建筑和交通技术，可以改善城市环境，提高居民生活质量；通过发展生态农业技术，可以提高农业生产效率，保障粮食安全。

绿色技术是提高公众环保意识和参与度的重要途径。随着生活水平的提高，公众对环境质量的要求也越来越高。发展绿色技术，不仅可以改善环境质量，也可以提高公众的环保意识，促进绿色消费。例如，通过推广新能源汽车和高效节能家电，可以减少污染排放，提高能源利用效率；通过发展绿色包装和循环利用技术，可以减少资源浪费，提高资源利用效率；通过发展绿色金融，可以引导社会资本投向绿色产业，促进绿色经济的发展。

2. 政策支持

中国政府在推动绿色发展和绿色技术创新方面发挥了至关重要的作用，

通过一系列政策支持和引导，为绿色技术的创新和发展提供了良好的外部环境。这些政策不仅体现了国家层面对环境保护和可持续发展的高度重视，也为相关企业和研究机构提供了明确的发展目标和方向。

中国政府将生态文明建设纳入国家发展战略，通过立法手段确立了绿色发展的法律地位。同时，中国政府出台了一系列财税优惠政策，激励企业和研究机构加大绿色技术的研发力度和应用范围，不仅限于税收减免和财政补贴，还涵盖了政府采购等措施。政府还设立了绿色发展基金，旨在向绿色技术创新项目提供资金支持，以推动绿色技术的商业化与产业化进程。此外，加强对绿色技术的监管和管理，提高了绿色技术的标准和认证水平。通过实施严格的环境保护法规和标准，政府鼓励企业采用先进的绿色技术和工艺，提高产品和服务的绿色化水平。

3. 市场需求增长

公众对于环保和绿色产品的需求不断增长，推动了绿色技术和产品的市场扩大。“一带一路”倡议自提出以来，已经成为推动全球基础设施建设、经济合作与发展的重要平台。在此框架下，绿色创新与绿色技术的应用不仅得到了国际社会对可持续发展的关注，而且带来了新的市场需求，促进了参与国家经济的绿色转型和升级。

一方面，绿色创新与技术在“一带一路”共建国家的应用，有助于解决这些国家在工业化和城市化过程中面临的环境问题。随着经济的快速发展，环境污染和生态破坏问题日益突出，成为可持续发展的瓶颈。绿色技术，如清洁能源、节能建筑、智能交通系统等，为打破瓶颈提供了有效的解决方案。这些技术的应用可以减少对化石燃料的依赖，降低温室气体排放，改善环境质量，同时也为相关产业带来了新的市场机遇。

另一方面，绿色创新与技术的推广，带动了“一带一路”共建国家新能源产业的发展。随着全球能源结构的转型，新能源产业正成为新的经济增长点。太阳能、风能等可再生能源技术的发展，为“一带一路”共建国家提供了清洁、可持续的能源解决方案。这些国家拥有丰富的自然资源，对发展新能源产业具有得天独厚的优势。通过引进和应用绿色技术，这些国家能够加快能源结构的转型，提高能源利用效率，减少对传统能源的依赖，同时也为新能源产业的发展带来广阔的市场前景。

4. 技术进步

新兴技术如人工智能、大数据等在绿色发展领域的应用，为传统产业的绿色转型提供技术支持。技术进步在推动“一带一路”绿色发展中扮演着至关重要的角色。随着全球对可持续发展目标的不断追求，技术创新已成为实现经济增长与环境保护双赢的关键因素。在“一带一路”倡议下，通过促进共建国家的绿色技术创新与合作，可以为参与国家带来一系列机遇，推动经济的绿色转型和升级。

第一，技术进步为“一带一路”共建国家提供了清洁能源的开发与利用机遇。传统的能源体系过度依赖化石燃料，导致环境污染和气候变化问题日益严峻。而风能、太阳能等可再生能源技术的发展，为共建国家提供了新的能源解决方案。这些清洁能源技术的应用不仅有助于减少温室气体排放，而且能够提高能源安全，减少对外部能源的依赖。例如，中国在光伏发电和风力发电领域拥有先进的技术和丰富的经验，通过技术交流与合作，可以帮助共建国家加快清洁能源产业的发展，实现能源结构的优化升级。

第二，技术进步推动了“一带一路”共建国家节能环保产业的发展。随着经济的快速发展，能源消耗和环境污染问题日益突出。节能环保技术，如高效节能设备、废物循环利用、污染治理等，为解决这些问题提供了有效途径。通过引进和应用这些技术，共建国家能够提高能源利用效率、降低生产成本、改善环境质量、提升产业竞争力。此外，节能环保产业本身也是一个巨大的市场，能够带动相关产业的发展，为共建国家创造新的经济增长点。

（二）绿色创新与绿色技术的挑战

1. 创新不足

绿色技术领域的国际专利申请增长缓慢，表明创新活力不足。需要通过增加研发投入、完善政策和市场机制、加强国际合作、提高人才培养质量和公众参与度等多方面的努力，共同推动绿色技术的创新发展。

首先，绿色技术专利申请增长缓慢可能与研发投入不足有关。绿色技术研发往往需要大量的资金和时间投入，且风险较高。如果政府和企业对于这一领域的资金支持不够，将直接影响到绿色技术创新的进程和成果产出。此外，绿色技术的市场回报周期较长，这可能导致投资者和企业对此领域的投资意愿不强，从而抑制了创新的动力。

其次，绿色技术的推广和应用需要政策的支持和市场机制的完善。在一些国家和地区，缺乏有效的政策激励和市场机制，可能导致绿色技术创新缺乏必要的外部条件。例如，如果政府未能提供税收优惠、补贴、绿色信贷等激励措施，或者市场对于绿色产品的需求不够旺盛，那么即使技术上有所突破，也可能难以转化为实际的经济效益。

最后，绿色技术的国际合作和知识共享不足也是一个重要原因。绿色技术的创新和发展需要全球范围内的合作和交流，以便共同应对气候变化等全球性环境问题。然而，目前国际上在绿色技术领域的合作机制尚不健全，知识共享和技术转让的壁垒依然存在。这不仅限制了绿色技术的创新速度，也影响了其在全球范围内的普及和应用。

2. 资金瓶颈

绿色技术创新是推动经济可持续发展的关键因素，但在全球范围内，尤其是中小企业（SMEs）在将绿色技术从概念转化为实际产品或服务的过程中，面临诸多资金方面的挑战。①研发成本高：绿色技术的研发涉及新技术的开发、测试和改进，这通常需要昂贵的设备、专业的人才和长期的时间投入。对于资金本就不充裕的中小企业来说，这是一大难题。②市场风险大：由于绿色技术产品往往需要改变消费者的使用习惯或企业的生产流程，市场接受度存在不确定性，这增加了投资风险，导致投资者和金融机构对这类项目持谨慎态度。③融资渠道有限：中小企业通常缺乏能够与大型企业相媲美的融资渠道。④政策和法规支持不足：在某些国家和地区，缺乏针对绿色技术创新的财政补贴、税收优惠或政府担保等激励措施，使得中小企业难以获得必要的资金支持。⑤缺乏专业知识：中小企业可能缺乏有效融资的知识或经验，这包括不了解如何撰写商业计划书、如何与投资者沟通，以及如何展示其绿色技术的市场潜力。⑥投资回收期长：绿色技术项目往往需要较长时间才能产生经济效益，对于追求短期回报的投资者来说缺乏吸引力。

3. 人才缺乏

绿色技术和知识产权运营方面的专业人才不足，制约了绿色技术。绿色技术和知识产权运营是推动可持续发展的关键领域，然而，专业人才的不足已成为制约这些领域发展的重要因素。这一问题的存在，不仅影响了绿色技术的创新和应用，也阻碍了知识产权的有效管理和商业化，从而减缓了整个社会向环境友好型经济转型的步伐。

首先，教育体系在培养绿色技术和知识产权运营人才方面存在缺陷。许多教育机构尚未充分认识到这一领域的重要性，导致相关课程和专业设置不足。即便在一些设有相关专业的高校中，也可能缺乏与行业紧密结合的实践教学，使得学生在毕业后难以迅速适应工作需求。

其次，社会对绿色技术和知识产权价值的认识仍然有限。这导致这些领域的工作不像其他行业那样吸引人才，尤其是顶尖人才。缺乏足够的行业吸引力，使得绿色技术和知识产权领域的人才储备难以得到有效扩充。

再次，绿色技术的跨学科特性要求专业人才不仅要具备环境科学和工程技术的专业知识，还要了解法律、经济学和商业管理等多领域的知识。这样的跨学科人才需求增加了人才培养的难度，也限制了人才的供给。

最后，实践经验的缺乏也是制约专业人才成长的一个重要因素。许多从事绿色技术和知识产权运营的人员，尽管掌握了一定的理论知识，但在实际操作中往往因缺乏经验，难以有效推动科技成果的转化和知识产权的商业化。

4. 制度不完善

绿色技术的界定、标准化和认证体系的完善程度，以及市场化转化机制的成熟度，对于推动环保创新和实现可持续发展具有至关重要的作用。目前，这些方面还存在不少问题和挑战，需要通过多方面的努力来解决。

首先，绿色技术的界定不够明确。绿色技术通常指的是能够减少环境污染、提高资源利用效率、促进生态平衡的技术和产品。然而，目前对于什么是绿色技术，以及如何评估其绿色程度，还缺乏统一的标准和清晰的界定。这导致了市场上一些产品打着绿色技术的旗号，实际上却未必真正环保，这种现象被称为“绿色洗牌”。

其次，绿色技术的标准化和认证体系尚不完善。标准化是推动技术普及和产业化的重要手段。然而，目前绿色技术领域的标准制定相对滞后，不同国家和地区之间的标准也不统一，这给绿色技术的推广和国际贸易带来了障碍。认证体系同样重要，它能够为消费者提供信任，为企业提供市场竞争优势。但目前绿色产品的认证标准不一、认证机构众多，缺乏权威性和统一性，这削弱了认证的效力。

最后，绿色技术的市场化转化机制不成熟。绿色技术的推广需要市场的需求和拉动，但目前市场对绿色产品的需求不够旺盛，消费者的环保意识和支付意愿有待提高。此外，绿色技术的研发和生产成本通常较高，而市场回报周期较长，这影响了企业的投入意愿。政府的采购政策、补贴措施、税收优惠等也不够有力，未能充分激发市场活力。

第四节 “一带一路”绿色发展的研究结论、挑战机遇与政策建议

一、相关研究结论

在全球化的浪潮中，“一带一路”倡议作为连接共建国家的重要纽带，不仅推动了经济合作与区域一体化，也深刻影响着全球可持续发展的格局。面对日益严峻的环境挑战，共建“一带一路”绿色发展显得尤为重要，它不仅是我国生态文明理念的生动实践，更是对全球生态环境保护和可持续发展的积极贡献。基于此，学者们从多个角度对“一带一路”绿色发展作出探究，现有的关于“一带一路”绿色发展的研究结论可以概括为以下六个方面。

第一，绿色发展理念是“一带一路”倡议的核心，强调经济社会发展与生态环境保护的协调，推动绿色丝绸之路理念得到广泛认可。目标是到2025年，实现生态环保与气候变化合作的深化，绿色基建、能源、交通、金融等领域合作的推进，以及境外项目环境风险防范能力的提升。

第二，在绿色基础设施、能源、交通、产业、贸易、金融、科技、标准和气候变化合作方面，中国积极引导和参与国际合作，推广绿色标准和最佳实践，提升绿色低碳发展水平。

第三，中国政府发布了多项政策性指导文件，明确了绿色“一带一路”建设的总体思路，包括停止新建境外煤电项目，推动在建项目绿色低碳发展，以及完善资金支撑保障等。

第四，绿色“一带一路”建设已经在多个方面取得进展，包括推动煤电

项目实现绿色与低碳的转型，支持发展中国家在能源领域实现绿色与低碳的可持续发展。加强信息共享与技术能力建设，以及深化在生态环境与气候治理方面的合作。有效促进全球能源结构的优化与升级，共同应对气候变化带来的挑战。

第五，绿色“一带一路”建设面临挑战，包括源自不同国家之间的发展水平差异、部分地区环境准入标准相对宽松、经济发展需求与环境承载能力之间的不平衡。

第六，绿色“一带一路”建设的成效显著，与《联合国2030年可持续发展议程》相得益彰。多数国家的绿色发展水平呈上升趋势，技术进步是核心驱动因素。建设绿色丝绸之路顺应国际社会绿色低碳发展趋势，符合共建国家可持续发展需求。

二、挑战与机遇

（一）挑战

1. 绿色发展水平存在差距

“一带一路”共建国家的经济和贸易发展水平呈现出显著的异质性，共建国家包括少数发达国家、最不发达国家以及众多发展中国家。这种经济差异不仅增加了统一协调机制的难度，还加剧了多边磋商谈判的复杂性。绿色“一带一路”建设尤其要求高度的国际和平发展环境、高水平的国际交流以及紧密的对接程度，因此各国政府、企业和公众在平衡发展的经济性、环境性和效率性上仍面临挑战。同时，“一带一路”共建国家地区在碳排放和碳泄漏等问题上长期受到西方国家的质疑，也使得绿色“一带一路”建设面临更高的国际标准和更严格的国际合作约束。以欧盟为例，其发布的《欧洲绿色协议》和《全球变局下的欧美新议程》等文件，提出了碳中和、碳边境税等新要求，并在气候变化合作上寻求与美国的跨大西洋伙伴关系巩固。与欧美等发达国家在全球环保产业的技术积累和市场地位相比，中国环境产业的核心竞争力尚需进一步提升。面对这些挑战，绿色“一带一路”建设需要与时俱进，不断创新思路和方法，适应日益提高的人类环境风险认知和环境保护意识。

2. 制度构建影响力和话语能力不足

作为世界上最大的发展中国家，中国一直积极致力于推动全球可持续发展和气候治理事业，获得了国际社会的广泛认可与支持。然而，在绿色发展和全球环境治理方面，中国所展现的制度构建影响力尚不能完全匹配世界第二大经济体的地位。目前，“碳循环经济”和“碳中和”等关键发展理念主要由其他国家引领，而中国在此领域的长期不足仍需改进。近年来，国际环境治理体系正经历深刻变革，如《美国-墨西哥-加拿大协定》（USMCA）和《全面与进步跨太平洋伙伴关系协定》（CPTPP）等对环境保护提出了更为严格和新颖的要求，如USMCA将海洋环境和生物多样性纳入贸易规则中。尽管中国在绿色“一带一路”建设中，已将绿色治理纳入双边合作条约的框架内，但这些措施多停留在原则性层面，具体的绿色治理机制尚待细化。因此，中国在国际环境治理中的影响力和话语权仍有待提高。国际社会对中国在全球环境治理中发挥更大作用、承担更多责任的期待日益增高，但与中国当前的实际能力之间尚存在一定差距。

3. 项目管理能力存在差距

“一带一路”倡议的实施对于项目实践指导、管理技能与经验的要求较高，但共建国家在这些方面呈现显著的不均衡性。具体而言，各国在绿色发展能力上参差不齐，普遍面临潜在问题繁多、治理挑战艰巨以及治理能力相对薄弱等共同难题。

环境国际标准与服务滞后。鉴于“一带一路”倡议下的基础设施建设对环境的敏感度较高，项目在实施过程中面临着显著的环境风险。中国的环保标准在国际上尚未获得广泛认可，这种“标准”滞后已对国内产业拓展海外市场形成制约。以往，中国在国际化进程中更多的是适应国际市场的环境标准，而较少推广和主导国际标准的制定。在当前“一带一路”项目中，基础设施项目占主导，若缺乏配套的环保措施和服务，极易导致土地滥用、水污染和生物多样性减少等问题，对当地生态环境构成严重威胁，进而影响项目的顺利推进。

环境与社会评估缺失。亚洲协会政策研究所（ASPI）指出，由于绿色“一带一路”项目在东道国的执行中存在脱节，环境与社会评估的不足成为一大问题。部分东道国因缺乏必要的财力和人力资源，难以进行充分的项目可行性评估及分析，更难以聘请具备专业评估能力的国际专家提供服务。这导致项目在初期阶段就缺乏足够的环境与社会评估，使得生态环境问题在后期更为突出。同时，一些项目中东道国的环境标准未得到严格执行，加剧了项目执行的困难。

环境公共政策和信息公开透明度不足。在“一带一路”基础设施项目的开发过程中，中方企业与东道国利益相关方、当地非政府组织和社区公民的沟通不足。此外，美西方国家长期对中国的碳排放转移和生态环境破坏进行指责，给绿色“一带一路”建设带来了一定的干扰和压力。

4. 共建国家生态环境基础复杂多样

在共建“一带一路”倡议下，共建国家面临着复杂多样的区域环境挑战，这为绿色“一带一路”的推进增添了较大难度。

沿线部分地区的生态环境相当脆弱，如水资源短缺、土地退化以及生物多样性下降等问题尤为突出。因此，在推动基础设施建设和经济发展的同时，必须高度重视生态环境的保护，防止过度开发导致的生态破坏和环境污染。

资源利用和能源需求管理是生态环境保护的关键环节。虽然“一带一路”共建国家拥有丰富的自然资源，但当前的开发利用方式尚存在不合理之处，导致资源浪费和环境污染。随着经济的持续增长，能源需求不断增加，如何高效利用资源、实现能源供应的可持续性和多元化，成为亟待解决的问题。例如，在非洲、中亚、西亚等干旱和半干旱地区，推进绿色项目需特别关注防风固沙和水资源合理利用；而在南亚、东南亚、南美等水资源丰富的地区，则需高度警惕水资源污染问题，确保项目的绿色可持续发展。

5. 传统工业化发展模式与绿色发展矛盾叠加

目前，参与共建“一带一路”的国家普遍面临经济发展滞后与工业化、城市化紧迫任务的双重压力，处于追求发展与生态平衡的关键阶段，对绿色发展的顾虑仍然存在。

新冠疫情的暴发对部分参与国家的经济造成了严重冲击，导致经济负增长、政府收入锐减，而抗疫开支却大幅攀升，使得国民经济发展陷入困境。在这样的背景下，政府往往更倾向于满足经济发展的即时需求，而非长远的可持续发展愿景，从而陷入“生态环境忽视”的困境。因此，如何在经济恢复与生态环境保护之间找到平衡点，成为当下亟待解决的重要议题。

绿色发展要求先进的技术和较高的能力建设，但一些国家仅凭自身力量难以迅速接纳和融入这一理念。这导致了绿色经济发展在顶层设计上存在缺失，进而增加了推进绿色“一带一路”建设的成本。相比之下，“南北合作”模式往往更为直接有效，发达国家通常会选择与绿色发展意愿强、难度较小的国家进行合作。然而，在“一带一路”倡议下，中国承诺与所有参与国家开展合作，包括那些绿色发展难度极大的国家，这无疑增加了我国在绿色建设方面所承担的风险和成本。

6. 全球政治环境不稳定

一方面，逆全球化思潮的涌动和地缘政治的紧张局势日益凸显，尤其是俄乌冲突引发的国际政治环境动荡，对全球能源供应构成显著威胁，进而对跨国生态环境合作造成不利影响，深刻影响全球绿色治理和能源发展的格局。这种紧张局势不仅加剧了地区的不稳定，也为绿色发展的推进增添了不确定性。

另一方面，美西方国家的干扰和诋毁亦对共建“一带一路”绿色发展构成了障碍。一些西方国家长期将共建“一带一路”视为我国地缘政治策略的一部分，并试图通过绿色议题对其进行攻击。他们通过外交、经济和军事手段对相关国家施加压力，甚至胁迫其终止与我国的合作。这种干预不仅损害了共建“一带一路”绿色发展的声誉，也影响了我国和参与国家的合作进程，导致一些国家在项目竞标中排斥我国企业，或在建项目因所谓环境和生态问题被紧急中止。

7. 各国贸易壁垒阻碍

在“一带一路”倡议下，尽管各国之间的经济合作日益紧密，但贸易自由化和便利化仍面临一系列挑战。其中，关税壁垒和非关税壁垒普遍较高是主要障碍之一。许多“一带一路”共建国家，特别是发展中国家和欠发达国家，为了保护本国产业和市场，往往设置了较高的关税壁垒。这些壁垒不仅增加了跨国贸易的成本，也降低了商品和服务的流通速度，从而影响了区域经济一体化的进程。中国对“一带一路”共建国家的贸易顺差不断扩大，这反映了双方在某些领域上存在同质竞争现象。这种竞争可能导致贸易摩擦，特别是在产能过剩或者市场饱和的情况下，各国可能会采取更加保护主义的政策来维护本国利益。贸易便利化的软件环境尚待提升，海关清关流程效率低下、过境管理透明度不足以及通关手续烦琐等问题，已成为制约贸易畅通的关键因素，亟待改善以推动贸易自由化和便利化进程。

（二）机遇

1. 加强区域合作与共赢发展

首先，加强与共建国家的区域合作可以实现经济互补和资源共享。随着全球化进程的不断推进，各国间的经济联系日益紧密，而绿色“一带一路”建设为这种联系提供了全新的契机。通过共同打造绿色产业链和价值链，我国与共建国家可以实现优势互补，将各自的资源和市场优势充分结合起来，共同推动区域经济的协同发展。例如，我国在清洁能源技术、环保装备制造等领域具有先进技术和丰富经验，而一些共建国家则拥有丰富的资源和市场需求，双方可以通过合作实现优势互补，共同开拓绿色产业市场，实现互利共赢。

其次，加强区域合作有助于推动绿色技术创新与转移。绿色“一带一路”建设为我国提供了一个广阔的合作平台，可以与共建国家共同探索绿色技术创新的新路径，推动绿色技术的研发和应用。通过技术交流与合作，我国可以将先进的绿色技术引入共建国家，促进其绿色经济的发展和转型。同时，共建国家也可以借鉴我国的成功经验，加快绿色技术的本地化应用，实现技术转移和共同发展。这种技术合作不仅有助于提升共建国家的技术水平和产业竞争力，还能够促进全球绿色技术创新与应用的进步，为全球可持续发展贡献力量。

最后，加强环境治理和生态保护是绿色“一带一路”建设的重要内容。随着全球环境问题日益严重，各国面临着共同的生态挑战。通过加强区域合作，我国与共建国家可以共同应对环境污染、气候变化等全球性挑战，共同推动生态文明建设和可持续发展。例如，通过共同开展环境保护项目、推动绿色能源开发和利用、加强生态保护和修复等举措，可以有效改善区域生态环境质量，提升人民生活水平，为长期合作奠定坚实基础。

2. 促进能源安全与多元化发展

绿色“一带一路”倡议不仅仅是简单地推动了清洁能源的开发与利用，更是通过促进区域间的能源合作与共享，实现了能源资源的优势互补和互利共赢。例如，我国在清洁能源技术方面拥有丰富的经验和技术优势，而一些共建国家则拥有丰富的可再生能源资源，双方可以通过合作共享技术和资源，实现互利共赢。这种全球化的能源资源共享模式不仅有助于降低能源的生产成本，还能够推动清洁能源的普及和应用，实现能源安全与可持续发展的双重目标。

另外，绿色“一带一路”倡议也为能源多元化发展提供了新的契机。多元化能源供应渠道是保障能源安全的重要途径之一。通过与共建国家开展能源合作，我国可以从多个来源获取能源资源，降低对某一种能源的过度依赖，提升能源供应的多样性和灵活性。例如，可以通过与中亚国家开展天然气合作、与东南亚国家开展水电合作等方式，实现能源供应的多元化。这种多元化的能源供应结构不仅有助于降低能源进口的风险，还能够提升我国的能源供应安全性和稳定性，为经济社会的持续发展提供坚实支撑。

三、政策建议

（一）推进共建“一带一路”绿色发展

《意见》提出，共建“一带一路”绿色发展面临的风险挑战依然突出，生态环保国际合作水平有待提升，应对气候变化约束条件更为苛刻，需要统筹推进绿色基建、绿色能源、绿色交通、绿色金融等领域合作，推进共建“一带一路”高质量发展。

在政策沟通方面，应着力促进标准融合，并积极参与应对气候变化的国际谈判。首要任务是积极投入国际绿色标准的制定过程，强化与“一带一路”共建国家绿色标准的对接，确保绿色标准在国际化进程中发挥坚实支撑作用。尊重各国的发展权益和战略自主性，助力共建国家提升应对气候变化的能力。应坚持多边合作，借助政府间多边、双边机制，寻找与共建国家在应对气候变化领域的最大共同点。

在设施联通方面，推动基础设施、能源、交通的绿色转型至关重要。这包括加强绿色基础设施的互联互通，优化基础设施运营、管理和维护的绿色化水平，构建多层次的绿色网络结构，为生态系统提供全面服务。加强绿色能源合作，推动清洁能源项目的发展，并鼓励新能源交通工具的推广，助力共建国家绿色交通的建设。

在贸易畅通方面，应提升产业合作的绿色化水平，完善绿色供应链。通过发展科技含量高、资源消耗低、环境污染小的产业合作项目，鼓励绿色股权投资基金的设立，推动共建国家向绿色经济转型。加强绿色供应链的国际合作与示范，支持绿色产品贸易的发展，提升全生命周期的绿色贸易水平。

资金融通方面，应构建绿色金融与绿色产业的融合模式。通过绿色金融的创新，深化绿色产业合作，搭建多层次的产融平台，发挥金融杠杆作用，支持“一带一路”绿色发展。在多边合作框架下推广绿色投融资的最佳实践案例，促进绿色金融领域的能力建设。

在民心相通领域，应加强生态环保的国际合作与交流。通过绿色科技合作，推动人文交流、联合研究、平台建设等领域的合作。规范企业境外行为，压实企业主体责任，确保企业遵守东道国环保法规，树立中国企业良好的国际形象。

（二）提升共建“一带一路”绿色发展支撑保障能力

为有效推动共建“一带一路”绿色发展重点任务的实施，需从多个维度加强组织与实施工作。首先，在领导组织层面，应强化党对共建“一带一路”绿色发展工作的全面领导，并加强领导小组办公室对绿色发展工作的统筹规划与系统推进。其次，在引导宣传方面，应持续加强并优化“一带一路”国际传播策略，以更具感染力的方式讲述共建“一带一路”绿色发展的“中国故事”。最后，对于各项绿色发展任务，应建立严格的指导与评估机制，确保各项任务有序推进并适时进行效果评估。

遵循《意见》的指导原则，绿色发展理念需全面融入共建“一带一路”的各个环节，包括政策沟通、设施联通、贸易畅通、资金融通及民心相通。这一理念的贯彻，旨在为共建国家人民营造更为优良的生产与生活环境，为全球气候变化应对和生态安全保障贡献重要力量，使绿色成为推动共建“一带一路”高质量发展的核心特色。

（三）推进绿色“一带一路”国际合作研究与交流

在绿色“一带一路”建设中，深化国际合作研究与交流至关重要，不仅能共同探索生态环境风险防范与治理的新路径，如治理主体多元化、治理过程持久化、治理成果共享化，亦能增进对绿色“一带一路”的理解，形成国际绿色发展共识，从而与共建国家共同构建绿色发展共同体。

第一，应开展对外投资环境风险管理的研究，并深化中国环境保护“走出去”战略，完善相应的风险管理平台。通过建立投资评估与绩效评价系统，以及环境与社会风险管理机制，为金融机构和企业参与“一带一路”及绿色建设提供技术支持。通过广泛的研究和交流，推动绿色投融资，引导更多资金流向可持续发展的“一带一路”项目。

第二，在达成共识的基础上，结合现有的国际区域合作机制，设立绿色“一带一路”相关议题。此举旨在提高当地社区和民众对项目的支持度与信任度，促进东道国各方共同参与“一带一路”建设。加强与共建国家环境智库的政策研究合作，提高研究支持能力，凝聚绿色共识，引导环境与发展议程。针对绿色“一带一路”面临的长远挑战，进行深入研究，为现实问题提供建设性建议。持续推动“一带一路”绿色发展国际联盟的建设，深化各类专题交流活动。

第三，应积极引入亚洲基础设施投资银行、丝路基金等多边投融资机构，将“一带一路”倡议作为国际绿色投资的重要平台，促进共建国家的绿色金融体系建设。

（四）加强绿色“一带一路”国际发展与管理能力建设

为了深化绿色“一带一路”建设进程，需聚焦于项目的长期可持续性和人才的能力建设，驱动合作双方环境合作共同前进。

在金融市场领域，需深入剖析“一带一路”共建国家对绿色金融的全面需求，涵盖构建完善的法律保障体系与协调机制。通过强化区域层面的协调机制，可以有力推动绿色金融的发展，并明确中国在此框架下的绿色金融推进策略。同时，开发绿色金融所需的投融资方法、技术、数据等环境基础设施，为绿色金融的稳步发展奠定坚实基础。

在经贸合作方面，应妥善平衡经贸合作扩展与环境标准之间的关系，优化绿色投资与贸易规则，并推动中国绿色标准在国际上的广泛应用。为此，构建公开透明的“一带一路”项目案例库、数据库、规则和方法库至关重要，以实时披露项目环境标准、环境社会评估结果等关键信息，提升“一带一路”

倡议的国际信誉。强化调查研究的基础作用，进行全面公开的环境与社会影响评估和跟踪，有助于项目利益相关方更有效地规避或应对环境和发展风险。

在技术交流与合作层面，应加强对绿色技术和绿色价值链的参与和管理，这既有助于提升“一带一路”项目的质量和公众支持度，还能优化多边合作的国际环境，推动全球环境治理迈向新阶段。基于绿色丝路使者计划，深化人才支持，特别是培养环境政策研究、国际环境合作以及全球生态文明理念传播等领域的专业人才，为绿色“一带一路”建设提供坚实的人才和能力保障。

第六章　结论

（文思舟）

第一节　完善“一带一路”国际合作机制

“一带一路”倡议不仅极大地提升了中国的国际形象，同时也成为中国深度参与全球治理的关键平台。构建“一带一路”的规则与合作机制，不仅是中国在全球规则制定中贡献中国智慧的重要途径，更是确保“一带一路”倡议顺利推进的必要条件。

一、高质量共建“一带一路”发展目标

高质量共建“一带一路”具体包括五大目标：一是互联互通网络更加畅通高效，在尊重相关国家主权的基础上，推动“六廊六路多国多港”空间架构进一步健全。二是各领域务实合作迈上新台阶，“硬联通”“软联通”“心联通”统筹推进。三是共建国家人民获得感、幸福感进一步增强，人文交流内容更加丰富，民心民意基础持续巩固。四是中国更高水平开放型经济新体制基本形成，制度型开放稳步扩大。五是人类命运共同体理念日益深入人心，共建“一带一路”国际感召力进一步彰显。[①]

① 新华社．坚定不移推进共建“一带一路”高质量发展走深走实的愿景与行动——共建“一带一路”未来十年发展展望［EB/OL］. 中国政府网，（2023-11-24）［2024-06-29］. https：//www. gov. cn/yaowen/liebiao/202311/content_ 6916832. htm.

（一）互联互通网络更加畅通高效

“一带一路”倡议的核心框架是“六廊六路多国多港”。其中，“六廊”构成了国际合作的重要纽带。“六路”则代表了多元化的交通网络。“多国”指的是一批率先响应并参与“一带一路”建设的国家。“多港”则指的是为确保海上运输大通道安全畅通而开展合作的港口。①

回顾发展历程，六大经济走廊的初期成果显著，同时因地区发展差异而各具特色。中巴经济走廊以其早期启动和快速进展为亮点，特别是在能源合作方面取得了显著成效。中蒙俄经济走廊则以其地区顶层设计的早期出台和政治互信的不断增强为特色，口岸建设和能源合作是其优势所在。在中国—中亚—西亚地区，多山的地形使得基础设施建设项目以隧道建设为主，而产业园区的建设则成为一大亮点。新亚欧大陆桥经济走廊历史悠久，其陆上铁路货运——中欧班列已成为知名品牌。虽然孟中印缅经济走廊的推进相对较慢，但“人字形”中缅经济走廊却展现出“后来居上”的发展潜力。

这六大经济走廊中，新亚欧大陆桥、中蒙俄、中国—中亚—西亚经济走廊穿越了亚欧大陆的中东部地区，不仅将东亚经济圈与欧洲经济圈紧密相连，还开辟了通往波斯湾、地中海和波罗的海的合作通道。而中国—中南半岛、中巴和孟中印缅经济走廊则穿越亚洲东部和南部这一人口稠密的地区，连接着沿线的主要城市、人口和产业集聚区。通过澜沧江—湄公河国际航道以及在建的地区铁路、公路、油气网络，这些经济走廊将丝绸之路经济带与21世纪海上丝绸之路紧密联系在一起。②

在谈及“一带一路”立体互联互通网络的建设时，习近平主席强调，中国将坚定不移地推动中欧班列实现高质量发展，积极参与跨里海国际运输走廊的构建，精心组织中欧班列国际合作论坛，与各方共同努力，打造以铁路、公路直达运输为核心支撑的新型亚欧大陆物流通道。

（二）各领域务实合作迈上新台阶

在基础设施“硬联通”方面，“六廊六路多国多港”组成的互联互通架

①② 六大经济走廊建设面面观，一次获取超全资料！［EB/OL］. 中国一带一路网，（2019-04-26）［2024-06-29］. https：//www. yidaiyilu. gov. cn/p/87694. html.

构已初步构建并持续优化，如蒙内铁路、中老铁路、雅万高铁的成功运营以及中巴经济走廊的“两大”公路和黑河—布拉戈维申斯克公路桥的顺利通车。

在规则标准“软联通”方面，我们已签署了22项政府间国际道路运输便利化协定、72个双边和区域海运协定，以及超过130个双边航空运输协定。中欧班列更是覆盖了欧洲25个国家的217个城市，极大地促进了国际物流的便捷与高效。

在共建国家“心联通”方面，我们与其他国家的联系也越发紧密。设立“中国国际可持续交通创新和知识中心”、举办全球可持续交通高峰论坛，这些举措有效地促进了中国与“一带一路”共建国家之间的民心相通。

未来，中国将继续深化与共建国家的务实合作，推动“一带一路”倡议在各个领域取得新的突破和进展。在第三届“一带一路”国际合作高峰论坛上，习近平主席强调了务实合作的重要性，并宣布了一系列具体举措。他表示，中国将全面推动标志性工程与“小而美”民生项目同步进行。中国国家开发银行和中国进出口银行将分别设立3500亿元的融资窗口，丝路基金将新增800亿元资金，以此支持共建“一带一路”的各类项目。在本届高峰论坛期间举行的企业家大会上，与会各方达成了总计972亿美元的项目合作协议，充分展现了“一带一路”倡议的广阔前景。中方还计划实施1000个小型民生援助项目，旨在通过实际行动改善当地民众的生活条件。同时，中国将借助“鲁班工坊”等平台，深入推进中外职业教育合作，为共建“一带一路”国家培养更多高素质的技术技能人才。

（三）共建国家人民获得感、幸福感进一步增强

“一带一路”倡议由中国发起，但其所带来的机遇与成果惠及全球。长期以来，传统多边金融机构对基础设施建设的投入明显不足，共建“一带一路”在这方面为许多国家提供了及时帮助。中国积极推动成立了亚洲基础设施投资银行、金砖国家新开发银行等多边金融机构，并设立了丝路基金，为参与“一带一路”建设的各国提供了关键的资金援助。同时，中国还充分发挥其在工业和工程技术领域的优势，助力共建国家构建公路、铁路、水坝、发电厂、港口以及机场等一系列基础设施，从而提升了国际互联互通水平。

中国一直秉持“授人以鱼不如授人以渔”的理念，而共建“一带一路”

倡议恰恰生动地体现了这一思想精髓。在共建“一带一路”过程中，中国积极与沿线发展中国家分享自身发展过程中积累的宝贵经验。共建“一带一路”通过推动具有可持续性的互利合作，为发展中国家提供了有利于经济长远发展的工具箱。

过去的十年，共建“一带一路”倡议取得了丰硕的成果，使得“一带一路”成为当前世界上广受欢迎的公共产品和国际合作平台。140 多个国家与中国签署共建“一带一路”合作文件，开展融资、基础设施建设等领域合作，朝着弥合发展鸿沟、减少贫困人口的目标不断努力。共建“一带一路”倡议将持续推动共建国家经济社会发展，为各国企业带来更多机遇，为各国人民带来更多福祉。

（四）形成更高水平开放型经济新体制

共建“一带一路”通过促进更大范围、更宽领域、更深层次的对外开放，从而推动构建更高水平开放型经济新体制。

以共建“一带一路”促进更大范围的对外开放。共建“一带一路”能够从空间和内容两个层面促进更大范围的开放。一方面，共建“一带一路”可以优化我国对外开放的空间格局，通过扩大内陆地区尤其是西部地区开放，拓展开放型经济发展新空间；另一方面，截至目前，中国已与 150 多个国家和 30 多个国际组织签署了超过 200 份共建“一带一路”合作文件，这些文件涵盖了互联互通、贸易以及民生等多个领域。

以共建“一带一路”促进更宽领域的对外开放。除了传统的对外合作领域，“一带一路”倡议还积极拓展数字、创新、健康和绿色等全新领域的合作，为更广泛的对外开放注入新动能。这些创新举措包括为共建国家提供卫生援助和医疗人才培养支持，促进全球健康事业的发展；建设清洁能源电站，推动绿色能源技术的普及与应用；签署数字丝路建设合作备忘录，搭建数字电商平台，促进数字经济的繁荣发展等。

以共建“一带一路”促进更深层次的对外开放。中央领导人在 2018 年中央经济工作会议上指出了更深层次对外开放的核心要义，我国已经进入从商品要素流动的开放迈向更加注重制度型开放，并以制度型开放促进商品要素开放的新的发展阶段。十年来，共建“一带一路”通过借鉴和对标国际先进经验，完善我国涉外经贸法律和规则体系，不断推动规则、规制、管理、标准等制度型开放。

未来，中国将致力于创建“丝路电商”合作先行区，与更多国家展开自由贸易协定和投资保护协定的商签工作。全面取消制造业领域的外资准入限制措施，主动对标国际高标准经贸规则，深入推进跨境服务贸易和投资的高水平开放，并深化在国有企业、知识产权、数字经济、政府采购等领域的改革，以推动更广泛、更深入的国际合作与共赢。

（五）人类命运共同体理念日益深入人心

“一带一路”倡议是对古丝绸之路精神的时代传承与创新发展，赋予了古丝绸之路新的时代内涵和人文价值，为构建人类命运共同体搭建了一个实践平台。从最初的宏伟蓝图到如今的精细实施，每一步都充满了辛勤的耕耘和坚实的成果。十年间，共建“一带一路”不仅为参与国家带来了切实的经济利益，还为世界经济的健康发展、解决全球发展难题以及完善全球治理体系作出了积极的贡献。在第三届“一带一路”国际合作高峰论坛中，习近平主席深刻回顾并强调了共建“一带一路”过去十年所取得的珍贵成就和积累的宝贵经验。他指出，我们深切认识到人类是一个相互依存、紧密相连的命运共同体。世界的繁荣稳定与中国的发展息息相关，中国的强盛也将为世界带来更多机遇和福祉。只要各国怀揣合作的愿望，采取协调一致的行动，再大的障碍也能变成通途，即便是“陆锁国”也能转变为“陆联国”，发展的低洼地带亦能崛起为繁荣的高地。十年的发展历程充分证明，共建“一带一路”是站在历史正确一边的倡议，它顺应了时代进步的潮流，是通往美好未来的正道。

二、全力打造“一带一路”国际合作新平台

在第三届“一带一路”国际合作高峰论坛开幕式中，国家主席习近平提到要深化“一带一路”国际合作，建设一个开放包容、互联互通、共同发展的世界。为全力打造“一带一路”国际合作新平台，需以“共商、共建、共享”为原则，以基础设施“硬联通”为重要方向，以规则标准“软联通”为重要支撑，以共建国家人民“心联通”为重要基础。

（一）以“共商、共建、共享”为原则

共建“一带一路”坚持共商原则。该原则强调的不是单一国家的主导，而是所有参与国家的共同参与和协作。这一倡议倡导践行真正的多边主义，倡导在平等和相互尊重的基础上，通过对话和协商来解决问题。通过加强沟通和磋商，各方可以共同探索和创新合作机制，为不同发展阶段的经济体提供对话合作的平台。

共建“一带一路”坚持共建原则。该原则并不是要取代现有的地区合作机制，而是旨在与这些机制进行有效对接，实现优势互补。该原则鼓励各国共同参与，挖掘和利用各自的发展潜力和优势，目标是共同创造新的发展机遇、寻找新的发展动力、拓展新的发展领域、实现各方的互补优势和联动发展。

共建“一带一路”坚持共享原则。该原则强调所有参与方共同分享发展机遇和成果，确保没有国家在发展进程中被边缘化。该倡议致力于满足各国的发展需求，大多数参与“一带一路”的国家是发展中国家，它们面临着基础设施不足、产业升级缓慢、工业化水平较低等问题。“一带一路”倡议旨在通过国际合作解决这些问题，促进各国经济社会的全面发展。①

（二）以基础设施“硬联通”为重要方向

“硬联通”是指基础设施互联互通与经贸合作。在过去的十年里，“一带一路”倡议围绕“六廊六路多国多港”这一核心架构，致力于构建一个综合性的基础设施网络。这一网络涵盖了陆路、海路、空中和网络等多个维度，旨在打造一个全方位的联通体系，为加强共建国家之间的经贸合作、促进产能的互补、加深文化交流以及增进人员往来提供坚实的基础。

在过去十年中，“一带一路”合作取得了显著进展，老挝国家社会与经济科学院副院长康拉曦·乔本潘，对“一带一路”倡议十年来的成就给予了高度评价。他指出，中老铁路作为两国合作的典范，自 2021 年 12 月投入运营后，显著提升了中老之间的经济交流，并加强了中国与东盟之间的经贸联系。

---

① 国务院新闻办公室．共建“一带一路”：构建人类命运共同体的重大实践［EB/OL］．（2023-10-10）中国政府网，https：//www. gov. cn/zhengce/202310/content_ 6907994. htm.

作为彼此最大的贸易伙伴，中国与东盟都期望在未来能够进一步加深合作，提高基础设施的互联互通水平，共同推进区域经济的开放发展。

南非国家行政学院院长布萨尼·恩卡韦尼评价了“一带一路”对非洲大陆带来的积极影响。他指出，该倡议有效提升了非洲的基础设施标准，优化了能源配置，并推动了数字化进程，从而助力解决了许多发展中国家面临的问题。恩卡韦尼表示，非洲各国普遍对“一带一路”持开放态度，并期待与中方在更广泛的领域加强合作，携手推动区域现代化进程。

（三）以规则标准“软联通”为重要支撑

“软联通”是指发展战略对接与规则创新。国际政策沟通和交流机制覆盖了发展战略规划、技术经济政策和管理规则等多个方面，旨在实现政策的协同效应。通过这些努力，各方能够共同制定并实施推动区域合作的计划，为加强实际合作提供了必要的支持和动力，使得“一带一路”框架逐渐成为促进国际交流与合作的重要平台。

国家开发银行学术委员会曹红辉委员回顾了过去十年“一带一路”在金融合作领域所取得的进展。他表示，金融合作框架已经变得更加完善，投融资平台和渠道得到了显著扩展，投融资方式也在不断创新。目前，“一带一路”的参与国家和相关机构正在积极推动金融合作的多样化，探索新的投融资模式，增加投融资主体的多样性。

（四）以共建国家人民“心联通”为重要基础

“心联通”是指深化共建国家之间的人文交流与构建信任桥梁。近年来，参与“一带一路”建设的国家积极传承和弘扬古丝绸之路的友好合作精神，通过一系列富有成效的文化交流、旅游合作、媒体合作以及民间交流，不断编织出互利共赢、情感交融、知识互鉴的崭新篇章。

“心联通”涵盖三个层面：首先是民心相通，其次是民意相连，最后是民需相向。这三个要素相互支持，共同推动。在当前国际形势充满不确定性的背景下，各方应继续深化战略对接，构建多元化的人文交流框架，加速实施有利于民生的“小而美”项目，以增强共建国家的紧密联系。①

中国社会科学院俄罗斯东欧中亚研究所的所长孙壮志强调，“一带一路”倡议推崇和平、发展、公平、正义、民主、自由等共同价值观，通过文明的交流来克服文化间的隔阂，通过相互借鉴来超越文明的冲突，通过共同存在来超越文明的优越感。为了促进“一带一路”倡议的高质量发展，各方需要积极构建多维度的人文合作机制，创建更多的合作平台，以更好地凝聚共识，推动人类文明的发展。

第二节　共建“一带一路”未来发展展望

在 2013 年的秋季，习近平主席在访问中亚与东南亚诸国之际，先后提出了共同建设“丝绸之路经济带”以及“21 世纪海上丝绸之路”的合作方案。他提出了一个创新的合作框架，旨在与沿线各国携手打造“一带一路”的宏伟蓝图。经过十年的共同努力，国内外各方携手并进，共建“一带一路”已经深入实施、蓬勃发展。“一带一路”的建设，为中国高水平对外开放进行了有益探索，为构建人类命运共同体提供了实践经验，为推进全球治理变革提供了制度供给。

一、十年来共建“一带一路”的成就与启示

经过十年的努力，“一带一路”为世界经济注入了新的增长动力，为全球发展开拓了新的领域，为国际经济合作建立了新的平台，成为一条引领全球繁荣的“发展之路”和惠及各国人民的“福祉之途”。然而，“一带一路”建设是一项非常庞大且复杂的系统工程，因此在“一带一路”建设实施过程中也存在诸多挑战。

（一）中方在共建“一带一路”中的角色与价值

自 2013 年起，“一带一路”倡议以政策沟通、设施联通、贸易畅通、资

① 林子涵．中外专家共话高质量共建“一带一路”：深化互联互通 共促发展繁荣［EB/OL］．中国一带一路网，（2023-11-02）［2024-06-29］．https：//www. yidaiyilu. gov. cn/p/0KFNIBGA. html.

金融通、民心相通为核心要素进行全面深入推进。中国与伙伴国家及国际机构共同遵循共商共建共享的准则，以和平与进步为目标，深化了各方的互惠互利合作。在过去的十年中，取得了一系列显著成就，促进了与共建国家的互利共赢关系。

1. 深化政策沟通，国际共识范围得以不断拓展

十年来，中国积极与参与“一带一路”建设的共建国家和国际机构进行深入协商与交流，推动形成“一带一路”务实合作的新格局。截至 2023 年 6 月，中国已与 150 多个国家和 30 多个国际组织签署了 200 多份共建“一带一路”合作协议，在金融投资、科技创新、基础设施建设、人文民生等多个领域均有所涵盖，国际合作的广度和深度不断扩展。

在推动双边、区域和多边合作方面，“一带一路”的合作对接工作正在稳步进行。从双边合作的角度来看，到 2022 年，与中国建立电子商务合作机制的国家数量已增至 29 个，共签署了 31 个涉及数字经济、绿色发展、海洋经济等领域的投资合作备忘录。从区域合作的角度来看，“一带一路”倡议已与《东盟互联互通总体规划》等区域规划倡议进行了有效对接。从多边合作的角度来看，“一带一路”倡议呼吁通过“一带一路”项目，营造一个安全稳定的环境，促进区域经济和贸易的合作，并推动全球经济治理体系的完善。

在国际交流与协商渠道建设方面，“一带一路”倡议成为国际化平台。中国以大国身份积极履行责任，分别在 2017 年和 2019 年成功举办了两届“一带一路”国际合作高峰论坛，吸引了众多国家和国际组织的参与。此外，中国还组织了税收、法治、能源等多个领域的“一带一路”会议论坛，加强了各国间的沟通与合作，达成了多项相关协议。①

2. 加强设施联通，互联互通水平得以显著提升

十年来，中国与共建国家共同构建了“六廊六路多国多港”的立体互联互通网络，推动了多个互利共赢项目的实质性进展，促进了共建国家和地区的经济发展和民生福祉改善。

在经济走廊建设领域，六大国际经济合作走廊的建设正稳步推进。新亚

① 任保平，李婧瑜. 高质量共建开放发展新格局：“一带一路”十年回顾与未来展望［J］. 烟台大学学报（哲学社会科学版），2023，36（5）：1-12.

欧大陆桥、中蒙俄、中国—中亚—西亚经济走廊连接了东亚和欧洲两大经济圈，对促进亚欧大市场的流通起到了关键作用；中国—中南半岛、中巴和孟中印缅经济走廊则将沿线城市和产业集聚区紧密相连，在基础设施、贸易和园区合作等方面取得了显著进展。

在基础设施建设领域，互联互通网络项目正有序推进。“一带一路”以“六廊六路多国多港”为蓝图，构建了海陆空网一体化的立体联通网络，为各国和地区间的运输提供便利。海运方面，中国海运服务已覆盖沿线所有国家，海运互联互通指数居全球首位。陆运方面，中欧班列服务范围持续扩大，截至 2022 年，累计开行超过 6.5 万列，通达欧洲 25 国 200 多个城市，形成了国际班列协作机制。空运方面，中国与 100 多个国家和地区签署了航空运输协定，拓展了国际民航运输航线网络，扩大了与周边国家的航权安排。网络方面，中国与共建国家在数字基础设施建设上合作密切，建成多条陆海光缆，系统容量超 100Tbps，连接亚非欧等多地。

3. *推动贸易畅通，经贸投资规模不断扩大*

过去十年，中国与共建国家的贸易自由化和便利化水平显著提升，贸易往来达到新高度。根据商务部的公开数据，2013 年至 2022 年，中国与共建国家的货物贸易额年均增长率为 8%，其中总额从 1.04 万亿美元增至 2.07 万亿美元，进出口贸易规模持续扩大。

在贸易经济领域，“一带一路”合作形式日益多样，伙伴关系越发紧密。随着数字经济的兴起，跨境电商、电子商务等新兴业态模式层出不穷。利用在线支付、数字货币等技术，挖掘外贸潜力，推进“数字丝绸之路”建设，成为“一带一路”发展的重要组成部分。截至 2022 年，中国已与 20 余国建立“丝路电商”合作，跨境电商贸易在共建国家广泛开展。同时，共建国家的需求与市场联系更加紧密，从而优化了各国的市场布局以及国际分工，产业链和供应链的合作也更加紧密。

在双向投资领域，“一带一路”投资持续增长，合作园区建设稳步推进。2013 年至 2021 年，中国对共建国家的直接投资累计达 1613 亿美元，年均增长率为 5.4%；共建国家在中国创立公司 3.2 万家，并且实际投资累计 712 亿美元。中国一直坚持“走出去”与“引进来”同时并行的政策，从而实现了外资利用的量质双提升，对外投资规模快速扩大，中国也从外资输入大国转变为输出大国。截至2022年，中国企业在沿线参与国设立的经济贸易合作区覆盖46国，累计投资达到3979亿元，新增就业职位42.1万个，实现了中国与“一带一路”沿线参与国的互利共赢和协调发展。

4. 促进资金融通，金融市场体系得以不断完善

过去十年，中国与“一带一路”共建国家积极展开金融合作，不断创新融资方式，扩宽融资渠道，加强金融互联互通，为建设“一带一路”提供高质量的金融服务。

在完善金融合作机制上，“一带一路”共建国家积极创新国际投融资模式，多边金融和投资平台的支持作用日益凸显。在“一带一路”倡议下，以中国为主的多个国家发起成立了亚洲基础设施投资银行、中国—中东欧银联体、金砖国家新开发银行、丝路基金、多边开发融资合作中心（MCDF）等多边金融机构，推动了“一带一路”投融资体系多元化发展并不断完善。

在促进货币跨境流通上，截至2022年7月，超过20个“一带一路”参与国与中国签署了双边本币互换协议，10多个参与国与中国签署了人民币结算协议。随着中国与“一带一路”共建国家经贸合作的不断深化，人民币作为国际货币在跨境支付、外汇储备、投融资、计价等方面的功能持续增强，推动人民币国际化水平不断提升。数据显示，2022年，跨境人民币收付总额达到42万亿元，占本外币跨境收付总额的50%左右。其中，第四季度共建国家的人民币客户汇款同比增长约61.75%，《区域全面经济伙伴关系协定》（RCEP）成员国的人民币客户汇款增长约19.7%。①

5. 增进民心相通，多元项目合作得以不断深入

过去十年，中国通过涵盖教育、科技、医疗等多个领域的民心相通项目，深化与共建国家的合作，通过文化交流、医疗援助等形式，有效提升了“一带一路”的民众支持度。

在教育合作方面，中国目前在全球19个国家设立了25个鲁班工坊，培养了众多数控机床、工业机器人等高端制造领域的专业技术人才。截至2022年底，中国已与181个建交国在教育领域开展了广泛合作与交流。其中，中

① 任保平，李婧瑜．高质量共建开放发展新格局：“一带一路”十年回顾与未来展望［J］．烟台大学学报（哲学社会科学版），2023，36（5）：1-12.

国与其他国家合作设立的孔子课堂项目达到159个。通过这些合作项目，中国与共建国家在教育资源共享、技术交流、人文互动等方面取得了积极进展，为促进民心相通、深化人文交流奠定了坚实基础。

在科技创新方面，“一带一路”倡议为加强科研合作搭建了平台。截至2021年底，中国与84个“一带一路”共建国家建立了科技合作关系。双方在1118个联合研究项目中展开合作，并在农业、新能源、卫生健康等关键领域共建了53家联合实验室。通过这些合作，中国与共建国家在科技领域实现了资源共享、优势互补，共同推动了科技创新和可持续发展。

在医疗健康方面，面对疫情挑战，中国彰显了负责任大国形象，倡议并实施了“一带一路”疫苗合作伙伴计划，与沿线31个国家携手合作，发挥了人道主义援助的引领作用。同时，中国与共建国家在艾滋病、结核病、鼠疫等重大传染病防控方面开展了深入合作，共同提升了公共卫生安全水平。

（二）“一带一路”建设中面临的挑战

“一带一路”是一条世界人民的福祉之路，但由于当今世界的多极化，“一带一路”倡议在实施过程中不是一帆风顺的，虽然存在着机遇，但同样也面临着诸多挑战和难题。

1. 共建国家自身条件不足，周边地区冲突加剧

在“一带一路”倡议的推进过程中，许多参与国的基础设施建设尚不完善，经济实力也相对薄弱。虽然中国为这些国家提供了基础设施建设的援助，但受其自身的经济状况、政府的执行力等因素的影响，即使中国对这些国家的投入巨大，投资回报率仍然存在不确定性。此外，中国周边地区的国家间冲突不断加剧，这无疑增加了“一带一路”倡议实施的风险和挑战。同时，在个别“一带一路”共建国家，极端主义和恐怖主义活动猖獗；一些国家内部政局不稳，这都增加了在这些地区推进“一带一路”建设的难度和不确定性。

2. 地缘政治环境复杂，战略信任不足

“一带一路”倡议覆盖了65个国家，涉及44亿人口，占全球总人口的63%。这些国家的经济总量约为21万亿美元，占全球经济总量的29%。由于参与国在人口、政治环境和文化等方面存在差异，一些国家对我国提出的

“一带一路”倡议持有不同看法。一些国家由于对中国的了解不足，对中国的战略缺乏信任，担心中国的崛起会对其国家利益构成威胁；一些国家将“一带一路”倡议视为中国的“马歇尔计划”，因此在倡议提出之初，遭到了一些国家的反对。同时，也有一些国家对“一带一路”持观望态度。

3. 大国之间的战略博弈阻碍“一带一路”建设

中国提出“一带一路”倡议后，引起了一些大国的高度关注。这些国家也纷纷推出了自己的战略，试图在区域事务中发挥更大的影响力。美国提出了“新丝绸之路”计划，试图重返亚太地区，提升自身在该地区的影响力。日本早在1997年就提出了“丝绸之路外交”战略，但出于对中国在海洋权益上的崛起感到担忧，日本发起“钓鱼岛”等岛屿争端，试图制约中国“一带一路”倡议的实施。“一带一路”倡议涉及一些大国的利益，这些大国在推出自己的战略时，一些实力相对较弱的国家可能会陷入两难的境地，这无疑增加了中国推进“一带一路”建设的难度。①

二、未来共建“一带一路”发展的重点领域和方向

过去十年，在各方积极参与下，“一带一路”倡议已从中国的构想转变为国际实践，从宏伟蓝图变为具体现实。展望未来，中国期待与各方加强合作，进一步深化“一带一路”建设，共同推动各领域互联互通，为全球和平与发展贡献更多力量。同时，中国将继续秉持共商共建共享原则，与共建国家一道，推动“一带一路”建设向更高质量、更深层次、更广领域发展，实现共同繁荣。

（一）政策沟通持续深化

政策沟通是“一带一路”建设的关键支撑，是构建人类命运共同体的重要基石。

一是加强政策对话与协调。为确保“一带一路”倡议与各国发展战略的有效对接，中国将通过高层访问、工作组会议、政策研讨会等多种形式，加强与共建国家的政策沟通与协调。通过这些高层次的对话，可以使共建国家

① 付秋安．新时代“一带一路”建设面临新挑战［J］．中国集体经济，2019，587（3）：12-14.

相互理解，明确合作方向，为后续合作奠定坚实的政策基础。同时，未来中国将积极利用现有的多边合作平台，如上海合作组织、东盟+中国（10+1）等，推动各方在政策层面达成更多共识。

二是构建多层次交流机制。在双边层面，中国将与沿线各国加强政策沟通工作，定期举行会议，就合作项目的政策支持、风险评估、利益保障等问题进行深入交流。在多边层面，中国将积极参与和推动区域合作机制下的对话与合作，通过不同平台加强与各国的政策沟通。此外，中方还将探索建立次区域合作机制，如三边或多边合作框架，以促进更广泛的政策交流与协调。

三是深化规则标准对接。为了促进贸易和投资的便利化，中国将与共建国家在规则和标准方面进行深入对接。这包括但不限于贸易、投资、海关、税收、知识产权保护等领域的规则和标准。通过对接，可以减少贸易壁垒、提高合作效率、保护投资者权益。同时，中国还将积极参与国际标准的制定和修订工作，推动形成更加公平合理的国际经济秩序。在这一过程中，中国将尊重各国的法律体系和政策选择，寻求最大公约数，实现互利共赢。①

（二）设施联通全面提升

设施联通是“一带一路”建设的优先方向。中国愿与合作伙伴共同促进陆海空及数字丝绸之路发展，大幅提升各国间基础设施的互联互通程度。

一是陆上通道建设加速推进。中国将与共建国家共建陆上通道，打通“断头路”，畅通“瓶颈路”，提高陆路运输效率。在此基础上，中国还将加强边境基础设施和口岸建设，提升集装箱列车的接发能力和货物换装效率，简化通关流程。同时，中国将积极参与共建国家主要港口和机场的高速公路建设，推动不同运输方式的有效衔接。

二是海上互联互通持续深化。中国将鼓励共建国家的重要港口建立友好港或姐妹港关系，共同建设国际和区域性航运中心。通过增加海上航线和班次，完善国际海运网络，提升海上运输的便利化水平。此外，中国还将加强与共建国家重点港口的国际物流信息互联共享，推广“港口+自贸区”模式，

---

① 推进“一带一路”建设工作领导小组办公室．坚定不移推进共建“一带一路”高质量发展走深走实的愿景与行动——共建“一带一路”未来十年发展展望［EB/OL］. 中国政府网，（2013-11-24）［2024-06-29］. https：//www.gov.cn/yaowen/liebiao/202311/content_ 6916832.htm.

分享临港经济发展经验。

三是空中丝绸之路高质量发展。中国将与共建国家加强民航领域的技术合作，稳步推进多边、双边航空运输协定的签订，扩大航权安排，探索更高水平的航空开放。通过加密与共建国家首都及重点城市的航线航班，提高航空运输的质量和运行效率，促进区域航空市场的潜力释放。

四是信息基础设施互联互通。中国将促进与共建国家的信息通信网络互联互通，合作推进跨境陆缆和海底光缆建设，拓宽信息通道。支持各国企业参与信息基础设施建设，提升网络互联互通水平。同时，提高数字包容性，采取政策措施和技术手段弥合数字鸿沟，推进互联网普及。

（三）贸易畅通便捷高效

贸易畅通为“一带一路”建设参与国带来了更广阔的市场、投资和增长机遇，确保合作的红利惠及各国人民。

一是推动贸易数字化与创新发展。深化科技创新、制度创新、模式和业态创新，推进产业创新对贸易的支撑作用。加强数字领域合作，推动航运贸易数字化，促进互联网、物联网、大数据与贸易的有机融合。创建“丝路电商”合作先行区，推进跨境电子商务综合试验区建设，开展邮政快递领域合作，畅通邮件快件进出境渠道。

二是促进双向投资与优化营商环境。激励企业加强内部管理，积极承担社会责任，坚持诚信经营原则，增强国际市场的竞争力。通过深化国际产能合作，建立和完善多双边经济合作机制，推动与伙伴国家在规划、政策、市场和项目层面的深入对接。不断改善外商投资的商业环境，确保法律法规中关于投资促进、保护和管理制度的规定得到有效执行。

三是贸易投资自由化水平提升。与各国广泛签署自由贸易协定和投资保护协定，取消制造业外资准入限制，全面提高跨境服务贸易和投资的开放度。扩大数字产品市场准入，深化国有企业、数字经济、知识产权及政府采购改革。整合内外贸调控体系，统一法律法规、监管体制、经营资质、质量标准、检验检疫及认证认可，实现内外贸易一体化。

四是智慧通关与国际合作实施。推动“智慧海关、智能边境、智享联通”合作，加速国际贸易“单一窗口”和“经认证经营者”互认，便利企业通关和贸易投资人员出入境。加强与共建国家在卫生检疫、食品安全方面的合作，推广“一带一路”海关信息共享平台。[①]

（四）资金融通日益多元

金融血脉畅通为“一带一路”项目提供稳定、透明且高质量的资金保障，确保其顺利实施。

一是构建开放包容的金融合作环境。将通过与国际金融机构的紧密合作，共同开发多元化的融资渠道，如国际银团贷款、项目融资、出口信贷等，以满足不同国家和项目的资金需求。同时，将通过设立专项基金，如基础设施建设基金、科技创新基金等，来吸引更多的国际资本参与到“一带一路”项目中。此外，中国还将鼓励和支持私营部门参与，通过公私合作（PPP）模式，引入私人资本，共同分担风险，提高资金使用的效率和效益。

二是推动金融产品创新。在金融产品创新方面，中国将推动金融工具的多样化，以适应不同项目的特点和需求。这包括发行多币种债券，以吸引不同国家的投资者，分散汇率风险；发展绿色金融产品，以支持环保和可持续发展项目；利用金融科技，如区块链和大数据分析，提高资金流动的透明度和效率，降低交易成本。同时，中国还将探索新型融资模式，如资产证券化、项目收益债券等，为“一带一路”项目提供更加灵活和创新的融资解决方案。

三是加强与共建国家的金融监管合作。为了确保资金融通的稳定性和可持续性，中国将加强与共建国家的金融监管合作，共同打击金融犯罪，维护金融市场稳定。通过建立风险评估和预警机制，对项目进行定期的风险评估，及时发现和预警潜在风险。此外，中国将完善信用保险体系，为“一带一路”项目提供信用保障，降低投资风险。

（五）民心相通基础稳固

民心相通是推进“一带一路”建设的社会根基。中国将传承古丝绸之路的友好合作精神，与“一带一路”沿线各国在教育、文化、旅游等多领域深化合作，以文明间的交流消除隔阂，用互鉴取代冲突，追求共存而非追求优

---

① 推进“一带一路”建设工作领导小组办公室．坚定不移推进共建“一带一路”高质量发展走深走实的愿景与行动——共建“一带一路”未来十年发展展望［EB/OL］．（2013-11-24）中国政府网，https：//www.gov.cn/yaowen/liebiao/202311/content_6916832.htm.

越，增进国家间的理解、尊重与信任，共同推动多元文明的和谐发展。

一是加强文化交流与教育合作。“一带一路”倡议将通过建立更多的文化交流平台，如文化节、艺术展览和电影节等，展示各国的文化遗产和艺术成就。同时，将推动共建国家之间的教育合作，设立奖学金和交流项目，鼓励学生互访。此外，将通过远程教育和在线课程，共享教育资源。

二是促进医疗卫生合作。“一带一路”倡议将支持医疗卫生领域的合作项目，如联合研究、医疗培训和公共卫生项目等，共同应对全球健康挑战。通过建立医疗卫生合作网络，共享医疗资源和信息，提高医疗服务的质量和效率。此外，将推动传统医药的交流与合作，利用各自在传统医学领域的经验和知识，为各国人民提供更多元化的健康服务。

三是推动媒体和智库合作。“一带一路”倡议将支持媒体和智库之间的合作，通过联合研究、论坛和研讨会等活动，促进思想交流和知识传播。同时，将利用新媒体和数字技术，提高信息传播的效率和覆盖面。

（六）新领域合作稳步推进

共建“一带一路”顺应全球经济发展、技术革新、产业升级和社会进步的普遍规律与时代潮流。我们将稳步推进绿色、数字、创新、健康等新兴领域的合作，培育新的合作增长点，为共建国家的人民带来更美好的生活动力与希望，共同书写发展的崭新篇章。

一是推进“一带一路”建设绿色发展。通过与联合国可持续发展目标深入对接，推动绿色丝绸之路建设，重点围绕绿色基础设施、绿色能源和绿色金融等领域，拓展合作空间。依托“一带一路”绿色发展国际联盟等平台，落实绿色投资原则，促进共建国家提升绿色发展内生动力。同时，继续举办“一带一路”绿色创新大会，建设光伏产业对话交流机制，强化绿色发展能力建设。

二是加快培育数字合作新模式。深化数字治理合作，推进加入《数字经济伙伴关系协定》（DEPA）等协定谈判进程，加快世界贸易组织（WTO）电子商务议题谈判，拓展共赢合作空间。着力弥合数字鸿沟，组织举办数字经济主题援外培训班，让数字经济发展红利惠及沿线各国人民。与国际电信联盟、亚太电信组织等加强数字领域务实合作。

三是深化卫生健康领域国际合作。积极参与全球卫生治理，持续参与世界卫生组织、二十国集团（G20）、金砖国家、中非合作论坛等重要会议。利用“一带一路”公共卫生合作网络，加强传染病防控合作，促进信息交流共享。共同提升传统医药、医疗服务、科研教育、产业发展和文化传播等方面的交流合作，为全球健康事业贡献力量。①

① 推进“一带一路”建设工作领导小组办公室．坚定不移推进共建“一带一路”高质量发展走深走实的愿景与行动——共建“一带一路”未来十年发展展望［EB/OL］．（2013-11-24）中国政府网，https：//www.gov.cn/yaowen/liebiao/202311/content_6916832.htm.

参考文献

[1] 毕吉耀. 推动中蒙俄经济走廊高质量发展 [J]. 北方经济，2019 (7)：18-19.

[2] 蔡昉，雅克，王灵桂. "一带一路"手册：2020 [M]. 北京：中国社会科学出版社，2021：128-129.

[3] 黄晓燕. 全球空间与"一带一路"研究：陆港卷 [M]. 西安：陕西师范大学出版总社，2022：48-49.

[4] 柴尚金. "一带一路"是中国与世界的互利共赢之路 [N]. 经济日报，2018-12-07.

[5] 陈伟军. "一带一路"背景下中国价值观的国际传播路径 [J]. 学术界，2018 (5)：70-77.

[6] 陈颖. "一带一路"合作共赢 [J]. 决策探索（下半月），2015 (4)：16.

[7] 陈喆，郑江淮. 绿色技术创新能够促进地区经济高质量发展吗？——兼论环境政策的选择效应 [J]. 当代经济科学，2022，44 (4)：43-58.

[8] 崔鹏，吴圣楠，雷雨. "一带一路"区域自然灾害风险协同管理模式 [J]. 科技导报，2020，38 (16)：35-44.

[9] 崔艳萍，廖浪. 中欧班列运输通道能力提升与多元化对策研究 [J]. 东北亚经济研究，2022，6 (1)：56-66.

[10] 邓永梅. "一带一路"对中国边疆地区经济发展的作用分析 [J]. 中国商论，2020 (1)：196-197.

[11] 翟东升，蔡达. 绿色"一带一路"建设：进展、挑战与展望 [J]. 宏观经济管理，2022 (8)：7-15.

[12] 第三届"一带一路"国际合作高峰论坛多边合作成果文件清单

[EB/OL]. 第三届“一带一路”国际合作高峰论坛，2023-10-18. http：//www. beltandroadforum. org/n101/2023/1018/c134-1211. html.

[13] 董方冉. 共同发展路上的璀璨“明珠”——“一带一路”标志性工程盘点[J]. 中国金融家，2023（8）：57-58.

[14] 杜婕，胡世丽. 论“一带一路”倡议驱动人民币国际化的机制[J]. 广西大学学报（哲学社会科学版），2021，43（2）：99-105.

[15] 范鹏辉，宋琍琍. 以“丝路电商”推动高质量共建“一带一路”[J]. 对外经贸实务，2023（9）：4-9.

[16] 方志斌. 中国—中南半岛经济走廊建设的发展现状、挑战与路径选择[J]. 亚太经济，2019（6）：21-25+144.

[17] 冯芬玲. “一带一路”与中欧班列[M]. 北京：中国铁道出版社有限公司，2019：6-7.

[18] 甘肃省文化博览局. 丝绸之路（敦煌）国际文化博览会[EB/OL]. 甘肃省文化博览局，2024-01-15，https：//www. gswbj. gov. cn/a/2024/01/15/19619. html.

[19] 龚鸣，等. 让共同发展的阳光照亮全球减贫之路[EB/OL]. 中国一带一路网，2022-10-13，https：//www. yidaiyilu. gov. cn/p/283638. html.

[20] 上官丕亮. “一带一路”建设中的宪法问题[J]. 苏州大学学报（法学版），2017，4（3）：36-45.

[21] 郭鸿炜. 论“一带一路”实践对中国与周边新型国际关系的建构[D]. 长春：吉林大学，2023.

[22] 郭立校. 动力集团华柴公司发电机组中标印尼雅万高铁项目[J]. 中国军转民. 2017（1）：39.

[23] 郭凌军，刘嫣然，刘光富. 环境规制、绿色创新与环境污染关系实证研究[J]. 管理学报，2022，19（6）：892-900+927.

[24] 郭永真. 以人文交流推动“一带一路”发展[EB/OL]. 理论网，2023-09-15，https：//paper. cntheory. com/html/2023-09/15/nw. D110000xxsb_20230915_ 3-A2. htm.

[25] 国家发展改革委一带一路建设促进中心. 高质量共建“一带一路”成绩斐然[EB/OL]. 人民网，2022-01-25，http：//jl. people. com. cn/n2/

2022/0125/c349771-35111178. html.

[26] 2024年1—3月份全国固定资产投资增长4.5% [EB/OL]. 国家统计局，2024-04-16，https：//www. stats. gov. cn/sj/zxfb/202404/t20240416_1948569. html.

[27] 中国与共建“一带一路”国家十周年专利统计报告（2013—2022年）[R]. 国家知识产权局，2023-10-16，https：//www. cnipa. gov. cn/art/2023/10/16/art_ 88_ 188016. html.

[28]《共建“一带一路”：构建人类命运共同体的重大实践》白皮书 [EB/OL]. 中华人民共和国国务院新闻办公室，2023-10-10，http：//www. scio. gov. cn/zfbps/zfbps_ 2279/202310/t20231010_ 773682_ m. html.

[29] 郝身永. 中国积极维护与引领经济全球化的担当作为 [J]. 党政论坛，2022（1）：46-48.

[30] 何宏艳，吴树仙，辛加余，等. “一带一路”科技创新合作现状、挑战与发展方向 [J]. 中国科学院院刊，2023，38（9）：1315-1324.

[31] 胡骋来. “一带一路”国家直接投资对我国经济效应研究——基于东道国国家风险视角 [D]. 苏州：苏州大学，2022.

[32] 环境保护部 外交部 国家发展和改革委员会 商务部关于推进绿色“一带一路”建设的指导意见 [EB/OL]. 中华人民共和国生态环境部，2014-04-26，https：//www. mee. gov. cn/gkml/hbb/bwj/201705/t20170505_ 413602. htm.

[33] 黄黎洪. 中国建设数字丝绸之路与数字化时代全球治理的变革研究 [J]. 电子政务，2019（10）：56-67.

[34] 黄晓燕. 全球空间与“一带一路”研究 [M]. 西安：陕西师范大学，2015：34-35.

[35] 黄玉沛. 中非共建“数字丝绸之路”：机遇、挑战与路径选择 [J]. 国际问题研究，2019（4）：50-63+137.

[36] 黄正谦. “一带一路”高速公路建设项目投资风险评价及对策研究 [D]. 哈尔滨：东北林业大学，2022.

[37] 交通运输部，等. 关于加快推进多式联运“一单制”“一箱制”发展的意见 [J]. 交通财会，2023（9）：90-93.

[38] 金歆，原韬雄. 以数字技术赋能共建“一带一路”高质量发展

[N]. 人民日报，2024-04-18.

[39] 卡哈尔·阿不拉. 中国与中亚国家农产品贸易供应链绩效评价及提升路径研究 [D]. 乌鲁木齐：新疆农业大学，2022.

[40] 科技部 发展改革委 外交部 商务部关于印发《推进“一带一路”建设科技创新合作专项规划》的通知 [EB/OL]. 中华人民共和国科学技术部，2016-09-14，https：//www. most. gov. cn/tztg/201609/t20160914_ 127689. html.

[41] 劳帼龄. 推进“丝路电商”合作先行，发展“一带一路”数字经济 [N]. 光明日报，2023-10-30（06）.

[42] 雷孝清. 习近平关于“一带一路”重要论述的内在逻辑研究 [D]. 武汉：武汉理工大学，2023.

[43] 李萍. 高质量推进共建“一带一路”教育行动——写在第三届“一带一路”国际合作高峰论坛召开之际 [EB/OL]. 中华人民共和国教育部，2023-10-17，http：//www. moe. gov. cn/jyb_ xwfb/moe_ 2082/2023/2023_ zl16/202310/t20231017_ 1085987. html.

[44] 李青，易爱娜，邹嘉龄. “一带一路”数字合作：成就、挑战与展望 [J]. 战略决策研究，2023，14（6）：51-67+106-107.

[45] 李冉. 基础设施：“一带一路”建设的先锋队急行军 [J]. 人民交通，2019（5）：21-26.

[46] 李雪亚，林梦，路红艳. 绿色基建国际合作：基本内涵、发展前景与对策建议 [J]. 价格理论与实践，2022（12）：150-153+203.

[47] 连洁. 中国与“一带一路”共建国家经济贸易合作影响因素研究——以交通运输业为例 [D]. 北京：对外经贸大学，2021.

[48] 梁昊光，秦清华. “数字丝绸之路”建设与共建国家价值链优化 [J]. 统计与决策，2024，40（6）：126-131.

[49] 廖利军. 中国式供应链管理——大国博弈时代的供应链战略与运营 [M]. 北京：电子工业出版社，2022：19.

[50] 林创伟，任靓，程嘉嘉. 国际贸易规则重塑：成因、趋势与中国应对 [J]. 国际经贸探索，2023，39（12）：108-120.

[51] 林子涵. 中外专家共话高质量共建“一带一路”：深化互联互通 共

促发展繁荣［EB/OL］. 中国一带一路网，2023-11-02，https：//www. yidaiyilu. gov. cn/p/0KFNIBGA. html.

［52］刘宏松. 人类命运共同体与全球治理体系改革［J］. 上海交通大学学报（哲学社会科学版），2023，31（1）：25-35.

［53］刘乐. “一带一路”的安全保障［J］. 国际经济评论，2021（2）：7+107-128.

［54］刘梦. 六大经济走廊建设面面观，一次获取超全资料！［EB/OL］. 中国一带一路网，2019-04-26，https：//www. yidaiyilu. gov. cn/p/87694. html.

［55］刘水明，王云松，韩晓明. “丝绸之路”见证中阿友好［EB/OL］. 人民网，2016-01-20，http：//world. people. com. cn/n1/2016/0120/c1002-28068358. html.

［56］刘正刚. 清代海上丝绸之路史精装版［M］. 广州：世界图书出版广东有限公司，2020：9-10.

［57］马胜楠. 共建“一带一路”对共建国家经济增长的影响研究［D］. 北京：中央财经大学，2022.

［58］马遥遥. 中国与“一带一路”共建国家的金融合作及其效应研究［D］. 长春：吉林大学，2023.

［59］马志云. “一带一路”共建国家科技创新合作研究［M］. 北京：经济科学出版社，2023：34-36.

［60］毛良升. “一带一路”战略的时代背景、内涵实质及现实意义［J］. 社科纵横，2017，32（8）：14-17.

［61］曲如晓，杨修. 持续深化共建“一带一路”科技人文交流［N/OL］. 人民日报，2022-02-15（07），http：//paper. people. com. cn/rmrb/html/2022-02/15/nw. D110000renmrb_ 20220215_ 4-07. htm.

［62］任保平，李婧瑜. 高质量共建开放发展新格局：“一带一路”十年回顾与未来展望［J］. 烟台大学学报（哲学社会科学版），2023，36（5）：1-12.

［63］任保平. 新发展格局下“数字丝绸之路”推动高水平对外开放的框架与路径［J］. 陕西师范大学学报（哲学社会科学版），2022，51（6）：57-66.

［64］施张兵，蔡梅华. 中印尼雅万高铁面临的困境及其解决路径［J］. 学术探索，2016（6）：28-35.

［65］宋亦然，程是颉，李强，等. 清洁能源合作助力打造绿色丝绸之路［N/OL］. 人民网。人民日报 2023-10-09，http：//world. people. com. cn/n1/2023/1009/c1002-40091028. html.

［66］宋媛媛，王雪野. “一带一路”背景下媒体推动文化交流的作用［J］. 国际传播，2019（5）：21-27.

［67］苏涛永，郁雨竹，潘俊汐. 低碳城市和创新型城市双试点的碳减排效应：基于绿色创新与产业升级的协同视角［J］. 科学学与科学技术管理，2022，43（1）：21-37.

［68］孙冰. 数字丝绸之路的十年加速度与未来新可能［J］. 中国经济周刊，2023（20）：33-36.

［69］孙凯，马艳红. “冰上丝绸之路”背景下的中俄北极能源合作：以亚马尔 LNG 项目为例［J］. 中国海洋大学学报（社会科学版），2018（6）：1-6.

［70］谭赛. 中国对“一带一路”共建国家直接投资的双向技术溢出效应研究［D］. 湘潭：湖南科技大学，2022.

［71］唐世鼎. 推动媒体创新合作升级　高质量共建“一带一路”：“一带一路”5G+4K 传播创新国际论坛成果与思考［J］. 对外传播，2019（7）：31-33.

［72］田士达. 蒙内铁路驶向美好未来［N］. 经济日报，2022-08-09（004）.

［73］推进“一带一路”建设工作领导小组办公室. 坚定不移推进共建“一带一路”高质量发展 走深走实的愿景与行动——共建“一带一路”未来十年发展展望［J］. 宏观经济管理，2023（12）：8-15.

［74］庹震. 展现媒体担当　贡献媒体力量［J］. 中国经济周刊，2023（20）：79.

［75］王丹蕾. 我国数字化采购市场发展动力充足，数字经济成为稳增长重要引擎［EB/OL］. 央广网，2023-07-12，https：//news. cnr. cn/native/gd/20230712/t20230712_ 526327093. shtml.

［76］王冠蒽，时遂营. “讲好中国故事”视域下内地与香港高校人文交流策略分析［J］. 玉溪师范学院学报，2020，36（1）：38-43.

［77］王海燕.中国与中亚国家共建数字丝绸之路：基础、挑战与路径［J］.国际问题研究，2020（2）：107-133+136.

［78］王岚，李宏艳.中国制造业融入全球价值链路径研究：嵌入位置和增值能力的视角［J］.中国工业经济，2015（2）：76-88.

［79］王镭.迈向共建“一带一路”高质量发展［M］.北京：中国社会科学出版社，2020：34-35+207.

［80］王灵桂.“一带一路”：理论构建与实现路径［M］.北京：中国社会科学出版社，2017：57-58.

［81］王维伟，薛锦.“一带一路”文化交流的文化意蕴、现实成果与深化发展［J］.新视野，2023（6）：31-37.

［82］王文乐.逆全球化的危害及中国应对［J］.环球市场，2018（28）：209-210.

［83］王新和.推进北方海上丝绸之路“北极问题”国际治理视角［M］.北京：时事出版社，2017.

［84］王一鸣.科学把握构建新发展格局的逻辑［J］.中国经济评论，2022（Z1）：62-68.

［85］奚远，奥西波娃·娜塔莉亚·米哈伊洛夫娜.镶嵌在北极圈内的能源明珠［EB/OL］.中国人民共和国商务部，2017-12-17，http：//www.mofcom.gov.cn/article/beltandroad/ru2/chnindex.shtml.

［86］习近平谈治国理政（第三卷）［M］.北京：外文出版社，2020：375-376.

［87］习近平在第七十五届联合国大会一般性辩论上的讲话［EB/OL］.新华网，http：//www.xinhuanet.com/world/2020-09/22/c_ 1126527652.htm.

［88］夏杰长，刘奕，徐紫嫣，等.中欧班列与“一带一路”［M］.北京：中国社会科学出版社，2022.

［89］肖婧文.双循环视角下“一带一路”倡议对技术创新的影响研究［D］.成都：西南财经大学，2023.

［90］肖雨濛.“丝路电商”共建“一带一路”新引擎［J］.中国外资，2024（3）：14-16.

［91］“一带一路”国际合作高峰论坛成果清单［EB/OL］.新华网，2017-

06-08. http：//www. xinhuanet. com/world/2017-05/16/c_ 1120976848. htm.

［92］新华社.“一带一路”建设海上合作设想［EB/OL］. 中国政府网，2017-06-20，https：//www. gov. cn/xinwen/2017-06/20/content_ 5203985. htm.

［93］新华社. 第三届“一带一路”国际合作高峰论坛多边合作成果文件清单［EB/OL］. 中国一带一路网，2023-10-29，https：//www. yidaiyilu. gov. cn/p/0CUF9OP9. html

［94］新华社. 坚定不移推进共建“一带一路”高质量发展走深走实的愿景与行动——共建“一带一路”未来十年发展展望［EB/OL］. 中国政府网，2023-11-24，https：//www. gov. cn/yaowen/liebiao/202311/content_ 6916832. htm.

［95］中华人民共和国国民经济和社会发展第十四个五年规划 2035 年远景目标纲［EB/OL］. 中国政府网，2021-03-13，https：//www. gov. cn/xinwen/2021-03/13/content_ 5592681. htm.

［96］中巴经济走廊“苏木段”高速公路提前竣工［EB/OL］. 新华网，2019-07-24，http：//www. xinhuanet. com/world/2019-07/24/c_ 1124790007. htm.

［97］中巴经济走廊农业合作项目首批出口中国干辣椒启运［EB/OL］. 新华网，2023-12-20，http：//www. news. cn/2023-12/20/c_ 1130037463. htm.

［98］徐斯. 5G 助力中国经济高质量发展［J］. 中国经贸导刊，2019（17）：51-54.

［99］许勤华，冯奎.“一带一路”对区域国际合作的创新和发展［J］. 对外经贸实务，2023（10）：4-9.

［100］延明，周新辉. 应对逆全球化的策略［J］. 党政论坛，2017（10）：29-31.

［101］杨剑. 北极航运与中国北极政策定位［J］. 国际观察，2014（1）：123-137.

［102］杨坤. 中国公共卫生援非模式新探索［J］. 中国投资（中英文），2019（8）：68-69.

［103］杨明伟. 江泽民对经济全球化问题的战略思考［J］. 党的文献，2002（3）：18-23.

［104］杨晓强，许利平. 海上丝绸之路与中国—东盟关系［M］. 北京：社会科学文献出版社，2015：51-52.

[105] 杨永明. “一带一路”能源国际合作报告（2023）[EB/OL]. 中国能源新闻网，2023-09-22，https：//www. cpnn. com. cn/news/baogao2023/202309/t20230922_ 1637305_ wap. html.

[106] 姚辉斌. 要素禀赋、制度距离影响中国在“一带一路”OFDI 的研究 [D]. 长沙：湖南大学，2022.

[107] 姚遥，贺先青. 孟中印缅经济走廊建设的现状及前景 [J]. 现代国际关系，2018（8）：46-55.

[108] “一带一路”绿色发展国际联盟秘书处. “一带一路”绿色发展案例研究报告 [EB/OL]. 一带一路绿色发展国际联盟，2019-09-24，http：//www. brigc. net/zcyj/yjkt/202011/t20201125_ 102822. html.

[109] 余晓钟，白龙，罗霞. “一带一路”绿色低碳化能源合作内涵、困境与路径 [J]. 亚太经济，2021（3）：17-24.

[110] 岳西宽. “一带一路”硕果累累 [J]. 唯实，2017（5）：92-96.

[111] 张辉，唐毓璇，闫强明. “一带一路”贸易与基础设施协同发展 [M]. 北京：北京大学出版社，2014：199-212.

[112] 张建华. 中国与中东欧国家的科技创新合作 [M]. 北京：人民出版社，2020：37-48.

[113] 张景瑜，孟庆璐，缪云，等. 加快推进天然气利用 助力中国经济高质量发展 [N]. 中国石油报，2018-06-29.

[114] 张静. 关联与通达：“一带一路”助推中国国际认同研究 [J]. 探索，2017（2）：54-58.

[115] 张淼，施建国. 中国和世卫组织将帮助桑给巴尔防治血吸虫病 [EB/OL]. 中央政府网，2014-05-22，https：//www. gov. cn/xinwen/2014-05/22/content_ 2684359. htm.

[116] 张祥建，涂永前. 一带一路：中国大战略与全球新未来 [M]. 上海：人民出版社，2017：99+106-107+111-117+125-128.

[117] 张旭娜，南士敬，卢山冰. 数字经济与制造业企业创新——基于企业生命周期理论的检验 [J]. 商业研究，2023（2）：81-89.

[118] 张颖，夏福渭. 中国与非洲发展模式的对接 [J]. 现代国际关系. 2020（12）：34+51-58+60.

［119］张占仓，蔡建霞. 建设郑州-卢森堡“空中丝绸之路”的战略优势与前景展望［J］. 河南工业大学学报（社会科学版），2018，14（6）：40-48.

［120］张哲浩，李洁，于海，等. 中欧班列：“钢铁驼队”的中亚情缘［N］. 光明日报，2023-06-05（008）.

［121］赵晋平，等. 重塑“一带一路”经济合作新格局［M］. 杭州：浙江大学出版社，2007：129-130+134-136.

［122］赵骏，翟率宇. “数字丝绸之路”国际规则体系逻辑架构——以实体化“一带一路”实践为鉴［J］. 商业经济与管理，2022（7）：56-69.

［123］赵忠秀，等. 中国对外开放与全球价值链升级［M］. 广州：广东经济出版社，2019：127-128.

［124］王志民，陈远航. 中俄打造“冰上丝绸之路”的机遇和挑战［J］. 东北亚论坛，2018（2）：17-33+127.

［125］中工源合. “一带一路”工业文明［M］. 北京：电子工业出版社，2019：236.

［126］中国电子信息产业发展研究院. 数字丝绸之路［M］. 北京：人民邮电出版社：2017（12）：334.

［127］中国国际经济交流中心课题组. “一带一路”理论框架与实践研究［M］. 北京：中国经济出版社，2020：12+89-92.

［128］中华人民共和国国务院新闻办公室. 共建“一带一路”：构建人类命运共同体的重大实践［EB/OL］. 中国政府网，2023-10-10，https：//www.gov.cn/zhengce/202310/content_ 6907994.htm.

［129］中物联采购与供应链专业委员会. 中物联、亿邦智库联合发布《2023 数字化采购发展报告》［EB/OL］. 中国物流与采购网，2023-07-27，http：//cgw.chinawuliu.com.cn/gzdt/202307/27/612842.shtml.

［130］周斌，刘斌，詹亮. 中巴经济走廊重要地理要素监测研究［J］. 测绘与空间地理信息，2020，43（6）：160-164+171.

［131］周广澜，王健. 基于 eWTP 的数字贸易探索与实践［J］. 对外经贸实务，2021（3）：7-10.

［132］周林怡，胡静漪. 鲁班工坊，花开“一带一路”［N］. 浙江日报，2023-11-28（003）.

［133］周璐铭.中国对外文化战略研究（2000—2015）［M］.北京：中共中央党校出版社，2015.

［134］周明阳.“一带一路”沿线已有53国建立137所孔子学院［N］，经济日报，2018-09-11.

［135］朱洁西，李俊江.数字经济如何赋能城市绿色发展——基于区域创新产出和要素配置效率的视角［J］.兰州学刊，2023（1）：31-48.

［136］朱时艺.“一带一路”背景下的文化合作研究［J］.文化创新比较研究，2020，4（1）：195-196.

［137］祝德生.绿色“一带一路”建设的实践成效、经验启示与未来展望［J］.经济研究参考，2024（1）：59-71.

［138］祝继高，孙玮，王稳华，等.中国企业共建“一带一路”典型案例［M］.北京：中国人民大学出版社，2023：11-16+34-37+176-180+184.

［139］Anoushiravan E，Benjamin H. China Moves West：The Evolving Strategies of the Belt and Road Initiative［M］. Lynne Rienner Publishers，2023-11-09.

［140］Arnaud，L. From NAFTA to USMCA：revisiting the market access - policy space trade-off［J］. New Political Economy，2023，29（3）：356-369.

［141］Blanchard J M F，Hooijmaaijers B. Connecting into the Social Sustainability Effects of Infrastructure through China's Digital Silk Road：Issues，Indices，and Indications［J］. Sustainability，2021，13.

［142］Chen Y，Yao Z，Zhong K. Do environmental regulations of carbon emissions and air pollution foster green technology innovation：Evidence from China's prefecture-level cities［J］. Journal of Cleaner Production，350：131537.

［143］Feras T，Osman G. Decision-Making Support of Sustainable and Efficiency of Railway Project：Case Study China-Pakistan［J］. International Journal of Decision Support System Technology（IJDSST），2023，15（1）.

［144］Gereffi G，Humphrey J，et. al. The governance of global value chains［J］. Review of International Political Economy，2005，12（1）：78-104.

［145］Global Infrastructure Hub. Infrastructure Monitor［R］. 2021.

［146］Jiang H，& Yu，M. Understanding RCEP and CPTPP：from the perspective China's dual circulation economic strategy［J］. China Economic Journal，

2021, 14 (2): 144 - 161.

[147] Kovalchuk J (Ed.). Post-Industrial Society [M]. Cham: Palgrave Macmillan. 2020: 109-122.

[148] Lester, Simon. The Role Of The International Trade Regime In Global Governance [J]. UCLA Journal of International Law and Foreign Affairs, 2011, 2 (16): 77-209.

[149] Patience Mensah Acquah. 全球价值链、能源效率和经济增长：来自"一带一路"国家的证据 [D]. 镇江：江苏大学，2022.

[150] Poter, M E. Competitive advantage, creating and sustaining superior performance [M]. New York: The Free Press, 1985.

[151] Woon C Y. "Provincialising" the Belt and Road Initiative: Theorising with Chinese narratives of the "Digital Silk Road" [J]. Asia Pacific Viewpoint, 2021, 62 (3): 286-290.

[152] Yinjie G. Research on Tax Service of Trade Cooperation between Inner Mongolia Autonomous Region and Mongolia under the Background of "China-Mongolia-Russia Economic Corridor" [J]. Information Systems and Economics, 2022, 3 (4).